박문각

2026 NEW

박문각
공무원

최욱진
행정학

Dreams come true!

FINAL
적중모의고사

지방직
시험대비
실전동형

11 +6회
기출
회분

이 책의 머리말
PREFACE

나의 소중한 시간을 아껴주는 강의 : 최욱진 행정학

안녕하세요. 공무원 시험을 준비하는 수험생들에게 행정학을 전하고 있는 최욱진입니다. 오답률이 높은 문항을 시험 전에 경험하는 것은 중요한 의미가 있습니다. 국가직 봉투모의고사처럼 해당 교재에도 오답률 및 난이도가 높은 문항들을 다수 포함시켰으니 행정학의 마지막을 정리하는 데 큰 도움이 될 것입니다. 교재에 수록된 문제에는 저의 주관이 담겨있으나, 모두 검증된 문제이므로 성실하게 풀어보시길 바랍니다. 본 문제집을 공부하는 방법은 아래와 같습니다.

첫째, 시험지를 두 번씩 볼 것

여러분의 대다수는 시험장에서 긴장할 것입니다. 이러한 긴장감은 알고 있는 문제를 틀리는 원인이 되지요. 따라서 시험장에서 명확하지 않은 결론은 일단 미루어 두길 바랍니다. 시험지를 통독하면서 분명한 정답만 체크한 뒤, 시험지를 다시 한번 차분하게 살펴보면서 풀지 못한 문제를 해결해보세요. 2문항 정도를 좌우할 수 있는 중요한 습관이 될 것입니다.

둘째, 낯선 문제를 봐도 당황하지 말자.

모든 행정학 시험에서 낯선 문제는 늘 출제됩니다. 낯선 문제는 크게 두 가지 유형으로 구분할 수 있는데, 하나는 모두가 모르는 문제, 다른 하나는 기존에 배웠던 지식으로 풀 수 있는 문제입니다. 전자는 모두가 틀릴 가능성이 있으므로 걱정할 필요가 없고, 후자는 차분하게 읽어보면 해결할 수 있는바 낯선 문제는 여러분의 합격에 악영향을 주지 않습니다. 그간 한 걸음씩 쌓아온 여러분의 경험과 공부를 믿고, 담대하게 시험에 임하시길 바랍니다.

다반향초(茶半香初)라는 말이 있습니다.

이는 차가 반이나 줄었으나 그 향은 처음과 같다는 뜻입니다. 힘든 수험생활이지만 초심을 잃지 않고 그 향을 이어간다면 어느새 합격의 문에 도달해 있을 것이라 생각합니다. 그 과정에서 저 또한 처음의 마음을 잊지 않고 여러분과 함께 하겠습니다.

아무쪼록 저의 교재와 커리큘럼이 여러분의 소중한 시간을 아끼는 데 도움이 될 수 있기를, 여러분의 목표를 이루는 데 일조할 수 있기를 진심으로 소망하면서 짧은 글을 마치겠습니다. 궁금한 사항이 있을 때 언제든지 저의 블로그나 유튜브 채널에 문의주세요.

감사합니다.

2026년 4월

최욱진

이 책의 차례
CONTENTS

실전동형 모의고사

기출문제

실전동형 모의고사 정답 및 해설

기출문제 정답 및 해설

최욱진 **행정학**
FINAL 적중모의고사

행정학

실전동형
모의고사

제1~11회

01 행정에 대한 설명으로 가장 옳은 것은?

① 행정은 넓은 의미로 공공단체, 기업체, 민간단체를 포함한 모든 조직에서 보편적으로 나타나는 활동이다.

② 공사행정이원론에서는 행정과 경영의 유사점과 함께 효율적 관리를 강조한다.

③ 윌슨은 행정연구(The Study of Administration, 1887)에서 정치와 행정의 통합을 주장한다.

④ 정치행정이원론은 행정에 내포되어 있는 정치적인 기능을 강조한다.

02 다음 중 고전적 인간관계론에서 자주 언급되는 호손실험에 관한 설명으로 옳지 않은 것은?

① 생산성 향상에 비공식적 집단이 중요한 영향을 미친다는 것을 발견하였다.

② 생산성 향상은 작업환경의 변화보다도 근로자들이 특별한 존재로 인식되었기 때문에 일어났다.

③ 작업환경의 변화에 근로자들이 조직적으로 대응하는 문화가 존재한다는 것을 발견하였다.

④ 이 실험은 애초에 생산성 향상보다는 근로자들에 대한 인간적 대우가 중요하다는 것을 증명하기 위해서 설계되었다.

03 티부(CTiebout)모형의 가정으로 옳지 않은 것은?

① 지방정부의 재원에 국고보조금은 포함되지 않아야 한다.

② 지방정부의 공공서비스에 외부효과가 발생하지 않아야 한다.

③ 소수의 대규모 지방자치단체가 존재해야 한다.

④ 고용기회와 관련된 제약조건은 거주지 의사결정에 왜곡을 초래할 수 있으므로 고려하지 않아야 한다.

04 조직의 원리에 대한 설명으로 옳은 것을 모두 고른 것은?

> ㄱ. 분업의 원리는 조직의 능률성을 높이지만 할거주의를 유발할 수 있다.
> ㄴ. 통신기술이 발달하면 통솔범위가 좁아진다.
> ㄷ. 참모조직의 원리는 통합의 원리에 해당한다.
> ㄹ. 계층의 수와 통솔범위는 역의 관계에 있다.
> ㅁ. 일정한 기준에 따라 조직단위를 구성해야 한다는 부성화의 원리는 통합의 원리이다.

① ㄱ, ㄴ, ㄹ

② ㄱ, ㄹ

③ ㄴ, ㄷ, ㅁ

④ ㄹ, ㅁ

05 리더십에 대한 설명으로 옳지 않은 것은?

① 피들러(Fiedler)의 상황적응모형에서는 LPC(Least Preferred Coworker) 점수가 낮은 경우 과업지향형으로 분류한다.

② 하우스(R. J. House)의 경로-목표이론에 따르면 부하들의 역할이 모호할 경우 지시적 리더가 효과적이라고 하였다.

③ 변혁적 리더십은 보수적·현상유지적이라는 평가를 받기도 한다.

④ 리더십 대체 이론(leadership substitutes theory)에 따르면 구성원들이 충분한 경험과 능력을 갖추고 있는 상황에서는 지시적 리더십이 불필요하다.

06 브룸(Vroom)의 기대이론에 대한 설명이 옳은 것만 고른 것은?

> ㉠ 기대감이란 노력을 투입하면 성과가 있을 것이라는 주관적 믿음의 정도를 말한다.
> ㉡ 유의성이란 특정한 수준의 성과를 달성하면 바람직한 보상이 있을 것이라는 믿음의 정도를 말한다.
> ㉢ 수단성이란 보상의 결과에 대한 주관적인 선호의 강도를 말한다.
> ㉣ 동기부여는 기대감, 유의성, 수단성의 함수로 어느 하나라도 0의 값을 가지면 동기부여는 이루어지지 않는다.
> ㉤ 동기부여의 과정이론에 속하며, 구체적인 동기부여의 방안을 제시해주지는 못한다.

① ㉠, ㉡, ㉢ 　　　② ㉡, ㉢, ㉤
③ ㉠, ㉣, ㉤ 　　　④ ㉠, ㉢, ㉤

07 정책의제설정모형에 관한 설명 중 가장 타당한 것은?

① 외부주도형은 공중의제가 공식의제가 되는 데에 많은 시일을 요하지 않는다.
② 사회가 평등할수록 외부주도모형에 의존할 가능성이 낮아지며, 사회구조가 복잡해지고 경제수준이 높아질수록 어느 한 모형이 지배할 가능성이 높아진다.
③ 동원형에서는 성공적인 집행을 위하여 공중의제가 공식의제로 전환된다.
④ 내부접근형은 정부 내·외의 집단이 제기하여 정부의제화되는 것으로 확산의 과정이 없다.

08 조직목표 변동의 한 유형으로 조직이 추구하고자 하는 원래의 목표가 다른 목표로 뒤바뀌어 조직의 목표가 왜곡되는 현상을 일컫는 용어는?

① 목표의 대치 　　　② 목표의 추가
③ 목표의 승계 　　　④ 목표의 비중변동

09 Allison의 의사결정모형 중 관료정치모형에 대한 설명으로 가장 타당한 것은?

① 정치게임에는 규칙적인 행동경로가 존재하지 않는다.
② 행위자들은 당장의 대안보다는 총체적인 정책분석에 보다 큰 관심을 갖는다.
③ 정책결정의 행위 주체는 독자성이 높은 다수 행위자들의 집합이다.
④ 행위자들 간의 목표공유 수준은 높은 편이다.

10 행정부패의 원인분석에 관한 내용 중 옳은 것을 모두 묶은 것은?

> ㄱ. 후기기능주의 분석 – 부패는 발전의 종속변수로 필요악으로 파악
> ㄴ. 사회문화적 분석 – 특정한 지배적 관습이나 경험적 습성이 부패 조장
> ㄷ. 구조적 분석 – 행정제도의 결함과 미비, 행정통제의 부적합성으로 인한 부패
> ㄹ. 도덕적 분석 – 개인들의 윤리·자질의 탓
> ㅁ. 체제론적 분석 – 부패를 관료 개인의 속성과 제도, 사회문화 환경 등 여러 요인이 복합적으로 상호작용한 결과로 이해

① ㄱ, ㄴ, ㄹ 　　　② ㄴ, ㄷ, ㄹ
③ ㄷ, ㄹ, ㅁ 　　　④ ㄴ, ㄹ, ㅁ

11 공직자윤리법 상 재산 등록에 대한 내용으로 옳은 것은?

① 취업심사대상자는 등록의무자를 의미한다.
② 혼인한 직계비속인 여성이 소유한 재산은 재산등록의무자가 등록할 재산에 포함된다.
③ 공직자는 등록의무자가 된 날부터 3개월이 되는 날이 속하는 달의 말일까지 재산등록을 해야 한다.
④ 교육공무원 중 대학교 학장은 재산등록 의무자가 아니다.

12 국가공무원법에서 규정하고 있는 공무원의 의무에 해당하지 않는 것은?

① 공무원은 직무상의 관계가 있든 없든 그 소속 상관에게 증여하거나 소속 공무원으로부터 증여를 받아서는 아니 된다.

② 공직자는 사적 이해관계에 영향을 받지 아니하고 직무를 공정하고 청렴하게 수행하여야 한다.

③ 공무원은 공무 외에 영리를 목적으로 하는 업무에 종사하지 못하며 소속기관장의 허가 없이 다른 직무를 겸할 수 없다.

④ 공무원이 외국 정부로부터 영예나 증여를 받을 경우에는 대통령의 허가를 받아야 한다.

13 정부 예산에 대한 미시적 이론의 내용이다. 그 연결이 옳은 것은?

A. 다중합리성모형	B. 단절균형모형
C. 공공선택이론	D. 합리주의모형

ㄱ. 특정 사건이나 상황에 따라 균형 상태에서 급격한 변화가 생기는 단절 현상 후 균형 지속
ㄴ. 신고전경제학의 가정에 기초해 예산관료의 행태 분석
ㄷ. 예산재원이 배분되는 것은 예산 결정 과정의 다양한 각 단계별 특성이 복합적으로 작용할 가능성 상존
ㄹ. 예산 배분 문제를 해결하기 위한 모형을 구성하고 최적의 해결 방안 모색

	A	B	C	D
①	ㄱ	ㄴ	ㄷ	ㄹ
②	ㄷ	ㄱ	ㄴ	ㄹ
③	ㄱ	ㄹ	ㄷ	ㄴ
④	ㄷ	ㄴ	ㄹ	ㄱ

14 우리나라 예산에 대한 설명으로 옳은 것은?

① 세입세출예산은 일반회계와 특별회계 및 기금으로 구분한다.

② 국회의 예산에 예비금을 두며 국회의장이 이를 관리한다.

③ 세입예산은 관·항·목으로 구분한다.

④ 특별회계는 국가가 특정한 목적을 위해 특정한 자금을 신축적으로 운영하기 위해 법률로써 설치한다.

15 예산집행의 신축성 유지 방안에 대한 설명으로 옳지 않은 것은?

① 법령의 제정, 개정, 폐지 등으로 그 직무와 권한에 변동이 있을 때, 관련되는 예산의 귀속을 변경시킨다.

② 구체적으로 용도를 제한하지 않고 포괄적인 지출을 허용한다.

③ 회계연도 개시 전에 대통령령이 정하는 바에 의해 기획예산처장관이 예산을 배정한다.

④ 정기배정은 기획예산처가 중앙관서에 대해 예산을 지급하는 것이다.

16 옴부즈만 제도에 관한 설명으로 가장 적절하지 않은 것은?

① 입법부나 사법부가 행정통제의 기능을 제대로 하지 못하게 되자, 보다 적극적으로 국민의 이익을 보호하려는 취지에서 1809년 스웨덴에서 처음 창설된 제도이다.

② 스웨덴의 옴부즈만은 우리나라에서와 같이 행정부에 설치되어 있다.

③ 우리나라는 1994년에 출범한 '국민고충처리위원회'가 옴부즈만 제도의 시초라 할 수 있다.

④ 옴부즈만은 일반적으로 직무상 독립성이 보장된다.

17 우리나라 중앙정부와 지방자치단체 간 또는 지방자치단체 상호 간의 관계에 대한 기술로 틀린 것은?

① 행정안전부장관은 공익상 필요하면 지방자치단체조합의 설립이나 해산을 명할 수 있다.

② 지방자치단체 간 의견이 달라 분쟁이 생길 경우 당사자의 신청 없이도 조정을 할 수 있다.

③ 중앙행정기관의 장과 지방자치단체의 장 간에 의견을 달리하는 경우 대통령 소속으로 행정협의조정위원회를 두어 조정한다.

④ 지방자치법상 인정되는 지방자치단체 간의 협력방안으로 지방자치단체조합의 설립, 사무위탁, 행정협의회의 구성 등이 있다.

18 주민투표법의 주요 내용 중 틀린 것은?

① 주민투표에 관한 사무는 관할 선거관리위원회가 담당한다.

② 주민에게 과도한 부담을 주거나 중대한 영향을 미치는 지방자치단체의 주요결정 사항 중 조례로 정하는 사항은 주민투표에 부칠 수 있다.

③ 중앙행정기관의 장은 지방자치단체의 폐지·분합이나 지역에 주요 국가시설을 설치하고자 하는 경우에는 주민투표를 요구할 수 있다.

④ 주민투표에 부쳐진 사항은 주민투표권자 총수의 4분의 1 이상의 투표와 유효투표수 과반수의 득표로 확정된다.

19 우리나라의 지방세에 대한 다음 설명 중 옳은 것은?

① 광역시 안에 군을 두고 있는 경우에는 도세와 시·군세의 세목구분이 적용된다.

② 목적세인 지방교육세와 지방소득세는 기초자치단체가 부과할 수 없다.

③ 취득세와 등록면허세는 특별시·광역시세이나, 담배소비세와 재산세는 자치구세이다.

④ 서울특별시의 주민세는 공동과세를 적용하고 있다.

20 「공공기관의 운영에 관한 법률」과 그 시행령의 내용에 대한 설명으로 옳지 않은 것은?

① 공기업은 시장형과 준시장형으로, 준정부기관은 위탁집행형과 기금관리형으로 구분된다.

② 공기업의 장은 재정경제부장관의 제청으로 대통령이 임명한다.

③ 공기업과 준정부기관은 직원 정원 300명 이상, 수입액 200억 이상, 자산규모 30억원 이상을 기준으로 구분한다.

④ 시장형 공기업과 자산규모가 2조 원 이상인 준시장형 공기업에는 감사위원회를 설치하여야 한다.

01 「정부업무평가 기본법」상 정부업무평가에 대한 설명으로 옳은 것만을 모두 고르면?

> ㄱ. 정부업무평가의 실시와 평가기반의 구축을 체계적·효율적으로 추진하기 위하여 행정안전부장관 소속하에 정부업무평가위원회를 둔다.
> ㄴ. 정부업무평가위원회는 위원장 2인을 포함한 15인 이내의 위원으로 구성한다.
> ㄷ. 행정안전부장관은 매년 각종 평가결과보고서를 종합하여 이를 국무회의에 보고하거나 평가보고회를 개최하여야 한다.
> ㄹ. 정부업무평가의 대상에는 중앙행정기관 또는 지방자치단체의 소속기관이 포함된다.

① ㄱ, ㄷ
② ㄱ, ㄹ
③ ㄴ, ㄷ
④ ㄴ, ㄹ

02 정부가 도입한 책임운영기관에 관한 설명으로 옳지 않은 것은?

① 기관의 지위에 따라 소속책임운영기관과 중앙책임운영기관으로 구분된다.
② 우리나라는 책임운영기관의 설치·운영에 관한 법률 등에 의해 운영되고 있다.
③ 정부가 사업적·집행적 성격이 강한 기관을 분리시켜 유연한 경영 방식을 도입한 것이다.
④ 예산 편성 및 집행상의 자율권을 확보하기 위하여 특별위원회를 두며, 예산의 전용·이월 등이 허용되지 않는다.

03 지방자치단체의 재정에 대한 설명으로 옳은 것은?

① 국고보조금은 대부분 용도와 수행조건 등을 특정하지 않고 교부한다.
② 지방세 중 목적세로 분류되는 지방교육세와 지역자원시설세는 시군세에 속한다.
③ 자치구 조정교부금뿐 아니라 시·군 조정교부금도 이전재원의 예이다.
④ 지방자치단체의 장은 회계연도마다 예산안을 편성하여 시·도는 회계연도 시작 40일 전까지, 시·군 및 자치구는 회계연도 시작 30일 전까지 지방의회에 제출하여야 한다.

04 라이트(Wright)의 정부 간 관계이론에 대한 설명으로 적절하지 않은 것은?

① 분리형은 정부 간 인사 및 재정이 완전히 독립된 관계를 말한다.
② 중첩형은 정치적 타협과 협상에 의한 정부 간 상호 의존 관계를 말한다.
③ 포괄형은 지방정부가 중앙정부에 완전히 종속된 경우를 말한다.
④ 라이트는 분리형을 이상적인 형태로 제시하였다.

05 지방자치단체의 계층구조에 대한 설명이다. 옳지 않은 것은?

① 단층제는 이중행정의 폐단을 방지하고 능률적인 행정을 도모한다.

② 중층제는 국토가 넓고 인구가 많은 나라에서 채택하는 것이 바람직하다.

③ 단층제는 중앙정부의 과도한 확산을 방지할 수 있다.

④ 중층제는 기초자치단체와 중앙정부의 의사소통이 원활하지 못할 수 있다.

06 주민자치위원회와 주민자치회에 대한 설명으로 가장 옳지 않은 것은?

① 주민자치위원회 위원은 시군구청장이 위촉하고, 주민자치회위원은 읍면동장이 위촉한다.

② 주민자치회가 주민자치위원회보다 더 주민대표성이 강하다.

③ 주민자치위원회는 읍면동의 자문기구이고, 주민자치회는 주민자치의 협의·실행기구이다.

④ 지방자치단체와의 관계는 주민자치회가 주민자치위원회보다 더 대등한 협력적 관계이다.

07 책임성에 대한 설명으로 옳지 않은 것은?

① 파이너(H. Finer)는 관료의 내면적 기준에 의한 내재적 책임을 강조하고, 프리드리히(C. Friedrich)는 법률, 입법부, 사법부, 국민 등에 의한 통제 등 외부적 힘에 의한 통제로 확보되는 외재적 책임을 강조한다.

② 롬젝(Romzek)과 더브닉(Dubnick)에 따르면 강조되는 책임성의 유형은 조직의 특성에 따라 달라진다.

③ 신공공관리론은 책임을 확보하기 위하여 객관적·체계적 성과 측정을 중시한다.

④ 책임성은 수단적 가치이다.

08 현금주의 회계방식과 발생주의 회계방식에 대한 설명으로 옳은 것은?

① 현금주의 회계방식은 재정상태표에 해당하며, 발생주의 회계방식은 재정운영표에 해당한다.

② 현금주의 회계방식은 정보의 적시성을 확보할 수 있으며, 발생주의 회계방식은 회계처리의 객관성 확보에 용이하다.

③ 현금주의 회계방식은 재정 건전성 확보가 가능하며, 발생주의 회계방식은 이해와 통제가 용이하다.

④ 현금주의 회계방식은 화폐자산과 차입금을 측정대상으로 하며, 발생주의 회계방식은 재무자원, 비재무자원을 포함한 모든 경제자원을 측정대상으로 한다.

09 국가재정법상 기금에 관한 설명으로 옳지 않은 것은?

① 기금관리주체는 지출계획의 주요항목 지출금액의 범위 안에서 대통령령이 정하는 바에 따라 세부항목 지출금액을 변경할 수 있다.

② 정부는 주요항목 단위로 마련된 기금운용계획안을 회계연도 개시 90일 전까지 국회에 제출하여야 한다.

③ 국회는 정부가 제출한 기금운용계획안의 주요항목 지출금액을 증액하거나 새로운 과목을 설치하고자 하는 때에는 미리 정부의 동의를 얻어야 한다.

④ 정부는 기금이 여성과 남성에 미칠 영향을 미리 분석한 보고서를 작성하여야 한다.

10 예산결정의 합리주의 결정방식에 대한 설명으로 옳지 않은 것은?

① 파레토 최적을 실현한 예산배분 상태이다.

② 목표를 합리적으로 달성할 수 있는 대안분석을 위해 체제분석을 한다.

③ PPBS에서 활용하는 예산결정모형이다.

④ 참여자 간의 합의를 중요시한다.

11 공무원의 강등과 강임에 관한 설명으로 옳은 것은?

① 강등은 직위가 폐직되거나 하위의 직위로 변경되어 과원이 된 경우에 이루어진다.

② 강임은 결원을 보충하는 방법의 하나이다.

③ 강등된 공무원은 상위 직급에 결원이 생기면 우선승진의 대상이 된다.

④ 공무원 본인이 동의하지 않으면 강등할 수 없다.

12 근무성적평정에서 나타날 수 있는 문제점에 대한 설명으로 가장 적절하지 않은 것은?

① 연쇄효과(halo effect)는 평정자가 중시하는 하나의 평정요소에 대한 긍정적 평가가 다른 평정 요소에도 긍정적 영향을 미치는 것을 말한다.

② 도표식평정척도법은 연쇄효과를 예방하기 위해 개발된 것이다.

③ 근접효과(recency effect)는 평가시점에 가까운 실적을 평정에 더 많이 반영하여서 나타나는 오류이다.

④ 선입견은 평정자가 평소에 가지고 있던 개인적 특성(출신학교, 종교 등)에 대한 편향성을 평정에 반영하여 오류를 유발한다.

13 우리나라의 공직분류에 관한 설명으로 옳지 않은 것끼리 연결된 것은?

> ㉠ 경력직 공무원과 특수경력직 공무원의 구별 기준은 실적주의와 직업공무원제의 적용여부이다.
> ㉡ 특수경력직 공무원은 특정직 공무원과 별정직 공무원으로 구분된다.
> ㉢ 국가 공무원 중에서 특정직 공무원이 가장 많은 수를 차지하고 있다.
> ㉣ 임기제 공무원은 근무기간을 정하여 임용되는 공무원으로 특수경력직 공무원에 해당한다.

① ㉠, ㉢ 　　　　　② ㉡, ㉢

③ ㉡, ㉣ 　　　　　④ ㉢, ㉣

14 다음은 거시조직이론에 대한 설명이다. 옳지 않은 것으로 잘 연결된 것은?

> ㉠ 조직군생태론에 의하면 조직의 번성과 쇠퇴는 조직이 어떤 환경을 선택하느냐에 따라 결정된다.
> ㉡ 제도화이론은 환경이 조직구조를 결정한다고 본다는 점에서 구조적 상황이론과 유사하다.
> ㉢ 공동체생태론은 임의론이면서 조직군을 연구대상으로 한다.
> ㉣ 거래비용이론에 의하면 거래비용이 높을수록 조직 내 위계조직 설립이 줄어든다.
> ㉤ 자원의존모형은 임의론이면서 조직군 중심의 연구이다.

① ㉠, ㉡, ㉣ 　　　② ㉢, ㉣, ㉤

③ ㉠, ㉣, ㉤ 　　　④ ㉠, ㉢, ㉤

15 McGregor의 X이론에서 처방하는 조직관리 방식으로 볼 수 없는 것은?

① 성과급제도의 전면 실시

② 직무태만, 규정위반에 대한 처벌강화

③ 평가실적과 승진제도의 연계성 확대

④ 흥미도를 반영한 직무충실화

16 조직구조의 유형 중 기능구조(functional structure)와 사업구조(divisional structure)에 대한 설명으로 옳지 않은 것은?

① 사업구조는 사업부서 내 조정은 용이하지만 사업부서 간 조정이 곤란할 수 있다.

② 기능구조는 의사결정의 상위 집중화로 최고관리층의 업무부담이 증가될 수 있다.

③ 사업구조는 유사 업무를 수행하는 조직 구성원 간 분업을 통해 전문기술을 발전시킬 수 있다.

④ 사업구조는 성과책임의 소재가 분명해 성과관리 체제에 유리하다.

17 정책평가에 대한 설명의 연결이 옳은 것은?

A. 총괄평가	B. 형성평가
C. 평가성사정	D. 메타평가

ㄱ. 프로그램이 집행과정에 있으며 여전히 유동적일 때 프로그램의 개선을 위해서 실시하는 평가이다.

ㄴ. 본격적인 평가를 시작하기 전에 평가의 실현가능성을 검토하는 것이다.

ㄷ. 정책이 종료된 후에 그 정책이 당초 의도했던 효과를 가져왔는지의 여부를 판단하는 활동이다.

ㄹ. 평가자체를 대상으로 하며, 평가활동과 평가체제를 평가해 정책평가의 질을 높이고 결과활용을 증진하기 위한 목적으로 활용한다.

	A	B	C	D
①	ㄱ	ㄴ	ㄷ	ㄹ
②	ㄷ	ㄱ	ㄴ	ㄹ
③	ㄱ	ㄹ	ㄷ	ㄴ
④	ㄷ	ㄴ	ㄹ	ㄱ

18 다음 중 정부규제에 대한 설명으로 가장 적절하지 않은 것은?

① 경쟁적 규제란 재화나 용역을 제공할 수 있는 권리를 수많은 잠재적 또는 실재적 경쟁자들 중에서 선택·지정된 소수의 전달자에게만 제한시키는 규제를 말한다.

② 보호적 규제란 최대 노동시간의 제한, 최저임금제와 등과 같이 일반 국민을 보호하기 위하여 기업이나 개인의 행위를 제한하는 규제를 말한다.

③ 보호석 규제는 재분배 정책, 경쟁석 규제는 분배성책과 규제정책의 성격을 지닌다.

④ 포지티브(positive) 규제란 어떤 행위를 원칙적으로 허용하되, 금지되는 행위만 예외적으로 규정하는 방식을 말한다.

19 관청형성이론에 대한 내용으로 가장 옳지 않은 것은?

① 일반적으로 정부의 조직구조는 집권화된 형태로 변화하는 성향을 갖는다.

② 니스카넨의 '관료예산극대화가설'을 비판하면서 등장한 모형이다.

③ 전달기관은 관청예산을 전달하는 조직이다.

④ 던리비에 따르면 공무원 조직 내 집단행동의 딜레마 현상은 예산극대화를 저해하는 요인이다.

20 경합성과 배제성을 기준으로 분류한 재화의 유형에 관한 설명으로 옳지 않은 것은?

① 공유재는 경합성과 비배제성을 지니고 있다.

② 유료재(Toll Goods)는 고속도로나 공원 같이 배제 원칙의 적용이 가능한 공공재를 포함한다.

③ 순수공공재의 공급은 정부가 담당하지만 그 비용은 수익자가 자신의 편익에 정비례하여 직접 부담한다.

④ 순수민간재는 경합성과 배제성을 동시에 지니고 있다.

01 과학적 관리론에 관한 설명으로 가장 적절하지 않은 것은?

① 대표적 학자인 테일러는 1911년 「과학적 관리의 원리(The Principles of Scientific Management)」를 출간하였다.

② 주먹구구식(rules of thumb) 방법을 지양하고, 작업수행에 대한 과학적 방법을 발전시키려 하였다.

③ 테일러는 노동자는 높은 임금을, 고용자는 낮은 노동비용을 추구하기 위한 조건으로, 과업은 일류의 노동자(a first class man)가 달성할 수 있게끔 충분한 것이어야 한다는 원칙을 제시하였다.

④ 스콧(Scott)의 조직이론 분류에 따르면 개방·합리적 조직이론으로 구분된다.

02 다음 정책문제 구조화의 기법에 대한 설명 중 옳지 않은 것은?

① 경계분석은 문제상황의 가능성 있는 원인을 식별하기 위한 기법이다.

② 시네틱스(유추분석)는 유사한 문제의 인식을 촉진하기 위하여 고안된 방법이다.

③ 브레인스토밍(Brainstorming)은 문제상황을 식별하고 개념화하는 데 도움을 주는 아이디어, 목표, 전략을 끌어내기 위한 방법이다.

④ 분류분석은 문제상황을 정의하고 분류하기 위하여 사용되는 개념을 명백하게 하기 위한 기법이다.

03 소청심사제도에 대한 설명으로 옳은 것은?

① 소청심사위원회의 결정은 처분행정청에 대해 권고와 같은 효력이 있다.

② 강임과 면직은 심사 대상이나 휴직과 전보는 심사 대상에 해당되지 않는다.

③ 지방소청심사위원회는 기초자치단체별로 설치되어 있다.

④ 지방소청심사위원회 위원은 자치단체장이 임명 또는 위촉하나 위원장은 위촉위원 중에서 호선한다.

04 예산과 법률의 차이점에 대한 설명으로 옳지 않은 것은?

① 법률안은 국회의원과 정부가 제출할 수 있지만, 예산안은 정부만이 제출할 수 있다.

② 발의·제출된 법률안에 대해 국회는 수정할 수 있지만, 예산안의 경우 국회는 정부의 동의 없이 제출된 지출예산 각항의 금액을 증가하거나 새 비목을 설치할 수 없다.

③ 법률안은 대외적 효력을 인정받기 위해 공포 절차를 거쳐야 하지만 예산안은 국회에서 의결되면 효력을 갖는다.

④ 대통령은 국회가 의결한 법률안에 대해 재의 요구를 할 수 있으나, 국회는 정부가 제출한 예산안에 대한 심의·의결 자체를 거부할 수 있다.

05 제도적 책임성(accountability)과 자율적 책임성(responsibility)에 대한 설명으로 옳지 않은 것은?

① 제도적 책임성은 타율적이고 수동적인 행정책임을 의미한다.

② 자율적 책임성은 직업윤리와 책임감에 기반한 능동적인 책임성을 의미한다.

③ 제도적 책임성은 자율적 책임성보다 상대적으로 광범위한 행정책임을 의미한다.

④ 제도적 책임성은 법규와 규정에 따른 적절한 절차를 강조한다.

06 단체자치에 대한 설명으로 옳은 것만을 모두 고르면?

> 가. 자치권에 대한 인식은 전래권으로 본다.
> 나. 권한부여 방식은 포괄적 위임주의이다.
> 다. 중앙정부와 지방자치단체의 관계는 권력적 감독관계이다.
> 라. 유럽대륙을 중심으로 발전해 왔다.

① 가, 나
② 가, 다, 라
③ 나, 다, 라
④ 가, 나, 다, 라

07 넛지이론에 대한 설명으로 틀린 것은?

① 행동경제학에서 말하는 행동적 시장실패를 해결하기 위한 정부역할의 필요성에 관한 규범적 근거와 이에 적합한 정책 수단을 제시해준다.
② 넛지이론은 정부가 사람들의 선택과 자유를 존중하면서 보다 나은 의사결정을 하도록 도와주어야 한다는 자유주의적 개입주의의 입장을 취한다.
③ 넛지는 기본적으로 간접적이고 유도적인 방식의 정부 개입방식으로 촉매적 정책수단의 성격을 띠고 있다.
④ 넛지는 엄격하게 검증된 증거에 기반한 정책 선택을 강조하며, 주로 연역적 방법을 활용한다.

08 〈보기〉에서 옳은 것만을 고른 것은?

┤ 보기 ├

> ㄱ. 합리선택적 신제도주의 학파는 경제학의 거래비용 개념을 토대로 제도변화의 동태적 과정을 중점적으로 연구한다.
> ㄴ. 신제도주의는 구제도주의보다 제도의 범위를 넓게 해석한다.
> ㄷ. 뉴거버넌스는 참여와 네트워크보다는 시장 중심의 가격이나 경쟁에 기초한 조정방식을 강조한다.
> ㄹ. 뉴거버넌스에서 네트워크는 불확실성을 줄이기 위하여 시민단체에 의한 문제해결을 지양하는 방식으로 작동한다.
> ㅁ. 신제도주의는 개인의 행위결과가 개인의 선호체계의 직선적인 연장선상에 있다고 가정한다.

① ㄱ, ㄴ
② ㄱ, ㄹ
③ ㄴ, ㅁ
④ ㄷ, ㄹ

09 국가공무원법상에 규정된 직위해제 사유에 해당되지 않는 자는?

① 직무수행 능력이 부족한 자
② 휴직사유가 소멸된 후에도 직무에 복귀하지 않은 자
③ 근무성적이 극히 나쁜 자
④ 파면·해임에 해당하는 징계의결이 요구 중인 자

10 「국가재정법」상의 예산안 편성과정에 관한 설명으로 옳지 않은 것은?

① 기획예산처장관은 예산안편성지침에 중앙관서별 지출한도를 포함하여 통보할 수 있다.
② 기획예산처장관은 제출된 예산요구서가 예산안편성지침에 부합하지 아니하는 때에는 기한을 정하여 이를 수정 또는 보완하도록 요구할 수 있다.
③ 기획예산처장관은 대통령의 승인을 얻은 다음 각 중앙관서의 장에게 예산안편성지침을 통보하고 이 지침을 국회 예산결산특별위원회에 보고하여야 한다.
④ 기획예산처장관이 각 중앙관서의 장에게 제출하는 예산요구서에는 대통령령이 정하는 바에 따라 예산의 편성 및 예산관리기법의 적용에 필요한 서류를 첨부하여야 한다.

11 킹던의 정책창 모형과 관련된 내용으로 옳은 것만을 〈보기〉에서 모두 고르면?

┤ 보기 ├

> ㄱ. 다중합리성모형
> ㄴ. 쓰레기통 모형
> ㄷ. 정치의 흐름
> ㄹ. 점화장치
> ㅁ. 의제설정

① 2개
② 3개
③ 4개
④ 5개

12 지방자치단체 등이 발행하는 지방채에 대한 설명으로 옳지 않은 것은?

① 지방자치단체의 장이나 지방자치단체조합은 따로 법률이 정하는 바에 따라 지방채를 발행할 수 있다.

② 지방채 발행 한도액의 범위라도 외채를 발행하는 경우에는 지방의회의 의결을 거친 후 행정안전부장관의 승인을 받아야 한다.

③ 지방자치단체조합의 장이 그 조합의 지방채를 발행할 때에는 행정안전부장관의 승인을 받은 범위에서 조합의 구성인인 각 지방자치단체 지방의회의 의결을 얻어야 한다.

④ 지방채는 세대 간 부담의 형평성 제고에 도움이 되나, 원리금 상환을 할 때 지방자치단체의 재정력을 약화시키고 건전재정을 저해할 수 있다.

13 거시조직이론에 대한 내용으로 옳지 않은 것은?

① 공동체생태학이론은 조직들이 환경에 수동적으로 적응해 나가기 위하여 조직들 상호 간에 호혜적 관계를 형성한다고 본다.

② 자원의존이론에 따르면 조직은 주도적·능동적으로 환경에 대처하며 그 환경을 조직에 유리하도록 관리하려 한다.

③ 조직관리자의 능동적 역할을 무시하는 구조적 상황이론과 달리 전략적 선택이론은 조직구조를 설계하는 의사결정자의 역할을 강조한다.

④ 조직군생태론은 생물학적인 적자생존론의 개념을 도입한 이론으로서 조직군의 변화는 환경의 선택에 의하여 결정된다고 본다.

14 학습조직(learning organization)의 특성인 것만을 모두 고르면?

㉠ 공통된 비전의 강조
㉡ 수평적이며 분권화된 조직구조
㉢ 개인적 숙련의 강조
㉣ 조직의 안정성 강조
㉤ 팀 학습보다 개인 학습을 통한 개인 간 경쟁 촉진

① 2개   ② 3개
③ 4개   ④ 5개

15 허즈버그의 욕구충족요인이원론에 대한 설명으로 옳지 않은 것은?

① 조직구성원에게 만족을 주는 요인과 불만족을 주는 요인은 상호 독립되어 있다.

② 만족요인으로 성취감, 책임감, 직무내용, 인정감을 들 수 있다.

③ 동기요인이란 만족을 느끼게 하는 심리적 요인으로서 직무 그 자체와 관련되며 위생요인은 불만족을 느끼게 하는 요인으로서 직무의 환경과 관련된 것이다.

④ 위생요인과 동기요인이 구성원에 따라 다를 수 있다는 인식 하에 개인차를 강조한다.

16 정책평가를 위한 측정도구의 타당성과 신뢰성에 대한 설명으로 틀린 것은?

① 타당성은 없지만 신뢰성이 높은 측정도구가 있을 수 있다.

② 신뢰성이 없지만 타당성이 높은 측정도구는 있을 수 없다.

③ 신뢰성은 측정도구의 타당성을 담보할 수 있는 충분조건이다.

④ 신뢰성은 측정의 일관성을, 타당성은 측정의 정확성을 의미한다.

17 다음 중 예산제도에 대한 설명 중 옳은 것은 모두 몇 개인가?

> ㉠ 품목별 예산제도 – 지출의 세부적 사항에만 중점을 두므로 정부활동의 전체적인 상황을 알 수 없다.
> ㉡ 성과주의 예산제도 – 예산배정 과정에서 필요 사업량이 제시되지 않아 사업계획과 예산을 연계할 수 없다.
> ㉢ 계획예산제도 – 모든 사업이 목표달성을 위해 유기적으로 연계되어 있는바 부처 간 경계를 뛰어넘는 자원배분의 합리화를 가져올 수 있다.
> ㉣ 영기준예산제도 – 모든 사업이나 대안을 총체적으로 분석하므로 시간이 많이 걸리고 노력이 과중할 뿐만 아니라 과도한 문서자료가 요구된다.
> ㉤ 목표관리예산제도(MBO) – 예산결정 과정에 관리자 참여가 어렵다는 점에서 집권적인 경향이 있다.

① 1개
② 2개
③ 3개
④ 4개

18 다음은 토머스(Thomas)가 제시한 대인적 갈등관리 방안과 관련되는 내용이다. 각각의 내용이 바르게 연결된 것은?

> ㉠ 상대방의 이익을 희생하여 자신의 이익을 추구하는 경우이다.
> ㉡ 자신의 이익이나 상대방의 이익 모두에 무관심한 경우이다.
> ㉢ 자신과 상대방 이익의 중간 정도를 만족시키려는 경우이다.
> ㉣ 자신의 이익을 희생하여 상대방의 이익을 만족시키려는 경우이다.

	㉠	㉡	㉢	㉣
①	강제	회피	타협	포기
②	경쟁	회피	타협	순응
③	위협	순응	타협	양보
④	경쟁	회피	순응	양보

19 대표관료제(Representative Bureaucracy)에 대한 설명으로 옳지 않은 것은?

① 개인의 출신 및 성장배경, 사회화 과정 등에 의해 개인의 주관적 책무성이 형성된다고 본다.
② 대표관료제는 현대사회의 구조적 문제로 인한 기회의 불평등을 해소하고자 하는 노력이다.
③ 대표관료제는 소극적 대표가 자동적으로 적극적 대표를 보장한다는 가정에서 출발한다.
④ 대표관료제는 실적주의 원칙에 기반하여 행정능률성을 제고한다.

20 우리나라 고위공직자의 인사청문제도에 대한 설명 중 옳은 내용을 모두 고른 것은?

> 가. 인사청문특별위원회 위원장은 인사청문경과를 국회 본회의에 보고한 후, 대통령에게 인사청문경과보고서를 송부한다.
> 나. 국회는 임명동의안이 제출된 날로부터 20일 이내에 인사청문을 마쳐야 한다.
> 다. 소관상임위원회 인사청문에서 상임위원회가 경과보고서를 채택하지 않는 경우에, 대통령이 후보자를 임명하는 것은 실정법으로 금지된다.
> 라. 대법원장·헌법재판소장·국무총리·감사원장 및 대법관은 인사청문특별위원회에서 인사청문이 이루어진다.

① 가, 나, 라
② 가, 다
③ 나, 다
④ 나, 라

□ 빠른 정답 p.141
✎ 해설 p.91

01 신공공서비스론(NPS)에 대한 설명 중 옳은 것으로 짝지어진 것은?

> 가. 덴하르트(J. Denhardt & R. Denhardt)의 신공공서비스론은 신공공관리론(NPM)에 대한 비판적 시각에서 등장하였다.
> 나. 정부는 시장의 힘을 활용하는 데 있어 방향잡기의 역할을 해야 한다고 본다.
> 다. 이론적 토대는 민주주의 이론, 실증주의, 해석학, 비판이론 등 복합적이다.
> 라. 공익은 공유하고 있는 가치에 대해 대화와 담론을 통해 얻은 결과물이 아닌 개인 이익의 단순한 합산으로 보고 있다.
> 마. 민주적 시민정신이나 공익과 같은 가치들을 구현하는 데 필요한 구체적 처방을 제시하지 못한다는 비판을 받는다.

① 가, 나, 다, 마
② 나, 다, 라
③ 가, 다, 마
④ 다, 라, 마

02 의사결정모형에 대한 설명으로 가장 옳지 않은 것은?

① 합리모형은 대안을 포괄적으로 탐색하고 대안의 결과도 포괄적으로 고려한다.
② 합리모형은 국가권력이 사회 각 계층에 분산된 사회에서 주로 활용된다.
③ 점증모형은 다원화된 민주사회에 적합하다.
④ 합리모형은 연역적 분석에 기초한다.

03 다음은 공직자윤리법의 내용이다. 괄호에 들어갈 내용으로 옳은 것은?

> 기관업무기준 취업심사대상자는 다른 법률에 특별한 규정이 있는 경우를 제외하고는 퇴직 전 (㉠)부터 퇴직할 때까지 근무한 기관이 취업한 취업제한기관에 대하여 처리하는 제17조제2항 각 호의 업무를 퇴직한 날부터 (㉡) 동안 취급할 수 없다.

	㉠	㉡		㉠	㉡
①	5년	3년	②	2년	2년
③	5년	5년	④	3년	5년

04 다음 중 예산집행의 시간적 제약을 완화하기 위해 도입된 제도로 볼 수 없는 것은?

① 총액계상예산 제도
② 이월 제도
③ 계속비 제도
④ 국고채무부담행위 제도

05 광역행정 중 여러 자치단체를 포괄하는 단일정부를 설립하여 그 정부의 주도로 사무를 광역적으로 처리하는 광역행정방식은?

① 연합방식
② 통합방식
③ 공동처리방식
④ 행정협의회방식

06 Daft의 조직구조에 대한 설명으로 가장 적절하지 않은 것은?

① 기능구조 - 사업에 대한 성과책임의 소재가 분명해 성과관리 체제에 유리하다.

② 사업구조 - 기능 간 조정이 극대화될 수 있는 자기완결적 조직구조이다.

③ 매트릭스구조 - 기능구조와 사업구조의 화학적 결합을 시도하는 조직구조이다.

④ 네트워크구조 - 자체기능은 핵심역량위주로 합리화하고 여타 기능은 외부기관들과 계약관계를 통해 수행하는 조직구조방식이다.

07 과세주체별로 부과할 수 있는 지방세의 연결이 옳지 않은 것은?

① 경상남도 창원시세 - 재산세, 자동차세

② 서울특별시 강남구세 - 등록면허세, 재산세

③ 부산광역시 기장군세 - 지방소득세, 지방교육세

④ 제주특별자치도세 - 취득세, 지역자원시설세

08 다음 중 내부고발자 제도에 대한 내용으로 틀린 것은?

① 조직구성원이 불법·부당한 것이라고 보는 조직 내 일을 대외적으로 폭로하는 행위이다.

② 내부고발은 조직 외부의 관점에서 봤을 때 비리를 폭로하는 이타주의적인 성격을 지닌다.

③ 공익신고자의 동의없이 공익신고자의 인적사항 등을 다른 사람에게 알려주거나 공개할 경우, 징역 또는 벌금 등 법적 제재 대상이다.

④ 현행 국가공무원법에서는 공무원이 공익신고나 부패행위 신고 등을 하지 못하도록 방해하거나 취소를 강요하는 행위를 금지하고 있으나, 지방공무원법에서는 아직 법제화되지 못했다.

09 정부조직체계에서 청 단위기관과 소속부처의 연결로 옳은 것을 모두 고른 것은?

> ㄱ. 재외동포청 - 외교부
> ㄴ. 교육청 - 교육부
> ㄷ. 경찰청 - 행정안전부
> ㄹ. 특허청 - 산업통상자원부
> ㅁ. 해양경찰청 - 국방부

① ㄱ, ㄷ   ② ㄱ, ㄹ

③ ㄴ, ㄹ   ④ ㄴ, ㅁ

제 04 회

10 립스키(Lipsky)의 일선관료제에 대한 설명으로 옳지 않은 것은?

① 집행현장의 다양성과 복잡성 등 비정형적인 업무환경에 처해 있어 상당한 재량권과 자율성을 갖는다.

② 권위에 대한 위협 및 도전은 일선 관료의 업무환경 중 하나이다.

③ 복잡하고 불확실한 상황에 대처하는 적응 메커니즘으로 단순화(simplification)와 정형화(routines)가 활용된다.

④ 편견이나 선입견 등으로 인한 고정관념을 타파하고 시민의 요구와 필요에 민감하게 반응해 나간다.

11 다음 설명에 해당하는 시험의 효용성 판단기준은?

시험을 통해 측정하는 행동이나 질문의 내용이 직무수행의 중요한 국면을 대표하는 정도를 말한다.

① 구성타당성　　　　② 기준타당성
③ 내용타당성　　　　④ 신뢰성

12 다음 중 공공재의 공급 규모에 대한 설명으로 가장 적절하지 않은 것은?

① 니스카넨(Niskanen)의 예산극대화모형에 따르면 공공재는 과다 공급된다.

② 파킨슨(Parkinson)의 법칙이 적용되면 공공재는 과다 공급된다.

③ 보몰(Baumol)의 효과로 인하여 정부의 지출규모가 감소하여 공공재는 과소 공급된다.

④ 다운스(Downs)에 의하면, 국민의 합리적 무지 내지 무관심은 공공재의 과소 공급을 가져온다.

13 예산의 원칙과 그 예외가 바르게 짝지어지지 않은 것은?

① 통일성의 원칙 - 목적세

② 단일성의 원칙 - 특별회계

③ 완전성의 원칙 - 전대차관

④ 사전의결의 원칙 - 예산의 이용

14 해크먼(J. Hackman)과 올드햄(G. Oldham)의 직무특성이론에 대한 설명으로 옳지 않은 것을 모두 고르면?

ㄱ. 직무수행자의 개인차를 고려하여 직무특성이 직무수행자의 성장욕구 수준에 부합될 때 동기유발이 된다고 보았다.

ㄴ. 기술다양성, 직무혁신성, 직무중요성, 자율성, 환류라는 다섯 가지의 핵심 직무특성을 통해 잠재적 동기지수(MPS)를 도출하였다.

ㄷ. 잠재적 동기지수를 구성하는 직무특성변수 중 자율성과 환류가 동기부여에 가장 많은 영향을 미친다고 보았다.

ㄹ. 직무특성 중 직무중요성은 개인이 수행하는 직무가 다른 사람의 작업이나 행동에 의해 영향을 받는 정도를 의미한다.

① ㄱ, ㄴ　　　　② ㄱ, ㄹ
③ ㄴ, ㄹ　　　　④ ㄷ, ㄴ

15 다음은 학자에 따른 조직유형에 대한 설명이다. 옳지 않은 것은?

① 파슨스(Parsons)는 체제의 기능을 중심으로 경제적 조직, 정치적 조직, 통합조직, 체제유지조직으로 구분하였다.

② 블라우(Blau)와 스콧(Scott)은 조직의 수혜자를 중심으로 상호조직, 기업조직, 봉사조직, 공익조직으로 구분하였다.

③ 에치오니(Ezioni)는 권력과 복종의 유형에 따라 강제적 조직, 공리적 조직, 규범적 조직으로 구분하였다.

④ 데프트(Daft)는 조직의 각 부분 중 어느 부분의 힘이 강한지 여부에 따라 단순구조, 전문적 관료제, 사업부제, 기계적 관료제, 임시구조로 구분하였다.

16 정부실패에 대한 정부의 대응 방식의 연결이 올바른 것은?

① 사적 목표와 설정 - 민영화, 정부보조 삭감

② X-비효율성(비용체증) - 민영화, 정부보조삭감, 규제완화

③ 파생적 외부효과 - 민영화, 규제완화

④ 권력의 편재 - 정부보조 삭감, 규제완화

17 쓰레기통 모형에 대한 설명으로 틀린 것은?

① 극도로 불합리한 집단적 의사결정을 설명하기 위한 이론이며, 결정의 우연성을 강조하는 모형이다.

② 대학사회나 친목단체와 같은 조직의 의사결정을 설명하는 데 적합한 모형이다.

③ 선호는 확정되어 있으나 인과관계를 의미하는 기술이 불명확한 조직의 의사결정을 설명하는데 적합한 모형이다.

④ 조직화된 무정부 상태에서는 의사결정에 필요한 문제, 해결책, 참여자, 의사결정기회가 상호연계성 없이 흘러 다닌다.

18 「국가공무원법」상 징계에 대한 설명으로 옳은 것은?

① 파면과 해임은 징계위원회의 의결을 거치지 않고 각 임용권자 또는 임용권을 위임한 상급 감독기관의 장이 이를 행한다.

② 감봉 처분을 받은 자는 감봉 처분이 시작된 날부터 12개월간 승진이 제한된다.

③ 감봉은 1개월 이상 3개월 이하의 기간 동안 보수의 3분의 2를 감한다.

④ 중징계인 정직 처분을 받은 자는 1개월 이상 3개월 이하의 정직 기간 중 공무원의 신분은 보유하나 직무에 종사하지 못하며 보수의 전액을 감액한다.

19 다음 중 준예산의 사용 목적에 해당하지 않는 것은?

① 법률상 지출의무의 이행

② 전쟁이나 대규모 재해가 발생한 경우

③ 이미 예산으로 승인된 사업의 계속

④ 헌법에 의하여 설치된 기관 또는 시설을 유지·운영하는 경우

20 지방자치에 관한 설명으로 옳지 않은 것은?

① 지방의회는 매년 2회 정례회를 개최한다.

② 지방의회 의원에 대한 징계의 종류로는 '공개회의에서의 경고, 공개회의에서의 사과, 30일 이내의 출석정지, 제명'이 있으며, 제명의 경우 출석의원 2분의 1 이상의 찬성이 있어야 한다.

③ 지방자치단체의 장은 지방의회에 재의를 요구한 사항이 재의결된 경우, 재의결된 사항이 법령에 위반된다고 인정되면 재의결된 날부터 20일 이내에 대법원에 소를 제기할 수 있다.

④ 인구 50만 명 이상의 기초자치단체인 시 아래에 있는 구는 행정구이다.

제 04 회

01 공무원 보수제도 중 연봉제에 대한 설명으로 옳지 않은 것은?

① 성과급적 연봉제는 고위공무원단 소속 공무원에게 적용된다.

② 고정급적 연봉제에서 연봉은 기본연봉만 지급된다.

③ 직무성과급적 연봉제에서 기본연봉은 기준급과 직무급으로 구성된다.

④ 성과급적 연봉제와 직무성과급적 연봉제의 성과연봉은 전년도의 업무실적에 따른 평가결과에 따라 차등 지급된다는 점에서 유사한 면이 있다.

02 지방자치단체가 수행하는 기관위임사무에 대한 설명으로 옳은 것은?

① 기관위임사무의 처리에 필요한 경비는 수임한 지방자치단체가 전액 부담한다.

② 상·하수도 설치 및 관리, 주민등록관리, 공유재산 관리는 기관위임사무이다.

③ 기관위임사무는 지방자치단체의 장과 지방의회가 공동으로 수임주체가 된다.

④ 지방자치단체가 그 권한에 속하는 사무의 일부를 소속 행정기관에 위임할 때는 개별적인 법령의 근거가 필요하지 않다.

03 우리나라 경력직공무원에 해당하는 사람을 모두 고른 것은?

> ㄱ. 경찰청장, 소방청장, 해양경찰청장
> ㄴ. 국회수석전문위원
> ㄷ. 감사원 사무차장, 국회전문위원
> ㄹ. 선거로 취임하는 공무원
> ㅁ. 국무조정실장, 국무총리비서실장
> ㅂ. 실적과 자격에 따라 임용되고 그 신분이 보장되며 평생 동안(근무기간을 정하여 임용하는 공무원의 경우에는 그 기간 동안을 말한다) 공무원으로 근무할 것이 예정되는 공무원

① 1개 ② 2개

③ 3개 ④ 4개

04 동기부여이론에 대한 설명으로 옳은 것은?

① 스키너(Skinner)의 강화이론은 인간의 내면적 과정에 초점을 맞추며, 행동의 결과보다 원인을 더 강조한다.

② 로크(Locke)의 목표설정이론에 따르면, 개인의 강력한 동기유발을 위해서는 추상적인 목표를 채택해야 한다.

③ 포터(Porter)와 롤러(Lawler)의 업적·만족 이론은 직무성취 수준이 직무 만족의 요인이 될 수 있다고 주장한다.

④ 공공봉사동기(public service motivation)이론은 공공부문 종사자와 민간부문 종사자의 가치체계는 차이가 없고, 개인이 공공부문에 근무하면서 공공봉사 동기를 처음으로 획득하므로, 조직문화와 외재적 보상을 강조한다.

05 다원주의(Pluralism)에 대한 다음 설명 중 옳지 않은 것 끼리 연결된 것은?

> ㉠ 권력은 다양한 이익집단에게 균등하게 분산되어 있다고 본다.
> ㉡ 이익집단들 간의 정책형성에 대한 영향력의 차이가 있음을 인정한다.
> ㉢ 이익집단들 간의 영향력 차이는 정부의 차별적 접근허용에 기인한다.
> ㉣ 엘리트의 존재를 인정하며 정책영역별로 영향력을 행사하는 엘리트는 각기 다르다고 본다.

① ㉠, ㉡ 　　　　② ㉠, ㉢
③ ㉡, ㉢ 　　　　④ ㉢, ㉣

06 하위정부모형(subgovernment model)을 구성하는 주체에 해당하지 않는 것은?

① 의회의 상임위원회
② 이익집단
③ 관료
④ 시민단체

07 행태론적 접근방법에 대한 설명으로 옳은 것은?

① 인간행태의 규칙성을 전제하지 않는다.
② 행정과 경영을 분리하는 경향이 강하다.
③ 가치와 사실을 일치시킨다.
④ 인간이 환경의 변화를 유도하는 상황을 설명하기에는 적합하지 않다.

08 다음 중 공유재(common-pool goods)에 대한 설명으로 가장 적절하지 않은 것은?

① 국공립 도서관, 국립공원, 국방, 치안 등을 그 예로 들 수 있다.
② 경합성을 지닌다.
③ 비배제성을 지닌다.
④ 과잉 소비의 문제가 발생할 수 있다.

09 지방자치단체의 재정자립도에 대한 설명으로 가장 옳지 않은 것은?

① 재정자립도는 세입총액에서 지방세수입과 세외수입이 차지하는 비율을 나타낸다.
② 자주재원이 적더라도 중앙정부가 지방교부세를 증액하면 재정자립도는 올라간다.
③ 재정자립도가 높다고 지방정부의 실질적 재정이 반드시 좋다고 볼 수는 없다.
④ 국세의 지방세 이전은 재정자립도 증대에 도움이 된다.

10 예산제도에 대한 설명으로 옳지 않은 것은?

① 통합재정은 일반회계, 특별회계, 기금 등을 포괄한 국가 전체 재정을 의미한다.
② 자본예산은 단식예산에 가까운 성격을 띠고 있다.
③ 성인지예산서는 예산이 남성과 여성에 미칠 영향을 미리 분석한 보고서로 정부가 예산안과 함께 국회에 제출해야 하는 첨부서류이다.
④ 예산제도는 통제지향 － 관리지향 － 계획지향의 단계로 발전되었다.

11 예산제도에 관한 설명 중 옳지 않은 것을 모두 고른 것은?

> ㄱ. 이용은 국회의 의결을 거쳐야 하지만 기획예산처장관의 승인을 얻을 필요는 없다.
> ㄴ. 명시이월이란 세출예산 중 경비의 성질상 연도 내에 지출을 끝내지 못할 것이 예측되는 때에 그 취지를 세입세출예산에 명시하여 미리 국회의 승인을 얻은 후 다음 연도에 이월하여 사용할 수 있는 제도이다.
> ㄷ. 공무원의 보수 인상을 위한 인건비 충당을 위하여서도 예비비의 사용목적을 지정할 수 있다.
> ㄹ. 국가가 국고채무부담행위에 의하여 지출할 수 있는 연한은 그 회계연도부터 5년 이내로 한다.

① ㄱ, ㄷ
② ㄷ, ㄹ
③ ㄱ, ㄷ, ㄹ
④ ㄱ, ㄴ, ㄷ, ㄹ

12 넛지(nudge)이론의 특성으로 옳은 것만을 모두 고르면?

> ㄱ. 넛지이론의 이론적 기반은 행동경제학이다.
> ㄴ. 넛지는 어떤 선택을 금지하거나 경제적 유인을 크게 변화시키고자 한다.
> ㄷ. 정부는 사람들의 선택의 자유를 존중하면서 보다 나은 의사결정을 하도록 도와줄 수 있다는 것이다.

① ㄱ, ㄴ
② ㄱ, ㄷ
③ ㄴ, ㄷ
④ ㄱ, ㄴ, ㄷ

13 우리나라 유연근무제도에 대한 설명으로 틀린 것은?

① 시간선택제 채용공무원(15시간 이상 35시간 이하)을 통상적인 근무시간 근무 공무원으로 임용하는 경우, 어떠한 우선권도 인정하지 않는다.
② 시간선택제 전환공무원의 근무시간은 주당 15시간 이상 35시간 이하의 범위에서 소속 장관이 정한다.
③ 탄력근무제의 유형에는 시차출퇴근형, 근무시간선택형, 집약근무형, 재량근무형 등이 있다.
④ 근무시간 선택형은 1일 10시간~12시간까지 근무시간을 선택할 수 있으며, 주3.5일 내지 4일 근무하는 형태를 말한다.

14 허즈버그(F. Herzberg)의 욕구충족요인이원론에 관한 설명으로 옳은 것은?

① 허즈버그는 일반적인 노동자를 연구대상으로 지정하였다.
② 위생요인을 충족하면 동기부여로 이어진다.
③ 동기요인에는 보수, 작업조건, 대인관계 등이 포함된다.
④ 위생요인은 주로 생리적 욕구, 안전욕구 등을 만족시키는 요인들이다.

15 조직구조를 결정하는 변수에 대한 설명이 잘못된 것은?

① 복잡성이란 조직의 분화정도를 나타내는 것으로 이는 다시 수평적·수직적 분화 및 장소적 분화로 나누어 살펴볼 수 있다.
② 조직구조의 기본변수로는 대개 복잡성, 공식성, 집권성 등을 든다.
③ 조직의 공식화는 직무가 표준화되거나 정형화되어 있는 정도를 따지는 개념이다.
④ 조직의 규모가 작을수록 공식화의 정도는 높아진다.

16 다음 〈보기〉 중 우리나라 공무원 연금제도에 대한 설명으로 옳은 것은 모두 몇 개인가?

> ┤ 보기 ├
> ㉠ 우리나라 공무원 연금제도는 중앙행정기관인 인사혁신처가 관장하고, 공무원 연금기금은 공무원연금공단에서 관리·운용한다.
> ㉡ 우리나라 공무원 연금제도에 의하면 기여금은 최대 33년까지를 납부기한으로 하고 있다.
> ㉢ 우리나라 「공무원연금법」에 의하면 공무원과 대통령으로 정하는 국가나 지방자치단체 직원도 공무원연금의 대상이지만 군인과 선거에 의하여 취임한 공무원은 제외된다.
> ㉣ 퇴직연금의 재원은 정부와 공무원이 분담하는 반면, 퇴직수당은 정부가 단독 부담한다.
> ㉤ 퇴직수당은 공무원이 1년 이상 재직하고 퇴직하거나 사망한 경우에 지급한다.

① 2개
② 3개
③ 4개
④ 5개

17 우리나라의 「국가재정법」은 총사업비가 500억원 이상이고 국가의 재정지원 규모가 300억원 이상인 대규모 사업에 대한 예산편성을 위하여 미리 예비타당성조사를 실시하도록 규정하고 있는데, 전술한 예비타당성조사 대상 사업에서 제외되지 않는 것은?

① 공공청사, 교정시설, 초·중등 교육시설의 신·증축 사업
② 국가유산 복원사업
③ 국가안보와 관계되거나 보안이 필요한 국방 관련 사업
④ 행정, 보건, 사회복지, 교육, 문화, 환경, 교통, 물류, 재난안전, 치안, 국방, 에너지 등 소관 업무에 대한 지능정보화 사업

18 현상학과 관련된 설명 중 옳은 것으로만 짝지어진 것은?

> ㄱ. 해석학적 방법
> ㄴ. 가치와 사실의 구분
> ㄷ. 행위(action)연구
> ㄹ. 표출된 행위(behavior)
> ㅁ. 논리실증주의
> ㅂ. 반실증주의

① ㄱ, ㄴ, ㄷ
② ㄱ, ㄷ, ㅂ
③ ㄴ, ㄹ, ㅁ
④ ㄷ, ㄹ, ㅂ

19 다음 중 각 내용에 맞는 학자를 적절하게 연결한 것은?

> ㉠ 이 연구에서는 정책과 성과를 연결하는 모형에 정책 기준과 목표, 집행에 필요한 자원, 조직 간 의사소통과 집행 활동(enforcement activities), 집행기관의 특성, 경제·사회·정치적 조건, 정책집행자의 성향(disposition)이라는 변수를 제시하였다.
> ㉡ 효과적인 정책집행을 위해 갖추어야 할 조건으로서 정책결정의 내용은 타당한 인과이론에 바탕을 두어야 하며 정책내용으로서 법령은 명확한 정책지침을 가지고 있어야 한다.
> ㉢ 많은 참여자와 이들의 반대(공동행위의 복잡성), 주요 관리자의 빈번한 교체, 잘못된 집행기관 선정, 정책내용 자체의 문제(정책의 복잡성 및 부적절성 등) 등은 정책실패를 야기하는 요인에 해당한다.

구분	㉠	㉡	㉢
①	반 미터 & 반 호른	프레스만 & 윌다브스키	사바티어 & 마즈매니언
②	사바티어 & 마즈매니언	반 미터 & 반 호른	프레스만 & 윌다브스키
③	프레스만 & 윌다브스키	사바티어 & 마즈매니언	반 미터 & 반 호른
④	반 미터 & 반 호른	사바티어 & 마즈매니언	프레스만 & 윌다브스키

20 지방자치의 타당성을 주장하는 이론이 아닌 것은?

① 보충성의 원칙
② 다원주의
③ 티부가설
④ 딜런의 법칙

제 05 회

01 신고전 조직이론에 대한 설명으로 옳은 것은?

① 조직 내 사회적 능률을 강조하고, 조직의 비공식적 구조나 요인에 초점을 둔다.

② 인간을 복잡한 내면구조를 가진 복잡인으로 간주한다.

③ 환경과 상호작용하는 개방적·동태적·유기적 조직을 강조한다.

④ 조직군생태론, 조직경제학, 자원의존이론 등이 대표적이다.

02 지방자치단체의 세외수입에 관한 설명으로 가장 적절하지 않은 것은?

① 사용료는 지방자치단체의 공공재산을 사용함으로써 얻는 편익에 대한 대가로서 징수하는 공과금이다.

② 재산임대수입은 경상적 세외수입이며, 재산매각수입은 임시적 세외수입이다.

③ 분담금이란 지방자치단체의 재산 또는 공공시설로 특별한 이익을 받는 자에게 징수하는 공과금을 말한다.

④ 지방자치단체의 운동장 이용료과 쓰레기 종량제 봉투 판매수입은 모두 사용료 수입에 해당한다.

03 균형성과표(BSC : Balanced Score Card)에 대한 설명으로 가장 적절하지 않은 것은?

① 재무적 관점의 성과지표는 민간부문에서 특히 중시하는 것으로 대표적인 후행지표이다.

② 내부프로세스 관점의 대표적 성과지표에는 의사결정 과정의 시민참여, 적법절차, 커뮤니케이션 구조 등이 있다.

③ BSC는 비재무적 지표보다는 재무적 지표관리의 중요성을 강조한다.

④ 학습과 성장 관점의 성과지표에는 학습동아리수, 내부 제안 건수, 직무만족도 등이 있다.

04 윌슨(Wilson)은 규제정치를 아래 표와 같이 4가지 유형으로 구분했다. (ㄱ)~(ㄹ)에 들어갈 유형에 대한 설명으로 옳은 것은 모두 몇 개인가?

구분		편익	
		집중	분산
비용	집중	ㄱ	ㄴ
	분산	ㄷ	ㄹ

가. (ㄱ)은 쌍방이 막강한 정치조직적 힘을 바탕으로 첨예하게 대립되는 경우로규제기관이 어느 한쪽에 장악될 가능성이 약하다.

나. (ㄱ)에 해당하는 사례로는 수입규제, 농산물 최저가격규제가 해당된다.

다. (ㄴ)은 의제채택이 가장 어려우며 극적인 사건이나 재난, 위기발생이나 운동가의 활동에 의하여 규제가 채택된다.

라. (ㄴ)에 해당하는 사례로는 음란물규제, 낙태규제, 차별규제가 해당된다.

마. (ㄷ)은 조직화된 소수가 포획 등 강력한 로비활동으로 다수를 압도·이용하는 미시적 절연이 발생한다.

① 1개   ② 2개

③ 3개   ④ 4개

05 신공공관리론의 특성에 대한 설명으로 옳은 것은?

① 성과보다는 과정 중심의 관리를 강조한다.
② 시장주의와 신관리주의를 결합한 이론이다.
③ 정부의 방향잡기(steering)의 역할을 시장에 맡겨야 한다고 주장한다.
④ 국민만족도를 제고하기 위하여 공급자 중심의 정부서비스를 제공할 것을 주장한다.

06 조직이론과 그 내용에 대한 설명으로 옳지 않은 것은?

① 구조적 상황이론 – 보편적인 조직원리를 비판하면서 등장한 이론으로 구조적 상황론에 따르면 불안정한 환경 속에 있는 조직은 유기적인 조직구조를 선택하는 것이 효과적이다.
② 전략적 선택이론 – 동일한 환경에 처한 조직도 환경에 대한 관리자의 지각 차이로 상이한 선택을 할 수 있다.
③ 거래비용이론 – 시장에서의 거래비용이 조직의 내부 거래비용보다 클 경우 내부 조직화를 선택한다.
④ 조직군 생태학이론 – 조직군의 변화를 이끄는 변이는 우연적 변화(돌연변이)로 한정되며, 계획적이고 의도적인 변화는 배제된다.

07 엽관주의(Spoils System)에 대한 설명으로 가장 적절한 것은?

① 주로 학벌, 지연, 혈연과 같은 개인적 친분관계를 임용의 기준으로 삼는다.
② 오늘날은 직업공무원으로 하여금 시민들의 요구와 선호를 적극적으로 반영하게 만드는 장치로 활용되고 있다.
③ 1883년 미국의 팬들턴법(Pendleton Act)을 기회로 엽관주의가 활성화되기 시작하였다.
④ 행정의 능률성을 강화시키는 반면 행정의 민주성을 약화시키는 단점이 있다.

08 다음 중 직무평가기법에 대한 설명이 틀린 것은?

① 서열법은 직무 상호간에 직무 전체의 중요도를 비교하는 방식이다.
② 점수법은 직무평가기준표를 이용하는 계량적 방식이다.
③ 요소비교법은 기준직위의 금전적 가치를 각 평가요소에 배분한다.
④ 분류법은 등급기준표를 사용하지 않는다는 것이 특징이다.

09 다음 설명에 해당하는 공무원 평정제도를 바르게 짝지은 것은?

ㄱ. 고위공무원단제도의 도입에 따라 고위공무원으로서 요구되는 역량을 구비했는지를 사전에 검증하는 제도적 장치로 도입되었다.
ㄴ. 직무분석을 통해 도출된 성과책임을 바탕으로 성과목표를 설정·관리·평가하고, 그 결과를 보수 혹은 처우 등에 적용하는 일련의 과정을 거친다.
ㄷ. 행정서비스에 관한 다방향적 의사전달을 촉진하며 충성심의 방향을 다원화하는 데 기여할 수 있다.
ㄹ. 공무원의 능력, 근무성적 및 태도 등을 평가해 교육훈련 수요를 파악하고, 승진 및 보수결정 등의 인사관리자료를 얻는 데 활용한다.

	ㄱ	ㄴ	ㄷ	ㄹ
①	역량평가제 –	직무성과관리제 –	다면평가제 –	근무성적평정제
②	다면평가제 –	역량평가제 –	근무성적평정제 –	직무성과관리제
③	역량평가제 –	근무성적평정제 –	다면평가제 –	직무성과관리제
④	다면평가제 –	직무성과관리제 –	역량평가제 –	근무성적평정제

10 지방자치단체장에 관한 설명으로 옳지 않은 것은?

① 단체장은 자신이 속한 자치단체를 외부에 대표하는 제1인자이다.

② 주민들의 청구를 통해 지방의회는 단체장에 대한 불신임권을 행사할 수 있다.

③ 단체장은 법령 또는 조례의 범위에서 규칙을 정할 수 있다.

④ 지방자치단체장의 선결처분은 지방의회의 사후승인을 받아야 한다.

11 우리나라 이해충돌방지법에 대한 내용으로 올바른 것을 모두 고르면?

> ㉠ '어느 누구도 자신이 연루된 사건의 재판관이 되어서는 안된다'는 원칙을 적용한다.
>
> ㉡ 이해충돌이란 공직자가 직무를 수행할 때 자신의 사적 이해관계가 관련되어 공정하고 청렴한 직무수행이 저해되거나 저해될 우려가 있는 상황을 뜻한다.
>
> ㉢ 공무원, 공직유관단체·공공기관 임직원, 국공립학교장·교직원, 사립학교 교직원, 언론인 등이 적용대상이다.

① 1개   ② 2개

③ 3개   ④ 없음

12 현행 감사원법상 회계검사기관인 감사원에 관한 설명으로 옳지 않은 것은?

① 감사원은 국가의 세입세출의 결산과 공무원 직무감찰을 위해 대통령 소속하에 설치된 기관이다.

② 감사원은 직무에 관해 독립된 지위를 유지하며 그 직무수행상 정치적 압력이나 간섭을 받지 않는 특징이 있다.

③ 감사원장은 국회의 동의를 얻어 대통령이 임명하며, 감사위원의 경우는 감사원장의 제청으로 역시 대통령이 임명한다.

④ 감사원장의 임기는 4년, 감사위원의 임기는 2년이며 원장을 포함해 7인의 감사위원으로 구성한다.

13 다음 중 개정된 청탁금지법 시행령에 대한 내용으로 틀린 것은?

구분		개정 전	개정 후
①	선물	5만 원	5만 원
②	축의금·조의금	5만 원	5만 원
③	음식물	3만 원	5만 원
④	선물 중 농수산물 및 농수산 가공품	10만 원	15만 원 (설날·추석 기간 20만 원)

14 다음은 우리나라 국가재정법에 대한 내용이다. 괄호 안의 내용을 올바르게 구성한 것은?

> **제28조【중기사업계획서의 제출】** 각 중앙관서의 장은 매년 (㉠)월 31일까지 해당 회계연도부터 5회계연도 이상의 기간 동안의 신규사업 및 기획예산처장관이 정하는 주요 계속사업에 대한 중기사업계획서를 기획예산처장관에게 제출하여야 한다.
>
> **제29조【예산안편성지침의 통보】** ① 기획예산처장관은 국무회의의 심의를 거쳐 대통령의 승인을 얻은 다음 연도의 예산안편성지침을 매년 (㉡)월 31일까지 각 중앙관서의 장에게 통보하여야 한다.
>
> **제30조【예산안편성지침의 국회보고】** 기획예산처장관은 각 중앙관서의 장에게 통보한 예산안편성지침을 매년 3월 31일까지 (㉢)에 보고하여야 한다.
>
> **제31조【예산요구서의 제출】** ① 각 중앙관서의 장은 예산안편성지침에 따라 그 소관에 속하는 다음 연도의 세입세출예산·계속비·명시이월비 및 국고채무부담행위 요구서(이하 "예산요구서"라 한다)를 작성하여 매년 (㉣)월 31일까지 기획예산처장관에게 제출하여야 한다.
>
> **제33조【예산안의 국회제출】** 정부는 대통령의 승인을 얻은 예산안을 회계연도 개시 (㉤)일 전까지 국회에 제출하여야 한다.

구분	㉠	㉡	㉢	㉣	㉤
①	1	3	예산결산 특별위원회	5	120
②	3	1	상임위원회	3	90
③	1	3	예산결산 특별위원회	5	90
④	3	1	상임위원회	3	120

15 리플리와 프랭클린의 경쟁적 규제정책에 대한 설명으로 옳지 않은 것은?

① 국가가 소유한 희소한 자원에 대해 다수의 경쟁자 중에서 지정된 소수에게만 서비스나 재화를 공급하도록 규제한다.

② 선정된 승리자에게 공급권을 부여하는 대신에 이들에게 규제적인 조치를 하여 공익을 도모할 수 있다.

③ 경쟁적 규제정책의 예로는 주파수 할당, 항공노선 허가 등이 있다.

④ 정책집행 단계에서 규제받는 자들은 규제기관에 강하게 반발하거나 저항하기도 한다.

16 하위정부, 이슈네트워크, 정책공동체에 대한 설명을 바르게 나열한 것은?

> ㄱ. 실질적인 정책결정력을 가진 관료집단, 의회위원회, 이익집단의 3자 연합체가 존재한다.
> ㄴ. 정책전문가가 참여하는 장기적이고 안정적인 공동체이다.
> ㄷ. 윈윈게임 현상이 발생한다.
> ㄹ. 철의 삼각(Iron-Triangle)을 의미하는 것으로, 폐쇄적 연합이다.
> ㅁ. 헤클로(Heclo)가 제시한 것으로 1970년대 등장하였다.

구 분	하위정부	이슈네트워크	정책공동체
①	ㄱ	ㅁ	ㄷ
②	ㄹ	ㅁ	ㄱ
③	ㄱ	ㄴ	ㅁ
④	ㄹ	ㄷ	ㄴ

17 다음 중 관료제 병리현상에 대한 설명으로 가장 옳은 것은?

① 동조과잉과 형식주의로 인해 '전문화로 인한 무능' 현상이 발생한다.

② 피터의 원리(Peter Principle)가 지적하듯이 무능력자가 승진하게 되는 경우가 생긴다.

③ 상관의 권위에 의존하면서 소극적으로 일을 처리하려는 할거주의가 나타난다.

④ 목표가 아닌 수단으로서의 규칙과 절차에 지나치게 집착하는 번문욕례(red tape)현상이 나타난다.

18 비용편익분석에 관련한 설명 중 옳지 않은 것은?

① 미래에 발생할 비용과 편익을 화폐적 단위로 표시하고 계량적인 환산을 한다.

② 순현재가치가 0보다 크면 경제적 타당성이 있다고 판단한다.

③ 높은 시간적 할인율은 장기투자에 유리하다.

④ 내부수익률은 공공프로젝트를 평가하는 데 적절한 할인율이 알려져 있지 않을 경우 유용하게 사용할 수 있다.

19 델파이기법에 대한 설명으로 옳지 않은 것은?

① 상호 토론 없이 각각 독자적으로 형성된 전문가들의 판단을 조합·정리하는 방법이다.

② 통계처리 등을 통한 통제된 환류과정을 반복한다는 점에서 객관적 예측기법이다.

③ 1948년 미국 랜드(RAND) 연구소의 연구진에 의해 개발되어 공공부문이나 민간부문의 예측 활동에 활용하고 있다.

④ 의견을 수렴하는 모든 단계에서 익명성이 보장된다.

20 다음은 다양한 예산제도에 대한 설명이다. 옳지 않은 것을 모두 고르면?

> ㉠ 품목별 예산(LIBS)은 상향적 의사결정구조를 지니며, 정부사업의 우선순위 파악이 용이하다.
> ㉡ 성과주의 예산(PBS)은 정부활동에 초점이 있으며, 회계책임을 명확히 할 수 있다.
> ㉢ 계획예산(PPBS)은 평가지향성을 지니며 체제분석 등을 활용한다.
> ㉣ 영기준예산(ZBB)은 집권화된 관리체계를 갖기 때문에 예산편성과정에 소수의 조직구성원만이 참여하게 된다.
> ㉤ 영기준예산(ZBB)은 단기적이고 신축적인 예산편성제도이다.

① 1개   ② 2개

③ 3개   ④ 4개

01 다음 비용효과분석에 대한 설명 중 틀린 것은?

① 화폐단위로 측정하는 문제를 피하기 때문에 비용편익 분석보다 훨씬 쉽게 적용할 수 있다.

② 비용효과분석은 시장가격에 기초하여 효과를 측정한다.

③ 비용효과분석은 외부효과나 무형적인 것의 분석에 용이하다.

④ 고정비용의 문제나 고정효과의 문제를 다루는 데 적합하다.

02 「지방공무원법」상 공무원 인사이동에 대한 설명으로 옳지 않은 것은?

① 전직은 직렬을 달리하는 임명을 말한다.

② 전보는 같은 직급 내에서 보직변경을 말한다.

③ 강임의 경우, 같은 직렬의 하위 직급이 없는 경우 다른 직렬의 하위 직급으로는 이동할 수 없다.

④ 지방자치단체의 장 또는 지방의회의 의장은 공무원을 전입시키려고 할 때에는 해당 공무원이 소속된 지방자치단체의 장 또는 지방의회의 의장의 동의를 받아야 한다.

03 다음 중 조례제정개폐청구 대상이 될 수 있는 것은?

① 법령을 위반하는 사항

② 지방세·사용료·수수료·부담금의 부과·징수 또는 감면에 관한 사항

③ 공공시설의 설치 요구에 관한 사항

④ 행정기구를 설치하거나 변경하는 것에 관한 사항

04 가외성(redundancy)에 대한 설명으로 가장 옳지 않은 것은?

① 동등잠재성은 동일한 기능을 여러 기관이 독자적 상태에서 수행하는 것이다.

② 란다우는 권력분립, 계선과 참모, 양원제와 위원회제도를 가외성 현상이 반영된 제도로 본다.

③ 창조성 제고, 적응성 증진 등에 효용이 있다.

④ 한계로는 비용상의 문제와 조직 내 갈등 유발 등이 지적된다.

05 베버(Weber)가 주장했던 이념형 관료제의 특징으로 옳은 것만을 〈보기〉에서 모두 고르면?

ㄱ. 지도자 개인의 카리스마가 아니라 성문화된 법령이 조직 내 권위의 원천이 된다.
ㄴ. 엄격한 계서제에 따라 상대방의 지위를 고려하여 법규를 적용한다.
ㄷ. 관료는 업무 수행에 대한 대가로 정기적으로 일정한 보수를 받는다.
ㄹ. 모든 직무수행과 의사전달은 구두가 아니라 문서로 이루어지는 것이 원칙이다.
ㅁ. 권한은 사람이 아니라 직위에 부여되는 것이다.

① ㄱ, ㄴ
② ㄴ, ㅁ
③ ㄱ, ㄷ, ㄹ
④ ㄱ, ㄷ, ㄹ, ㅁ

06 위원회의 유형과 우리나라 정부조직의 연결이 옳지 않은 것은?

① 자문위원회 - 공정거래위원회
② 조정위원회 - 경제관계장관회의
③ 행정위원회 - 방송미디어통신위원회
④ 의결위원회 - 징계위원회

07 우리나라의 예산에 대한 설명으로 옳은 것만을 〈보기〉에서 모두 고르면?

┤ 보기 ├

ㄱ. 국회에 제출되는 예산서는 예산총칙·세입세출예산·계속비·명시이월비 및 국고채무부담행위로 구성된다.
ㄴ. 세출예산 중 경비의 성질상 연도 내에 지출을 끝내지 못할 것이 예측되는 때에는 그 취지를 세입세출예산에 명시하여 미리 국회의 승인을 얻은 후 다음 연도에 이월하여 사용할 수 있다.
ㄷ. 예산의 이용(移用)은 정부조직 등에 관한 법령의 제정, 개정 또는 폐지로 인하여 중앙관서의 직무와 권한에 변동이 있을 때 예산을 이에 따라 변경하는 것을 의미한다.
ㄹ. 예산의 전용(轉用)은 확정된 예산에서 각 세항 또는 목의 금액을 서로 융통하여 사용하는 것을 의미한다.
ㅁ. 국회는 정부의 동의 없이 정부가 제출한 지출예산 각 항의 금액을 증가하거나 새 비목(費目)을 설치할 수 있다.
ㅂ. 예산안 심의 및 확정 그리고 조세법률주의는 헌법에 규정하고 있고, 예산총계주의와 국가재정운용계획의 수립은 국가재정법에서 규정하고 있다.

① 1개
② 2개
③ 4개
④ 6개

08 계급제의 특징에 대한 설명으로 옳은 것은?

① 업무 분담과 직무분석으로 합리적인 정원관리 및 사무관리에 유리하다.
② 계급에 따른 권한과 책임의 명확화를 통해 전문화되고 체계직인 조직관리가 가능하다.
③ 동일 직무에 대한 동일 보수의 원칙을 따르는 직무급 제도를 통해 합리적인 보수체계를 확립할 수 있다.
④ 담당할 직무와 관계없이 인사배치를 할 수 있어 인사배치의 신축성·융통성을 기할 수 있다.

09 애드호크라시에 속하는 조직유형에 대한 설명으로 옳은 것은?

① 매트릭스 조직은 명령통일의 원칙을 준수한다.
② 네트워크 조직은 핵심기능을 외부기관에 위임한다.
③ 태스크포스는 부서들을 횡적으로 연결하여 현안 문제를 해결하기 때문에 목적을 달성한 후에도 유지된다.
④ 프로젝트팀은 원래 소속된 부서와의 보고라인을 유지하지만, 팀을 하나의 독립된 조직으로 인식하는 경향이 강하다.

10 리더십 이론에 대한 설명으로 옳은 것만을 모두 고르면?

> ㄱ. 아이오와 대학연구에 따르면 리더십 유형을 권위형, 민주형, 방임형으로 나누어 관찰한 결과, 생산성에서는 큰 차이가 없으나, 구성원의 사기 등을 포함하여 전체적으로 방임형이 가장 효율적이다.
> ㄴ. 블레이크와 머튼은 생산에 대한 관심과 사람에 대한 관심이 모두 높은 단합형(team management) 리더십 유형을 최선의 관리방식으로 제안하였다.
> ㄷ. 상황적응적 리더십 모형의 주창자 중 하나인 피들러는 리더-구성원 관계, 직무구조, 직위권력 등 3가지 변수를 중요한 상황요소로 설정하였다.
> ㄹ. 오하이오 주립대 리더십 연구자들은 리더의 행동을 구조주도와 배려로 설명하며 가장 훌륭한 리더유형을 중간 수준의 구조주도와 배려를 갖춘 균형잡힌 리더형태로 보았다.

① ㄱ, ㄴ ② ㄱ, ㄹ
③ ㄴ, ㄷ ④ ㄷ, ㄹ

11 「인사혁신처 예규」상 탄력근무제에 해당하지 않는 것은?

① 재택근무형
② 시차출퇴근형
③ 재량근무형
④ 근무시간 선택형

12 정부조직에 대한 설명으로 옳지 않은 것은?

① 감사원은 「헌법」에서 정하는 합의제 행정기관에 해당한다.
② 소청심사위원회는 인사혁신처 소속으로 행정기관 소속 공무원의 징계처분에 관한 사무를 관장한다.
③ 각 부(部) 밑에 처(處)를 두고, 각 위원회 밑에 청(廳)을 둔다.
④ 통계청 및 특허청이 국무총리 소속의 국가데이터처 및 지식재산처로 각각 격상되었다.

13 다음 중 자본예산제도의 특징으로 가장 옳지 않은 것은?

① 부채의 정당화
② 재정안정화 효과 증진
③ 중장기 예산 운용 가능
④ 예산의 적자 편성

14 지식관리에 관한 설명으로 가장 적절하지 않은 것은?

① 조직구성원은 지식의 활용자로서 조직에 공유된 형식지식(explicit knowledge)을 자신의 암묵지식(tacit knowledge)으로 변환시킴으로써 업무의 생산성을 높일 수 있다.
② 지식관리는 계층제적 조직보다는 학습조직을 기반으로 한다.
③ 업무 매뉴얼, 정부 보고서 등은 대표적 암묵지식에 해당한다.
④ 지식관리를 통해 개인의 전문적 자질이 향상되는 효과를 기대할 수 있다.

15 조직목표 변동에 관한 설명으로 옳지 않은 것은?

① 원래의 목표가 다른 목표로 전환되는 것이 목표의 대치 또는 전환이다.

② 목표가 달성되었거나 달성이 불가능한 경우 본래의 목표를 새로운 목표로 교체하는 것이 목표의 승계이다.

③ 동종목표의 수 또는 이종목표가 늘어나는 것이 목표의 추가이다.

④ 미헬스의 과두제 철칙은 목표의 승계를 설명한 것이다.

16 다음 중 우리나라의 고위공무원단제도에 대한 설명으로 가장 적절하지 않은 것은?

① 고위공무원단에 속하는 공무원의 경우 소속 장관은 당해 기관에 소속되지 아니한 자에 대하여도 임용제청을 할 수 있다.

② 정부관료제의 고위직에 정실 임용이 확대되어 직업공무원의 사기를 저하할 수 있다.

③ 고위공무원단으로 진입하기 위해서는 역량평가를 거쳐야 한다.

④ 고위공무원단제도가 최초 도입될 당시는 국가공무원에게만 적용하였으나 그 이후 부지사·부교육감 등 지방공무원도 포함하게 되었다.

17 예산 불성립 시의 예산집행장치에 관한 설명으로 가장 적절하지 않은 것은?

① 준예산은 전년도 예산을 기준으로 임시 예산을 편성해 운영하는 것으로 의회의 의결을 거쳐야 한다.

② 현재 우리나라는 준예산을 채택하고 있으며, 준예산으로 모든 예산을 편성해 집행할 수 있는 것은 아니다.

③ 가예산은 사용기간이 1개월로 제한되어 있으며, 우리나라 제1공화국에서 채택하였다.

④ 잠정예산은 영국, 캐나다 및 일본 등에서 사용되나 우리나라는 채택한 적이 없다.

18 지방자치의 계보에 대한 설명으로 옳지 않은 것은?

① 주민자치는 지방자치단체와 주민과의 관계에 초점을 두고 지방자치단체의 민주성을 강조한다.

② 단체자치는 지방자치단체의 자치권을 국가에 의해 부여된 권리로 받아들인다.

③ 단체자치는 국가의 위임사무와 지방자치단체의 자치사무를 구분하지 않는다.

④ 단체자치는 지방분권의 법률적 측면을 강조하는 반면, 주민자치는 주민참여의 정치적 측면을 강조한다.

19 의사결정모형에 대한 다음 설명 중 옳은 것은 모두 몇 개인가?

> 가. 회사모형은 집단차원의 의사결정모형이며, 갈등의 불완전한 해결을 전제로 한다.
> 나. 사이버네틱스모형은 완전합리성을 토대로 하는 집단적 의사결정모형이다.
> 다. 구성원의 응집성이 강하고 조직전체목표를 중시하는 의사결정은 앨리슨의 모형 Ⅰ에서 나타난다.
> 라. 쓰레기통모형은 문제, 선택기회, 참여자의 흐름이 만나 의사결정이 이루어진다고 보는 이론으로 합리적인 의사결정과정을 설명하려는 모형이다.
> 마. 정책딜레마는 대안들이 구체적이고 명료하지 못할 때에 주로 나타난다.

① 1개   ② 2개
③ 3개   ④ 4개

20 지방세의 구조를 볼 때 특별시·광역시세에 해당하지 않는 것은?

① 취득세

② 지방소비세

③ 등록면허세

④ 레저세

01 행정재정립운동(refounding movement)에 대한 설명으로 옳은 것은?

① 직업공무원의 재량권을 축소하고 정치적으로 임명하는 공무원의 수를 상대적으로 증가시키는 것이다.
② 기존의 정치행정이원론을 재해석하여 정책 과정에서 공무원의 적극적인 역할을 옹호하였다.
③ 정부를 재구축하고 민간부분이 공공서비스 공급에 참여할 필요가 있다고 강조하였다.
④ 행정재정립운동은 정부를 재발견하기보다는 재구축해야 한다고 주장했다.

02 「지방자치법」상 주민감사청구 대상에 포함되지 않는 것만을 모두 고른 것은?

> ㉠ 법령을 위반하는 사항
> ㉡ 다른 기관에서 감사하였거나 감사중인 사항
> ㉢ 동일한 사항에 대하여 소송이 계속 중이거나 그 판결이 확정된 사항
> ㉣ 공공시설의 설치를 반대하는 사항

① ㉠
② ㉠, ㉡
③ ㉡, ㉢
④ ㉠, ㉡, ㉢

03 거시적 조직이론에 대한 다음 설명 중 옳지 않은 것은?

① 구조적 상황론은 결정론이며, 중범위 이론의 관점이다.
② 자원의존이론은 조직이 외부자원에 의존적이라고 보는 점에서 환경결정론에 해당한다.
③ 조직군 생태학이론은 조직을 주어진 환경에 무기력한 존재로 본다.
④ 공동체 생태학이론은 관리자의 능동적인 상호작용적 역할을 강조한다.

04 다음 내용의 동기이론을 주장한 학자와 동기부여이론이 잘 연결된 것은?

> • 인간의 욕구는 사회문화적으로 학습되는 것이다.
> • 개인마다 그 욕구의 계층에 차이가 있다.
> • 성취욕구, 친교욕구, 권력욕구 세 가지로 분류한다.

① McClelland의 성취동기이론
② Alderfer의 ERG이론
③ Admas의 형평성이론
④ Herzberg 욕구충족요인이원론

05 국세이면서 내국세 중 직접세에 해당되는 것으로만 묶인 것은?

① 개별소비세, 인지세, 부가가치세, 주세
② 소득세, 상속세, 증여세, 종합부동산세, 법인세
③ 취득세, 재산세, 자동차세, 등록면허세
④ 관세, 법인세, 소득세, 상속세

06 행정이론에 관한 설명으로 옳지 않은 것은?

① 신행정론은 관료들이 정책결정을 해야만 한다는 적극적 정치행정일원론을 주장한다.
② 신제도주의 이론은 제도가 개인행위를 제약하지만, 개인 간 상호작용의 결과로 제도가 변화될 수도 있다고 본다.
③ 포스트모더니즘 행정이론은 사회적 맥락에 대한 고려 없이 보편적 이론을 발견하고자 하는 실증주의를 배격한다.
④ 신공공관리론은 고객의 개인적 이익이 아닌 시민 전체로서의 공익에 대한 책임성과 대응성을 강조한다.

07 다음은 나카무라(R.T. Nakamura)와 스몰우드(F. Small-wood)가 정책결정자와 정책 집행자의 관계에 초점을 두고 집행의 유형을 구분한 것이다. 아래의 서술에 적합한 집행유형은 어느 것인가?

> • 정책결정자는 구체적인 목표를 수립한다.
> • 정책결정자는 집행자에게 목표달성을 위하여 필요한 수단을 고안하도록 행정적인 권한을 위임한다.
> • 집행자들은 결정자들의 목표를 받아들이고, 이 목표를 달성하기 위한 행정적, 기술적인 수단에 관하여 집행자들 상호간에 협상을 벌인다.

① 협상형
② 지시적 위임형
③ 재량적 실험형
④ 관료적 기업가형

08 중앙인사기관의 형태에 대한 다음 설명 중 틀린 것은?

① 독립합의형은 책임소재가 불분명해지고 의사결정이 지연된다.
② 독립합의형은 실적주의를 발전시키는 데 유리하다.
③ 비독립단독형 인사기관의 기관장은 행정수반이 임명한다.
④ 비독립단독형 인사기관은 인사행정의 일관성을 유지하기 쉽다.

09 추가경정예산에 관한 설명 중 가장 적절한 것은?

① 예산안이 제출된 이후 국회의결 이전에 기존안의 일부를 수정해 제출한 예산이다.
② 예산팽창의 원인이 될 수 있으므로 '국가재정법'에서 그 편성 사유를 제한하고 있다.
③ 예산심의가 종료된 후 발생한 변화에 대처하기 위하여 연1회 편성하는 예산이다.
④ 국회에서 확정되기 전에 정부가 미리 배정하거나 집행할 수 있는 예산이다.

10 임용에 대한 설명으로 옳지 않은 것은?

① 징계로 파면 처분을 받은 때부터 5년이 지나지 아니한 자는 공무원으로 임용될 수 없다.
② 승진의 기준으로 공무원 근무경력만을 중시하는 경우 행정의 능률성을 저하시킬 수 있다.
③ 전직과 전보는 부처 간 할거주의의 폐단을 타파하고 부처 간 협력조성을 위한 기반을 마련해 줄 수 있다.
④ 임용권자는 직제 또는 정원이 변경되거나 예산의 감소 등으로 직위가 폐직되었을 경우 또는 본인이 동의한 경우에는 소속 공무원을 강등할 수 있다.

11 페로우는 조직의 기술을 네 가지로 구분하였다. 이와 관련된 설명 중 옳지 않은 것은?

① 일상적 기술의 경우 의사결정이 집권화되며 계획에 의한 조정이 이루어진다.
② 비일상적 기술의 경우 의사결정이 분권화되며 과제를 해결하기 위한 방법을 탐색하는 절차가 매우 복잡하다.
③ 장인적 기술의 경우 과제의 다양성은 높고 문제의 분석 가능성은 낮아 문제 해결이 어렵다.
④ 공학적 기술의 경우 과제의 다양성과 문제의 분석 가능성이 모두 높아 직무수행이 복잡하다.

12 다음 중 논리모형에 대한 설명으로 옳지 않은 것은?

① 정책 프로그램이 특정 성과를 산출하기 위해 어떤 논리적 인과구조를 가지고 있는지를 명시적으로 보여준다.
② 정책프로그램의 요소들과 해결하려는 문제들 사이의 논리적 인과관계를 투입(input) - 활동(activity) - 산출(output) - 결과(outcome)로 도식화한다.
③ 정책이 달성하려는 장기 목표와 중단기 목표들을 잘 달성했는지에 초점을 맞춘 평가모형이다.
④ 과정평가이지만 정책프로그램의 목표달성 여부를 보여 줄 수 있다.

제 08 회

13 「국가공무원법」상 공직윤리에 대한 설명으로 옳은 것끼리 묶인 것은?

> ㉠ 공무원은 직무와 관련하여 직접적이든 간접적이든 사례·증여 또는 향응을 주거나 받을 수 없다.
> ㉡ 공무원은 공무 외에 영리를 목적으로 하는 업무에 종사하지 못하며, 소속 기관장이 허가하여도 다른 직무를 겸할 수 없다.
> ㉢ 수사기관은 현행범이라 하더라도 공무원을 구속하려면 그 소속기관의 장에게 미리 통보하여야 한다.
> ㉣ 공무원이 외국 정부로부터 영예나 증여를 받을 경우에는 대통령의 허가를 받아야 한다.

① ㉠, ㉡   ② ㉠, ㉣
③ ㉡, ㉢   ④ ㉢, ㉣

14 다음 중 성과주의 예산(PBS, Performance Budgeting System)의 장점으로 가장 거리가 먼 것은?

① 프로그램을 이용하여 장기적인 계획과 연차별 예산이 유기적으로 연계된다.
② 사업별 총액배정을 통한 예산집행의 능률성 제고를 들 수 있다.
③ 투입·산출 간 비교와 평가가 쉬워 환류가 강화된다.
④ 과학적 계산에 의한 효율적인 자원배분으로 예산편성과 집행의 관리가 쉽다.

15 공무원 A는 주5일 대중교통으로 출퇴근한다. 코로나19 사태로 인해 재택근무를 하고 싶으나 그가 맡은 업무는 정형적이면서도 보안을 유지해야 하는 특성이 있어 집에서 일할 수 없고 반드시 주5일 출근을 해야만 한다. 대중교통 이용 시 사람들과의 접촉을 최소화하기 위하여 A가 택할 수 있는 가장 적합한 탄력근무 방식으로 묶인 것은?

> ㉠ 시간선택제 전환근무
> ㉡ 시차출퇴근제
> ㉢ 원격근무제
> ㉣ 재량근무제
> ㉤ 근무시간선택제

① ㉠㉡   ② ㉠㉣
③ ㉡㉤   ④ ㉢㉣

16 전자정부법상 내용으로 옳지 않은 것은?

① 정보자원이란 행정기관등이 보유하고 있는 행정정보, 전자적 수단에 의하여 행정정보의 수집·가공·검색을 하기 쉽게 구축한 정보시스템, 정보시스템의 구축에 적용되는 정보기술, 정보화예산 및 정보화인력 등을 말한다.
② 행정기관이란 국회·법원·헌법재판소·중앙선거관리위원회의 행정사무를 처리하는 기관, 중앙행정기관 및 그 소속 기관 등을 의미하고 지방자치단체는 제외된다.
③ 전자화문서란 종이문서와 그 밖에 전자적 형태로 작성되지 아니한 문서를 정보시스템이 처리할 수 있는 형태로 변환한 문서를 말한다.
④ 정보시스템이란 정보의 수집·가공·저장·검색·송신·수신 및 그 활용과 관련되는 기기와 소프트웨어의 조직화된 체계를 말한다.

17 신공공관리론과 뉴거버넌스론에 관한 설명으로 가장 적절하지 않은 것은?

① 작동원리로 신공공관리론은 경쟁을, 거버넌스론은 협력체계를 강조한다.

② 정부역할로 신공공관리론은 방향잡기를, 거버넌스론은 노젓기를 강조한다.

③ 관료역할로 신공공관리론은 공공기업가를, 거버넌스론은 조정자를 강조한다.

④ 관리기구로 신공공관리론은 시장을, 거버넌스론은 공동체에 의한 공동생산을 강조한다.

18 다음 중 아래의 주민소환에 대한 「주민소환법」에 들어갈 내용이 모두 맞는 것은?

주민소환법 제3조 【주민소환투표의 청구】 ① 다음 각 호의 어느 하나에 해당하는 자는 주민소환투표권이 있다.

1. (㉠)세 이상의 주민으로서 당해 지방자치단체 관할 구역에 주민등록이 된 자

동법 제7조 【주민소환투표의 청구】 ① 주민소환투표청구권자는 해당 선출직 지방공직자에 대하여 다음 각 호에 해당하는 주민의 서명으로 그 소환사유를 서면에 구체적으로 명시하여 관할선거관리위원회에 주민소환투표의 실시를 청구할 수 있다.

1. 특별시장·광역시장·도지사(이하 "시·도지사"라 한다) : 당해 지방자치단체의 주민소환투표청구권자 총수의 100분의 (㉡) 이상

2. 시장·군수·자치구의 구청장: 당해 지방자치단체의 주민소환투표청구권자 총수의 100분의 (㉢) 이상

3. 지역선거구시·도의회의원 및 지역선거구자치구·시·군의회의원: 당해 지방의회의원의 선거구 안의 주민소환투표청구권자 총수의 100분의 (㉣) 이상

구분	㉠	㉡	㉢	㉣
①	18	10	15	20
②	18	15	20	25
③	19	10	20	15
④	19	10	15	20

19 총액배분자율편성예산제도에 대한 설명으로 옳지 않은 것은?

① 사전에 결정된 예산의 지출한도 내에서 각 부처가 자율적으로 예산을 편성해 운영한다.

② 자금관리의 분권화를 강조하지만 의사결정의 주된 흐름은 하향적이다.

③ 중앙예산기관이 부처별 개별사업을 집중적으로 검토하기 위한 예산제도이다.

④ 미래예측을 강조함으로써 점증주의적 예산편성관행을 바꾸는 데 기여할 수 있다.

제08회

20 다음 중 점증주의적 정책결정에 대한 설명으로 옳지 않은 것은?

① 점증주의는 현실에서 이루어지는 정책결정의 실상을 비교적 정확하게 기술하고 있다.

② 인간의 제한된 합리성과 다원주의의 정치적 정당성을 정교하게 결합시켰다.

③ 정치적 갈등을 줄이고 실현 가능성을 확보하여, 정책결정과 집행을 용이하게 한다.

④ 비가분적(indivisible) 정책의 결정에 적용하기 용이한 모형이다.

01 다음 중 신제도주의에 대한 설명으로 가장 적절하지 않은 것은?

① 신제도주의는 구제도주의와 동일하게 합리적 행동모형에 대해 회의적이다.

② 역사적 신제도주의는 제도가 경로의존성을 가지며 현재의 정책선택을 제약한다고 본다.

③ 사회학적 신제도주의는 방법론적 개체주의에 의해서 분석한다.

④ 합리적 선택 신제도주의는 개인의 선택 결과에 대해 연역적 예측을 할 수 있다고 본다.

02 정책평가의 타당성을 저해하는 요인에 대한 설명으로 옳지 않은 것은?

① 역사요인이란 연구 기간 동안에 일어난 사건으로 측정이 부정확해지는 것이다.

② 측정요인이란 실험 직전의 측정 결과가 평소와 다를 때, 이들이 실험이 진행되는 동안 원래의 상태로 돌아가게 되면 측정이 왜곡된다는 것이다.

③ 실험조작의 반응효과는 실험결과를 일반화하기 어려운 현상을 의미한다.

④ 선발요인은 실험집단과 통제집단을 구성할 때 나타나는 문제로서, 내적 타당성을 저해하는 요인 중 외재적 요인에 해당한다.

03 우리나라의 주민참여제도에 대한 설명으로 가장 적절하지 않은 것은?

① 주민투표제도 - 주민투표에 부쳐진 사항은 주민투표권자 총수의 4분의 1 이상의 투표와 유효투표수 과반수의 득표로 확정된다.

② 주민감사청구제도 - 주무부장관이나 시·도지사는 감사청구를 수리한 날부터 60일 이내에 감사 청구된 사항에 대하여 감사를 종료하여야 한다.

③ 주민소송제도 - 주민의 감사청구를 전심절차로 하되, 소송대상을 재무행정에 관한 사항으로 한정하고 있다.

④ 주민소환제도 - 주민은 그 지방자치단체의 장뿐만 아니라 지방에 속한 모든 의회의원까지도 소환할 권리를 가진다.

04 피터스(B. Guy Peters)가 제시한 참여 모형의 구조 개혁 방안으로 옳은 것은?

① 계층제

② 분권화

③ 평면조직

④ 가상조직

05 정책수단에 대한 Salamon의 설명으로 틀린 것은?

① 정책수단의 특징을 강제성, 직접성, 자동성, 가시성으로 나누어 정리하였다.

② 직접성은 재화나 서비스 제공을 정부가 직접 하느냐 아니면 제3자를 통해 또는 민관이 공동으로 제공하느냐의 기준이다.

③ 자동성은 재화나 서비스를 제공하기 위해서 새로운 기구나 방법을 도입하지 않고 기존의 수단을 그대로 사용할 수 있는지의 여부로서, 조세지출은 자동성이 낮은 도구이다.

④ 가시성은 정책수단을 적용할 때 정책과정이 가시적인지의 여부로서, 보조금이나 벌금은 가시성이 높다.

06 다음 중 앨리슨(G. T. Allison)이 의사결정의 본질에 대해 주장한 내용으로 가장 적절하지 않은 것은?

① 정부 정책을 예측하고 설명하기 위한 합리모형은 심리적, 정치적 변수를 고려하지 않은 약점이 있다고 지적한다.

② 합리모형의 대안으로 조직과정모형과 관료정치모형을 제시한다.

③ 소련에 대한 미국의 쿠바 해안 봉쇄 대응사례를 통해 정책결정과정을 설명한다.

④ 분석가는 동일한 사건이나 현상에 대해 동일한 이론모형을 적용해야 한다고 주장한다.

07 예비타당성조사와 타당성조사에 대해서 틀린 설명은?

① 예비타당성조사는 기획예산처가 실시하며, 타당성조사는 사업주무부처가 실시한다.

② 예비타당성조사는 대형 신규사업의 신중한 착수와 재정투자의 효율성을 높이기 위한 제도이다.

③ 예비타당성조사는 경제적·정책적·기술적 측면에서 타당성을 검토하는 것이다.

④ 일반적으로 타당성 조사는 예비타당성 조사를 통과한 후 시행된다.

08 기계적 조직과 학습조직의 특성에 관한 내용으로 옳지 않은 것은?

① 기계적 조직은 위계적·경직적 조직문화를 갖는 데 비해 학습조직은 적응적 조직문화를 갖는다.

② 기계적 조직은 조직원의 재량과 책임을 중시하나 학습조직은 조직원 과업을 상세히 규정한 표준화·분업화에 의해 수행한다.

③ 기계적 조직은 경쟁을 중시하나 학습조직은 협력을 중시한다.

④ 기계적 조직은 수직적 구조이나 학습조직은 수평적 구조를 지향한다.

09 직업공무원제에 대한 설명으로 옳지 않은 것은?

① 강력한 신분보장을 통해 정권교체에도 불구하고 행정의 계속성과 안정성을 유지한다.

② 폐쇄형 충원방식을 통해 행정조직의 관료화를 막고 민주적 통제를 강화할 수 있다.

③ 특정한 직무수행을 위한 구체적 전문지식보다는 장기적인 발전가능성을 선발기준으로 삼는다.

④ 공직에 대한 자부심과 일체감이 강화되고, 직업적 연대의식을 갖게 하는 장점이 있다.

10 우리나라의 주민참여예산제도에 대한 설명으로 옳지 않은 것은?

① 주민참여예산제도는 「지방재정법」에 근거를 두고 있으며, 모든 지방정부가 의무적으로 시행하도록 규정하고 있다.

② 지방자치단체의 장은 대통령령으로 정하는 바에 따라 지방 예산편성 등 예산과정에 주민이 참여할 수 있는 제도를 마련하여 시행하여야 한다.

③ 지방자치단체의 장은 예산 편성 과정에 참여한 주민의 의견을 수렴하여 그 의견서를 지방의회에 제출하는 예산안에 첨부해야 한다.

④ 기획예산처장관은 대통령령으로 정하는 바에 따라 자치단체별 주민참여예산제도의 운영에 대한 평가를 실시할 수 있다.

11 우리나라 지방자치계층 및 지방행정계층에 대한 설명으로 틀린 것은?

① 제주특별자치도와 세종특별자치시를 제외할 경우, 지방자치계층은 기본적으로 광역과 기초의 2계층제이다.

② 특별시, 광역시 및 특별자치시가 아닌 인구 100만 이상의 시는 특례시 명칭을 부여받는다.

③ 2023년 윤석열 정부에서 강원특별자치도가 출범하였다.

④ 강원특별자치도, 전북특별자치도는 기초자치단체인 자치구를 두고 있다.

12 현행 「전자정부법」에 명시된 전자정부의 원칙이 아닌 것은?

① 대민서비스의 전자화 및 국민편익의 증진

② 행정업무의 혁신 및 생산성·효율성의 향상

③ 중복투자의 방지 및 상호운용성 증진

④ 전자정부의 국제협력

13 우리나라의 주민투표제도에 대한 설명으로 옳은 것은?

① 주민에게 과도한 부담을 주거나 중대한 영향을 미치는 자치단체의 주요 결정사항 중에서 조례로 정하는 사항은 주민투표에 부칠 수 있다.

② 「지방자치법」은 주민투표의 대상·발의자·발의요건, 그 밖에 투표절차 등에 관한 사항을 규정하고 있다.

③ 지방자치단체의 장은 주민 또는 지방의회의 청구나 중앙 행정기관의 요구가 있을 때 뿐만 아니라 직권으로도 주민투표를 실시할 수 있다.

④ 주민투표는 주민투표권자 과반수 이상의 투표와 유효투표수 과반수의 득표로 확정되며, 전체 주민투표자의 수가 투표권자 총수의 과반수에 미달하는 때에는 개표를 하지 아니한다.

14 조직발전(OD)에 대한 설명으로 가장 적절하지 않은 것은?

① Y이론의 인간관에 바탕을 둔 성장이론(growth theory)을 가정하고 있다.

② 감수성훈련, 관리망훈련, 팀 빌딩기법, 과정상담과 개입전략 등의 주요 기법이 있다.

③ 행태과학의 지식이나 기법을 활용하게 되며, 이 분야에 전문가의 도움이 요청된다.

④ 인간행태, 조직구조, 기술, 업무에 초점을 두어 조직 전반의 변화를 모색하고자 한다.

15 우리나라 「공직자윤리법」이 규정하고 있는 퇴직공직자의 취업제한에 대한 설명으로 옳지 않은 것은?

① 퇴직공무원은 퇴직일로부터 5년간 퇴직 전 3년 이내에 소속하였던 부서의 업무와 관련된 영리사기업체에 취업할 수 없다.

② 관할 공직자윤리위원회의 승인을 얻은 때에는 소속하였던 부서의 업무와 관련된 영리사기업체에 취업이 가능하다.

③ 대상 공무원은 재산등록의무자와 동일하다.

④ 「공직자윤리법」에 의하여 1급 이상의 일반직 국가 및 지방공무원은 재산을 등록·공개하고 있다.

16 중앙정부의 예산과 기금에 관한 설명으로 옳지 않은 것은?

① 2006년에 제정된 「국가재정법」은 예산과 기금을 함께 규율하고 있다.

② 특별회계와 기금의 공통점은 특정수입과 특정지출의 연계, 법률에 근거한 설치 등이다.

③ 일반회계는 조세수입 등을 주요 세입으로 하고, 특별회계는 특정한 자금을 보유하여 운용하고자 할 때 설치할 수 있다.

④ 기금운용계획(금융성 기금 제외) 중 주요항목 지출금액의 변경범위가 30% 이하인 경우에는 기금운용 계획변경안을 국회에 제출하지 않고 변경할 수 있다.

17 다음 공공기관 가운데 그 유형이 다른 하나는?

① 예금보험공사
② 한국지역난방공사
③ 신용보증기금
④ 한국무역보험공사

18 집행모형 중 하향적 접근방법에 관한 다음 설명 중 가장 옳지 않은 것은?

① 정책은 성과를 측정할 수 있는 명확히 정의된 목표를 가지고 있으며, 정책은 구체적인 법령으로 표현된다.

② 정책집행의 객관적인 평가가 가능하지만, 다원화된 사회에서는 하향적 접근이 불가능한 경우가 많다.

③ 단계주의적 모형이며, 집행영향요인의 발견과 이를 기반으로 한 집행이론의 구축을 연구목표로 삼는다.

④ 유능하고 헌신적인 관료가 정책집행을 담당하며, 정책집행 현장을 연구하면서 공식적 정책목표 외에도 의도하지 않았던 효과를 분석할 수 있다.

19 공무원 교육방법에 대한 설명으로 옳지 않은 것은?

① 현장훈련(on the job training)은 피훈련자가 실제 직무를 수행하면서 직무수행에 관한 지식과 기술을 배우는 방법이다.

② 강의, 토론회, 시찰, 시청각교육 등은 태도나 행동의 변화를 주된 목적으로 한다.

③ 액션러닝(action learning)은 소규모로 구성된 그룹이 실질적인 업무현장의 문제를 해결해 내고 그 과정에서 성찰을 통해 학습하도록 하는 행동학습(learning by doing) 교육훈련방법이다.

④ 감수성훈련(sensitivity training)은 대인관계의 이해와 이를 통한 인간관계의 개선을 목적으로 한다.

20 지방자치분권 및 지역균형발전에 관한 특별법상 지방자치분권에 대한 내용으로 옳은 것은?

① 대통령 소속의 자치분권위원회는 지방자치분권 및 지역균형발전을 효과적으로 추진하기 위하여 관계 중앙행정기관의 장과 협의하고 지방자치단체의 의견을 수렴한 후 5년을 단위로 하는 지방시대종합계획을 수립한다.

② 지역균형발전특별회계는 행정안전부장관이 관리한다.

③ 풀뿌리자치의 활성화와 민주적 참여의식 고양을 위하여 읍면동에 해당 행정구역의 주민으로 구성되는 주민자치회를 둘 수 있다.

④ 지방시대위원회는 위원장 및 부위원장 각 1명을 포함하여 39명 이내의 위원으로 구성하며, 위원은 당연직 위원과 위촉위원으로 구분하되, 위촉위원의 임기는 5년으로 하고, 위원장 및 부위원장은 위촉위원 중에서 대통령이 위촉한다.

제 09 회

01 다음 중 탈관료제의 특징으로 가장 적절하지 않은 것은?

① 비계서 구조
② 임무와 능력 중시
③ 분업화에 의한 문제해결
④ 상황적응성 강조

02 정책집행 연구의 접근방법에 대한 설명으로 옳은 것은?

① 나카무라와 스몰우드의 관료적 기업가 모형에 따르면 정보, 기술, 현실 여건들 때문에 정책결정자들은 구체적인 정책이나 목표를 설정하지 못하고 추상적인 수준에 머문다.
② 하향식 모형은 점증모형에 가까운 모델이다.
③ 일선집행관료 이론을 주장한 립스키는 일선의 문제성 있는 업무환경으로 자원 부족, 권위에 대한 도전, 집행업무의 정형화 등을 제시하였다.
④ 버먼의 상황론적 집행모형에 따르면 거시적 집행구조는 실질적인 집행이 가능하고 의도한 효과가 발생되도록 프로그램을 어느 정도 구체화하는 것을 의미한다.

03 리더십 이론에 대한 설명으로 옳은 것만을 모두 고르면?

> ㄱ. 블레이크(Blake)와 모우튼(Mouton)의 관리망 이론에서 팀관리형(team management)은 업무와 인간에 대한 관심이 모두 높은 리더십이다.
> ㄴ. 셀프리더십은 조직구성원이 스스로 자신들을 리드하는 셀프리더가 되도록 도움을 주는 리더십이다.
> ㄷ. 피들러(Fiedler)의 상황적 리더십 이론에서 상황변수 3가지는 리더·구성원 관계, 리더의 직위권력, 업무구조이다.
> ㄹ. 에반스(Evans)와 하우스(House)의 경로-목표 리더십 이론은 LPC점수를 이용하여 리더십을 분류한다.

① ㄱ, ㄷ   ② ㄱ, ㄹ
③ ㄴ, ㄹ   ④ ㄱ, ㄴ, ㄷ

04 다음 중에서 대표관료제(representative bureaucracy)에 대한 설명과 거리가 가장 먼 것은?

① 킹슬리(D. Kingsley)가 처음 사용한 개념이다.
② 주기적인 선거 결과에 기초하여 주요 관직을 임명하는 제도이다.
③ 정부정책의 형평성과 대응성을 제고할 수 있다.
④ 실적주의 공무원제도 확립에 저해된다.

05 다음 중 「공직자윤리법」에 근거하여 재산공개의무가 있는 공직자에 해당하지 않는 것은?

① 소방정감 이상의 소방공무원
② 중장 이상의 장관급 장교
③ 고등법원 부장판사급 이상의 법관
④ 총경 이상의 경찰공무원

06 우리나라의 예산성과금제도에 대한 설명으로 가장 적절하지 않은 것은?

① 「국가재정법」제49조는 예산성과금의 기본조항이다

② 예산성과금을 지급하고자 하는 경우에는 예산성과금 심사위원회의 심사를 거쳐야 한다.

③ 예산의 집행방법 또는 제도의 개선 등으로 지출 절약 및수입 증대에 기여한 자에게 예산성과금을 지급할 수 있다.

④ 지급대상은 개인에 한정되며 조직은 포함되지 않는다.

07 우리나라의 지방재정에 대한 설명으로 옳지 않은 것은?

① 지방자치단체의 세입재원 중 자주재원에는 지방세와 세외수입이 있고, 의존재원에는 국고보조금과 지방교부세 등이 있다.

② 지방자치단체 간의 재정적 불균형을 조정하는 지방교부세의 종류로는 보통교부세, 특별교부세, 부동산교부세 등이 있다.

③ 지방세 중 목적세로는 지방교육세와 지방소비세가 있다.

④ 지방재정조정제도의 종류에는 조정교부금과 국고보조금 등이 있다.

08 다음 중 국가채무에 포함되지 않는 채무가 아닌 것은?

① 재정증권 또는 한국은행으로부터의 일시차입금

② 채권 중 국기의 회계 또는 기금이 인수 또는 매입히여 보유하고 있는 채권

③ 차입금 중 국가의 다른 회계 또는 기금으로부터의 차입금

④ 국가의 회계 또는 기금의 국고채무부담행위

09 다음은 전통적 예산의 원칙에 대한 설명이다. 괄호 안에 들어갈 내용으로 가장 적절하게 연결한 것은?

> 가. 특별회계, 목적세, 기금, 수입대체경비는 (㉠)의 예외이다.
> 나. 계속비, 예비비, 이월은 (㉡)의 예외이다.
> 다. 전대차관(轉貸借款), 순계예산, 현물출자는 (㉢)의 예외이다.
> 라. 사고이월, 준예산, 전용은 (㉣)의 예외이다.

① ㉠ - 통일성의 원칙   ㉡ - 한정성의 원칙
　 ㉢ - 완전성의 원칙   ㉣ - 사전의결의 원칙

② ㉠ - 단일성의 원칙   ㉡ - 한계성의 원칙
　 ㉢ - 정확성의 원칙   ㉣ - 공개성의 원칙

③ ㉠ - 통일성의 원칙   ㉡ - 명확성의 원칙
　 ㉢ - 완전성의 원칙   ㉣ - 공개성의 원칙

④ ㉠ - 단일성의 원칙   ㉡ - 명확성의 원칙
　 ㉢ - 정확성의 원칙   ㉣ - 사전의결의 원칙

10 행태주의(behavioralism)의 특성에 대한 설명으로 가장 적절하지 않은 것은?

① 인간의 행태를 중심으로 한 사회현상 속에서 일정한 규칙성을 찾고자 한다.

② 모든 연구가 실천적 수준에서 즉각적으로 정책에 응용되거나 반영되어야 한다.

③ 과학적 탐구는 객관성을 유지하기 위해 가치의 개입을 철저하게 배제한다.

④ 복잡한 사회현상으로부터 분명하고 정확한 지식을 얻기 위해, 때로는 모호한 질적 정보를 양적 정보로 전환할 필요가 있다.

11 롤스가 주장한 사회정의의 기본원리에 대한 설명으로 가장 적절하지 않은 것은?

① '기본적 자유의 평등 원리'란, 다른 사람의 유사한 자유와 상충되지 않는 범위 내에서 최대한의 기본적 자유에의 평등한 권리가 인정되어야 한다는 것이다.

② '차등 원리'란, 저축원리와 양립하는 범위 내에서 가장 불우한 사람들의 편익을 최대화해야 한다는 것이다.

③ '공정한 기회 균등의 원리'란, 사회·경제적 불평등은 그 모체가 되는 모든 직무와 지위에 대한 기회 균등이 공정하게 이루어진 조건하에서 존재해야 한다는 것이다.

④ '공정한 기회 균등의 원리'와 '차등원리'가 충돌할 때에는 후자가 우선되어야 한다.

12 로위(Lowi)는 강제력의 행사방법과 강제력의 적용영역에 따라 정책을 유형화하였다. 이에 대한 설명으로 옳은 것은?

강제력의 행사방법 \ 강제력의 적용영역	개별적 행위	행위의 환경
간접적	㉠	㉡
직접적	㉢	㉣

① ㉠ - 다원주의적 정치관계가 나타나며, 법률로 정하는 것이 원칙인 정책이다.

② ㉡ - 헌정수행에 필요한 게임의 규칙(rules of game)을 설정해주는 정책이다.

③ ㉢ - 포크배럴과 로그롤링이 발생하는 정책유형이다.

④ ㉣ - 제로섬 게임이 펼쳐지며, 다원주의적 결정이 나타난다.

13 민츠버그가 제시한 조직구조의 기본 부문들에 대한 설명으로 옳지 않은 것은?

① 전략부문(strategic apex)은 조직에 관한 전반적 책임을 지는 부분이다.

② 핵심운영부문(operating core)은 생산업무에 직접 종사하는 기능을 담당한다.

③ 중간부문(middle line)은 업무의 표준화를 추구한다.

④ 기술구조부문(technostructure)은 작업의 설계와 변경을 담당하는 전문가들이 있는 곳이다.

14 다음은 정책의 효과를 평가하는 방법에 대한 내용이다. 올바른 선지는 모두 몇 개인가?

㉠ 진실험 중 하나인 단일집단 사전사후측정 설계는 동일한 정책대상 집단에 대한 사전측정과 사후측정을 통해 정책효과를 추정한다.

㉡ 준실험은 짝짓기(matching) 방법으로 실험집단과 통제집단을 구성한 후 정책영향을 평가하며, 단절적 시계열 설계는 준실험의 종류에 해당한다.

㉢ 솔로몬 4집단 설계는 진실험의 단점을 보완하고자 통제집단 사전·사후 설계와 통제집단 사후 설계를 혼합한 실험이다.

㉣ 준실험의 방법 중 회귀불연속설계는 명확한 자격기준을 적용하여 유자격자 중 일부만 정책의 혜택을 부여하여 정책의 효과를 파악하는 방법이다.

㉤ 진실험은 측정대상을 실험집단과 통제집단으로 연구자의 주관적 선택으로 배정할 수 있기 때문에 실제 시행이 용이하다.

① 1개　　　　　② 2개
③ 3개　　　　　④ 4개

15 탈신공공관리론(Post-NPM)에 대한 설명으로 가장 적절하지 않은 것은?

① 교정하고 통치역량을 강화하며, 정치·행정의 통제와 조정을 개선하기 위해 재집권화와 재규제를 주창하는 것이다.

② 탈신공공관리는 신공공관리의 조정이 아니라 신공공관리의 주요 아이디어들을 대체하는 것이다.

③ 탈신공공관리는 구조적 통합을 통해 분절화의 축소를 추구한다.

④ 중앙의 정치·행정적 역량 강화를 추구한다.

16 다음은 직위분류제와 관련된 용어의 설명이다. 옳지 않은 것은?

① 직렬: 직무의 종류가 유사하고 그 책임과 곤란성의 정도가 서로 다른 직급의 군

② 직급: 직무의 종류, 곤란성과 책임도가 상당히 유사한 직위의 군

③ 직위: 1인의 공무원에게 부여할 수 있는 책무와 책임

④ 직군: 동일한 직렬 내에서 담당 분야가 같은 직무의 군

17 「공직자윤리법」 및 시행령에 대한 다음 내용 중 옳은 것은?

① 공무원은 그 직무와 관련하여 외국인으로부터 수령 당시 미국화폐 50달러 이상이거나 국내 시가로 5만원 이상의 선물을 받으면 지체 없이 신고하고 인도하여야 한다.

② 공직자윤리법은 비위면직자 취업제한 등을 규정하고 있다.

③ 재산공개대상자 등이 보유하고 있는 주식의 직무관련성을 심사·결정하기 위해 행정안전부에 주식백지신탁 심사위원회를 둔다.

④ 재산공개 대상자 등이 직무관련성이 있는 주식을 매각 또는 백지신탁 해야 하는 주식의 하한가액은 3천만 원이다.

18 우리나라의 공무원단체에 대한 설명으로 옳지 않은 것은?

① 다른 공무원에 대하여 지휘·감독권을 행사하는 공무원은 노동조합에 가입할 수 없다.

② 공무원의 승진 및 전보에 관한 사항은 교섭 대상이 될 수 없다.

③ 경찰공무원과 소방공무원은 공무원직장협의회에 가입할 수 없다.

④ 공무원 노동조합의 경우 설립단위를 기준으로 복수의 노조를 형성할 수 있다.

19 회계연도에 관한 설명으로 옳지 않은 것은?

① 예산은 행정부의 정부예산안 편성과 국회 심의를 통해 결정되고 행정부가 집행한다.

② 예산은 2년 주기를 가지고 운영되며 정부는 1년 단위로 예산을 편성한다.

③ 헌법 제54조에 따라 국회는 매년 12월 2일까지 다음 연도 정부 예산을 의결해야 한다.

④ 예산은 계획의 의미가 있으며 정부가 사용할 수 있는 공공재원 자체이기도 하다.

20 「지방교부세법」상 특별교부세제도에 대한 설명으로 가장 옳지 않은 것은?

① 기준재정수요액의 산정방법으로는 파악할 수 없는 지역 현안에 대한 특별한 재정수요가 있는 경우에는 특별교부세 재원의 100분의 20에 해당하는 금액을 교부한다.

② 보통교부세의 산정기일 후에 발생한 재난을 복구하거나 재난 및 안전관리를 위한 특별한 재정수요가 생기거나 재정수입이 감소한 경우에는 특별교부세 재원의 100분의 50에 해당하는 금액을 교부한다.

③ 국가적 장려사업, 국가와 지방자치단체 간에 시급한 협력이 필요한 사업, 지역 역점시책 또는 지방행정 및 재정운용 실적이 우수한 지방자치단체에 재정지원 등 특별한 재정수요가 있을 경우에는 특별교부세 재원의 100분의 10에 해당하는 금액을 교부한다.

④ 행정안전부장관은 지방자치단체의 장이 특별교부세의 교부를 신청하는 경우에는 이를 심사하여 특별교부세를 교부한다. 다만, 행정안전부장관이 필요하다고 인정하는 경우에는 신청이 없는 경우에도 일정한 기준을 정하여 특별교부세를 교부할 수 있다.

제
10
회

□ 빠른 정답 p.141

🖉 해설 p.112

01 시장실패를 야기하는 요인에 대한 정부의 대응방식으로 가장 적절한 것은?

① 공공재의 존재에 대한 정부 보조금

② 외부효과의 발생에 대한 직접적인 공적(公的) 공급

③ 자연독점에 대한 정부 규제

④ 정보의 비대칭성에 대한 직접적인 공적(公的) 공급

02 선발시험의 신뢰도에 대한 다음 설명 중 옳지 않은 것은?

① 측정도구가 측정대상을 일관성 있게 측정하는 정도를 말하며 측정방법으로는 재시험법, 동질이형법, 이분법 등이 있다.

② 재시험법은 동일대상자에게 같은 시험을 시간 간격을 두고 두 번 치러보도록 하는 방법으로 시험의 횡적 일관성을 검증하기 위한 방법이다.

③ 동질이형법은 동일대상자에게 같은 시험을 형식을 달리하여 두 번 치러보도록 하는 방법으로 시험의 종적 일관성과 횡적 일관성을 검증하기 위한 방법이다.

④ 신뢰도는 타당도의 충분조건이 아니므로 신뢰도가 높은 시험이라도 반드시 타당도가 높은 시험인 것은 아니다.

03 브룸(Vroom)의 기대이론에 대한 설명으로 옳지 않은 것은?

① 기대감은 일정한 노력을 기울이면 근무 성과를 가져올 수 있다는 가능성에 대한 주관적 확률과 관련된 믿음이다.

② 유의성은 개인이 원하는 특정한 보상에 대한 선호의 강도이다.

③ 높은 성과가 항상 높은 보상을 가져올 것이라고 기대한 경우 수단성의 값은 0으로 표현된다.

④ 브룸(Vroom)의 기대이론은 동기부여의 방안을 구체적으로 제시하지 못한다.

04 정책지지연합모형(Advocacy Coalition Frame work)에 대한 설명으로 옳은 것은?

① 신념체계와 정책변화는 정책지향적 학습에 의해서만 가능하다고 가정한다.

② 정책변화의 과정과 정책지향적 학습의 역할을 이해하려면 단기보다는 5년 정도의 중기 기간이 필요하다고 전제한다.

③ 하향식 접근법의 분석단위를 채택하여 공공 및 민간 분야까지 확장하면서 행위자들의 전략적 행위를 검토한다.

④ 정책변화를 분석하기 위한 분석단위로 정책하위체계를 설정한다.

05 우리나라 윤리규범에 대한 설명으로 옳은 것은?

① 공공기관의 사무처리가 법령위반 또는 부패행위로 인해 공익을 해하는 경우 일정 수 이상의 국민의 연서로 국민권익위원회에 감사를 청구할 수 있다.

② 공직자 등은 직무 관련 여부 및 기부·후원·증여 등 그 명목에 관계없이 동일인으로부터 1회에 300만원 또는 매 회계연도에 100만원을 초과하는 금품 등을 받거나 요구 또는 약속해서는 아니 된다.

③ 공직자 등은 직무와 관련하여 대가성 여부를 불문하고 1회에 100만 원 또는 매 회계연도에 300만 원 이상의 금품등을 받거나 요구 또는 약속해서는 아니 된다.

④ 공직자등은 사례금을 받는 외부강의등을 할 때에는 대통령령으로 정하는 바에 따라 외부강의등의 요청 명세 등을 소속기관장에게 그 외부강의등을 마친 날부터 10일 이내에 서면으로 신고하여야 한다.

06 발생주의 회계제도에 대한 설명으로 옳은 것은?

> 가. 재화의 감가상각 가치를 회계에 반영할 수 있다.
> 나. 부채규모와 총자산의 파악이 용이하지 않다.
> 다. 현금이 거래되는 시점을 중심으로 기록한다.
> 라. 복식부기 기장방식을 채택하는 것이 일반적이다.

① 가, 라 ② 나, 라
③ 나, 다 ④ 가, 다

07 다음 중 지방교부세에 대한 설명으로 옳은 것은?

① 지방교부세의 재원은 내국세 총액의 19.24%와 담배에 부과되는 개별소비세로 구성된다.

② 보통교부세를 교부받지 못한 지방자치단체는 특별한 재정수요가 생기더라도 특별교부세를 교부받을 수 없다.

③ 보통교부세와 부동산교부세는 일반재원인 반면, 특별교부세와 소방안전교부세는 특정재원의 성격을 지닌다.

④ 소방안전교부세는 담배에 부과하는 개별소비세 총액의 45%를 재원으로 하며, 기초자치단체에 교부한다.

08 프로그램 예산제도에 대한 설명으로 옳지 않은 것을 모두 고르면?

> ㉠ 동일한 정책목표를 가진 단위사업들을 하나의 프로그램으로 묶어 예산 및 성과 관리의 기본 단위로 삼는 제도이다.
> ㉡ 세부업무와 단가를 통해 예산을 산정하지 않고 정책 사업별로 총원가를 산정하는 제도이다.
> ㉢ 프로그램 예산에서 '장'과 '관'은 '부문'과 '분야'의 구조를 갖는다.
> ㉣ 국가재정운용계획 및 총액배분자율편성예산제도와 연계된 상향식·미시적·단기적 예산제도이다.
> ㉤ 프로그램 예산제도는 지출의 성격에 따라 일반회계, 특별회계, 기금을 포함한다.

① 1개 ② 2개
③ 3개 ④ 4개

09 다음 중 공공선택이론에 대한 설명으로 가장 적절하지 않은 것은?

① 중위투표자 이론은 중간선호자만을 만족시킨 모형으로서 모든 투표자의 선호를 고려하지 않기 때문에 자원배분의 효율성을 보장하지 못한다.

② 티부(Tiebout)에 의하면, 지역주민의 완전한 이동성이라는 시장 배분적 과정을 통하여 지방공공재의 적정규모 공급이 가능하다.

③ 공공선택이론은 소비자인 개인의 선호를 존중하고, 경쟁을 통하여 공공서비스를 생산하고 공급함으로써 행정의 대응성을 높일 수 있다고 주장한다.

④ 고위직 관료들의 관청형성전략(bureau-shaping strategy)은 소속 조직을 보다 집권화된 대규모의 계서적 관료 조직으로 개편시키게 된다.

10 다음 행정이론들을 시기 순으로 나열한 것은?

> (가) 최소의 노동과 비용으로 최대의 능률을 올릴 수 있는 표준적 작업절차를 정하고 이에 따라 예정된 작업량을 달성하기 위한 가장 좋은 방법을 발견하려는 이론이다.
> (나) 기존의 거시적인 제도나 구조가 아닌 개인의 표출된 행태를 객관적·실증적으로 분석하는 이론이다.
> (다) 조직구성원들의 사회적·심리적 욕구와 조직 내 비공식 집단 등을 중시하며, 조직의 목표와 조직구성원들의 목표 간의 균형유지를 지향하는 민주적·참여적 관리방식을 처방하는 이론이다.
> (라) 시민적 담론과 공익에 기반을 두고 시민에게 봉사하는 정부의 역할을 강조하는 이론이다.
> (마) 가치중립적인 관리론보다는 민주적 가치 규범에 입각한 정책 연구를 지향한다.

① (가) - (나) - (다) - (라) - (마)
② (가) - (다) - (나) - (마) - (라)
③ (가) - (다) - (마) - (라) - (나)
④ (나) - (다) - (가) - (라) - (마)

11 정부규제에 관한 설명으로 옳은 것을 〈보기〉에서 고른 것은?

┤ 보기 ├

ㄱ. 관리규제란 정부가 피규제자가 만든 목표달성계획의 타당성을 평가하고 그 이행을 요구하는 방식으로, 식품위해요소 중점관리기준(HACCP)이 대표적 예이다.

ㄴ. 포지티브규제는 원칙 허용, 예외 금지를 의미하는 것으로, 명시적으로 금지하는 것 이외에는 모든 것이 자유롭다.

ㄷ. 포획이론은 정부가 피규제자에게 포획됨으로써 일반 시민이 아닌 특정 집단의 사익을 옹호한다고 말한다.

ㄹ. 윌슨(Wilson)의 규제정치이론에 따르면, 고객정치 상황에서는 응집력이 강한 소수의 편익 수혜자와 소수의 비용부담자가 격렬하게 충돌할 가능성이 있다.

ㅁ. 규제피라미드는 규제를 지키지 않는 행위를 막기 위해 또 다른 새로운 규제가 반복해서 생기는 현상을 말한다.

① ㄱ, ㄴ, ㄷ
② ㄱ, ㄷ, ㅁ
③ ㄱ, ㄹ, ㅁ
④ ㄴ, ㄷ, ㄹ

12 커와 저미어(S.Kerr & J.Jermier)가 주장한 리더십 대체물 접근법에 대한 설명으로 옳지 않은 것은?

① 구조화되고 일상적이며 애매하지 않은 과업은 리더십의 대체물이다.

② 조직이 제공하는 보상에 대한 무관심은 리더십의 대체물이다.

③ 부하의 경험, 능력, 훈련 수준이 높은 것은 리더십의 대체물이다.

④ 수행하는 과업의 결과에 대한 환류(feedback)가 빈번한 것은 리더십의 대체물이다.

13 효과성 평가모형 중 퀸과 로보그(Quninne & Rohrbaugh)의 경합가치모형에 관한 다음의 설명의 연결이 옳은 것은?

| A. 내부과정모형 | B. 합리적 목표모형 |
| C. 개방체제모형 | D. 인간관계모형 |

ㄱ. 조직의 내부에 초점을 두고 통제를 강조한다.
ㄴ. 인적자원 개발을 목표로 한다.
ㄷ. 조직의 외부에 초점을 두며 융통성을 강조한다.
ㄹ. 생산성, 능률성을 목표로 한다.

	A	B	C	D
①	ㄱ	ㄴ	ㄷ	ㄹ
②	ㄴ	ㄹ	ㄱ	ㄷ
③	ㄱ	ㄹ	ㄷ	ㄴ
④	ㄴ	ㄷ	ㄹ	ㄱ

14 다음은 무엇에 대한 설명인가?

• 조직행동의 원인 - 상황으로서 환경의 특성
• 분석수준 - 개별 조직
• 변화과정 - 환경에 대한 수동적 적응

① 조직군 생태학이론
② 구조적 상황론
③ 공동체 생태학
④ 전략적 선택이론

15 국가공무원법 제46조에서 규정하고 있는 보수 결정의 원칙에서 공무원 보수 결정 시 고려해야 할 내용으로 제시한 것이 아닌 것은?

① 직무의 곤란성과 책임의 정도에 맞도록 계급별·직위별 또는 직무등급별로 정한다.

② 국가의 재정력을 고려하여 정한다.

③ 일반의 표준생계비, 물가 수준, 그 밖의 사정을 고려하여 정한다,

④ 민간부분의 임금 수준과 적절한 균형을 유지하도록 노력하여야 한다.

16 공무원 신분의 변경과 소멸에 대한 설명으로 옳지 않은 것은?

① 직권면직은 법률상 징계의 종류로 규정되어 있지 않다.

② 일반직 공무원(우정직 공무원은 제외)이 승진하려면 7급은 2년 이상, 6급은 3년 6개월 이상 해당 계급에 재직하여야 한다.

③ 임용권자는 사정에 따라서는 공무원 본인의 의사에도 불구하고 휴직을 명해야 한다.

④ 임용권자는 직무수행 능력 부족을 이유로 직위해제를 받은 공무원이 직위해제 기간에 능력의 향상을 기대하기 어렵다고 인정된 때에 직권면직을 통해 공무원의 신분을 박탈할 수 있다.

17 다음 중 지방세의 분류가 잘못된 것은?

① 시·군세 - 자동차세, 담배소비세, 등록면허세

② 자치구세 - 등록면허세, 재산세

③ 도세 - 취득세, 지방소비세, 지역자원시설세

④ 특별시·광역시세 - 자동차세, 지방소득세, 레저세

18 우리나라의 국고보조금에 대한 다음 설명 중 옳지 않은 것은?

① 지방자치단체장 등 보조사업을 수행하려는 자는 매년 중앙관서의 장에게 보조금의 예산 계상을 신청해야 한다.

② 중앙관서의 장은 보조사업을 수행하려는 자로부터 신청받은 보조금의 명세 및 금액을 조정하여 행정안전부장관에게 보조금 예산을 요구해야 한다.

③ 각 중앙관서의 장은 지방자치단체 및 민간에 지원한 국고보조금의 교부실적과 해당 보조사업자의 보조금 집행실적을 기획예산처장관, 국회 소관 상임위원회 및 예산결산특별위원회에 각각 제출하여야 한다.

④ 국고보조금은 신청주의를 원칙으로 한다.

19 우리나라 행정각부와 외청의 연결이 틀린 것은 모두 몇 개인가?

> ㄱ. 산림청 - 환경부
> ㄴ. 방위사업청 - 산업통상부
> ㄷ. 재외동포청 - 보건복지부
> ㄹ. 기상청 - 행정안전부
> ㅁ. 국가유산청 - 국가보훈부

① 0개   ② 2개

③ 3개   ④ 5개

20 딜레마 이론 중 '대안 간 절충이 불가능하다'는 내용에 해당하는 것은?

① 분절성(discreteness)

② 상충성(trade-off)

③ 균등성(equality)

④ 선택 불가피성(unavoidability)

행정학

기출문제

제1~6회

01 애덤스(Adams)의 공정성이론에 대한 설명으로 옳지 않은 것은?

① 투입과 산출의 비율을 준거인과 비교하여 공정성을 지각한다.

② 불공정성을 느낄 때 자신의 지각을 의도적으로 왜곡하기도 한다.

③ 노력과 기술은 투입에 해당하며, 보수와 인정은 산출에 해당한다.

④ 준거인과 비교하여 과소보상자는 불공정하다고 생각하고, 과대보상자는 공정하다고 생각한다.

02 공공선택이론에 대한 설명으로 옳지 않은 것은?

① 인간을 이기적이고 합리적인 경제인으로 본다.

② 비시장적 의사결정을 경제학적 관점에서 연구한다.

③ 뷰캐넌(Buchanan), 털럭(Tullock), 오스트롬(Ostrom) 등이 대표적인 학자이다.

④ 경제주체의 집단적 선택행위를 중시하는 방법론적 집단주의 입장이다.

03 피터스(Peters)가 『미래의 국정관리(The Future of Governing)』에서 제시한 정부개혁 모형에 해당하지 않는 것은?

① 시장 모형
② 자유민주주의 모형
③ 참여 모형
④ 탈규제 모형

04 「지방공무원법」상 공무원 인사이동에 대한 설명으로 옳지 않은 것은?

① 전직은 직렬을 달리하는 임명을 말한다.

② 전보는 같은 직급 내에서 보직변경을 말한다.

③ 강임의 경우, 같은 직렬의 하위 직급이 없는 경우 다른 직렬의 하위 직급으로는 이동할 수 없다.

④ 지방자치단체의 장 또는 지방의회의 의장은 공무원을 전입시키려고 할 때에는 해당 공무원이 소속된 지방자치단체의 장 또는 지방의회의 의장의 동의를 받아야 한다.

05 프로그램 예산제도에 대한 설명으로 옳지 않은 것은?

① 우리나라 중앙정부는 2007년부터 프로그램 예산제도를 도입하였다.

② 예산 전과정을 프로그램 중심으로 구조화하고 성과평가체계와 연계시킨다.

③ 세부 업무와 단가를 통해 예산 금액을 산정하는 상향식(bottom up) 방식을 사용한다.

④ 일반회계, 특별회계, 기금이 포괄적으로 표시되어 총체적 재정배분 파악이 가능하다.

06 사회적 형평성(social equity)에 대한 설명으로 옳지 않은 것은?

① 1968년 개최된 미노부룩 회의(Minnowbrook Conference)에서 태동한 신행정론에서 강조하였다.

② 롤스(Rawls)의 『정의론』은 사회적 형평성 논의에 영향을 주었다.

③ 수직적 형평성(vertical equity)은 '동등한 여건에 있지 않은 사람을 동등하게 취급'함을 의미하며, 누진세가 그 예이다.

④ 수평적 형평성(horizontal equity)은 '동등한 여건에 있는 사람을 동등하게 취급'함을 의미하며, 동일노동 동일임금이 그 예이다.

07 다음 설명에 해당하는 정책분석기법은?

> 관련 사건이 일어났느냐 일어나지 않았느냐에 기초하여 미래에 어떤 사건이 일어날 확률에 대해서 식견 있는 판단(informed judgments)을 끌어내는 방법이다.

① 브레인스토밍　　　② 교차영향분석
③ 델파이 기법　　　　④ 선형경향추정

08 예산 과정에 대한 설명으로 옳지 않은 것은?

① 「국가재정법」에서는 대통령의 승인을 얻은 정부 예산안이 회계연도 개시 90일 전까지 국회에 제출되어야 한다고 규정하고 있다.
② 기획예산처장관은 국무회의의 심의를 거쳐 대통령의 승인을 얻은 다음 연도의 예산안편성지침을 매년 3월 31일까지 중앙관서의 장에게 통보해야 한다.
③ 국회 예산결산특별위원회는 소관 상임위원회에서 삭감한 세출예산 각 항의 금액을 증가하게 하거나 새 비목을 설치할 경우 소관 상임위원회의 동의를 받아야 한다.
④ 정부는 국회에 예산안을 제출한 후 부득이한 사유로 인하여 그 내용의 일부를 수정하고자 하는 때에는 국무회의의 심의를 거쳐 대통령의 승인을 얻은 수정예산안을 국회에 제출할 수 있다.

09 신공공서비스론에 대한 설명으로 옳지 않은 것은?

① 신공공관리론을 극복하기 위해 등장하였으며, 비판이론과 포스트모더니즘을 활용한다.
② 공익은 시민의 공유된 가치에 대한 담론의 결과이다.
③ 정부는 '노젓기'보다 '방향잡기'에 집중하면서 시민에게 더 많은 권력을 부여해야 한다.
④ 정부관료는 헌법과 법률, 정치 규범, 시민에 대한 대응성을 중요시해야 한다.

10 팀제 조직에 대한 설명으로 옳은 것만을 모두 고르면?

> ㄱ. 결정과 기획의 핵심 기능만 남기고 사업집행 기능은 전문업체에 위탁한다.
> ㄴ. 역동적 환경변화에 유연하게 적응하고 신속한 문제해결이 가능하다.
> ㄷ. 기술구조 부문이 중심이 되고 작업 과정의 표준화가 주요 조정수단이다.
> ㄹ. 관료제의 병리를 타파하고 업무수행에 새로운 의식과 행태의 변화 필요성으로 등장하였다.

① ㄱ, ㄴ　　　　　　② ㄱ, ㄷ
③ ㄴ, ㄹ　　　　　　④ ㄷ, ㄹ

11 옹호연합모형(Advocacy Coalition Framework)에 대한 설명으로 옳은 것만을 모두 고르면?

> ㄱ. 정책하위체제에 초점을 두어 정책변화를 이해한다.
> ㄴ. 정책지향학습은 옹호연합 내부만 아니라 옹호연합 사이에서도 발생한다.
> ㄷ. 행정규칙, 예산배분, 규정의 해석에 대한 결정은 정책핵심 신념과 관련된다.
> ㄹ. 신념 체계 구조에서 규범적 핵심 신념은 관심 있는 특정 정책 규범에 적용되며, 이차적 측면(secondary aspects)보다 변화 가능성이 작다.

① ㄱ, ㄴ　　　　　　② ㄱ, ㄹ
③ ㄴ, ㄷ　　　　　　④ ㄷ, ㄹ

12 「공직자윤리법」에서 규정하고 있는 것만을 모두 고르면?

> ㄱ. 이해충돌 방지 의무
> ㄷ. 종교 중립의 의무
> ㄴ. 등록재산의 공개
> ㄹ. 품위 유지의 의무

① ㄱ, ㄴ　　　　　　② ㄱ, ㄹ
③ ㄴ, ㄷ　　　　　　④ ㄷ, ㄹ

13 밑줄 친 연구에 해당하는 것은?

> 이 연구에서는 정책과 성과를 연결하는 모형에 정책 기준과 목표, 집행에 필요한 자원, 조직 간 의사소통과 집행 활동(enforcement activities), 집행기관의 특성, 경제·사회·정치적 조건, 정책집행자의 성향(disposition)이라는 변수를 제시하였다.

① 립스키(Lipsky)의 일선관료제 연구
② 오스트롬(Ostrom)의 제도분석 연구
③ 사바티어와 마즈마니언(Sabatier & Mazmanian)의 집행과정 연구
④ 반 미터와 반 혼(Van Meter & Van Horn)의 정책 집행과정 연구

14 예산집행의 신축성 유지 방안에 대한 설명으로 옳지 않은 것은?

① 추가경정예산의 경우, 정부는 국회에서 추가경정예산안이 확정되기 전에 이를 미리 배정하거나 집행할 수 없다.
② 예비비의 경우, 정부는 예측할 수 없는 예산 외의 지출 또는 예산초과지출에 충당하기 위하여 일반회계 예산총액의 100분의 5 이내의 금액으로 세입세출예산에 계상할 수 있다.
③ 계속비의 경우, 국가가 지출할 수 있는 연한은 그 회계연도로부터 5년 이내이나, 사업규모 및 국가재원 여건을 고려하여 필요한 경우에는 예외적으로 10년 이내로 할 수 있다.
④ 각 중앙관서의 장은 예산의 목적범위 안에서 재원의 효율적 활용을 위하여 대통령령으로 정하는 바에 따라 기획예산처장관의 승인을 얻어 각 세항 또는 목의 금액을 전용(轉用)할 수 있다.

15 「지방공기업법」상 지방공기업에 대한 설명으로 옳지 않은 것은?

① 지방직영기업의 관리자는 해당 지방자치단체의 공무원으로서 지방직영기업의 경영에 관하여 지식과 경험이 풍부한 사람 중에서 지방자치단체의 장이 임명한다.
② 지방공사를 설립하고자 하는 시장·군수·구청장은 설립 전에 행정안전부장관과 협의하여야 한다.
③ 지방자치단체는 상호 규약을 정하여 다른 지방자치단체와 공동으로 지방공사를 설립할 수 있다.
④ 지방자치단체는 지방직영기업을 설치·경영하려는 경우에는 그 설치·운영의 기본사항을 조례로 정하여야 한다.

16 정책문제의 구조화기법에 대한 설명으로 옳은 것만을 모두 고르면?

> ㄱ. 가정분석: 문제상황의 가능성 있는 원인, 개연성(plausible) 있는 원인, 행동가능한 원인을 식별하기 위한 기법
> ㄴ. 계층분석: 정책문제에 관해 서로 대립되는 가정의 창조적 종합을 목표로 하는 기법
> ㄷ. 시네틱스(유추분석): 문제들 사이에 유사한 관계를 인지하는 것이 분석가의 문제해결 능력을 크게 증가시킬 것이라는 가정에 기초한 기법
> ㄹ. 분류분석: 문제상황을 정의하고 분류하기 위해 사용되는 개념을 명확하게 하기 위한 기법

① ㄱ, ㄴ
② ㄱ, ㄹ
③ ㄴ, ㄷ
④ ㄷ, ㄹ

17 직무평가 방법에 대한 설명으로 옳지 않은 것은?

① 분류법은 미리 정해진 등급기준표를 이용하는 비계량적 방법이다.

② 서열법은 비계량적 방법으로, 직무의 수가 적은 소규모 조직에 적절하다.

③ 점수법은 직무와 관련된 평가요소를 선정하고 각 요소별로 중요도를 부여하는 과정에서 계량화를 통해 명확하고 객관적인 이론적 증명이 가능하다.

④ 요소비교법은 조직 내 기준직무(key job)를 선정하여 평가하려는 직무와 기준직무의 평가요소를 상호비교하여 상대적 가치를 판단하는 방법이다.

19 정책학의 발달에 대한 설명으로 옳지 않은 것은?

① 1951년 「정책지향(Policy Orientation)」이라는 논문은 정책학의 정체성 확립에 기여하였다.

② 라스웰(Lasswell)은 1971년 『정책학 소개(A Pre-View of Policy Sciences)』에서 맥락지향성, 이론지향성, 연합학문지향성을 제시하였다.

③ 1980년대 정책학의 연구는 정책형성, 집행, 평가, 변동 등 다양한 분야로 확대되었다.

④ 드로(Dror)는 정책결정 단계를 상위정책결정(meta-policymaking), 정책결정(policymaking), 정책결정 이후(post-policymaking)로 나누는 최적모형을 제시하였다.

18 리더-구성원교환이론에 대한 설명으로 옳은 것만을 모두 고르면?

> ㄱ. 내집단(in-group)에 속한 구성원이 많을수록 집단의 성과가 높아진다고 본다.
> ㄴ. 리더와 구성원이 파트너십 관계로 발전하는 과정을 '리더십 만들기'라 한다.
> ㄷ. 리더가 모든 구성원을 차별 없이 대우하는 공정성을 중시한다.
> ㄹ. 리더와 구성원이 점점 높은 도덕성과 동기 수준으로 서로를 이끌어 가는 상호 관계를 중시한다.

① ㄱ, ㄴ   ② ㄱ, ㄹ

③ ㄴ, ㄷ   ④ ㄷ, ㄹ

20 공공가치론에 대한 설명으로 옳은 것만을 모두 고르면?

> ㄱ. 무어(Moore)는 공공가치 실패를 진단하는 도구로 '공공가치 지도그리기(mapping)'를 제안한다.
> ㄴ. 보즈만(Bozeman)은 공공기관에 의해 생산된 순(純) 공공가치를 추정하는 '공공가치 회계'를 제시했다.
> ㄷ. '전략적 삼각형' 모델은 정당성과 지지, 운영 역량, 공공가치로 구성된다.
> ㄹ. 시장과 공공부문이 공공가치 실현에 필수적으로 요구되는 재화와 서비스를 제공하지 못할 때 '공공가치 실패'가 일어난다.

① ㄱ, ㄴ   ② ㄱ, ㄹ

③ ㄴ, ㄷ   ④ ㄷ, ㄹ

01 신공공관리론과 뉴거버넌스에 대한 설명으로 옳은 것은?

① 신공공관리론은 신뢰를 기반으로 조정의 원리를 강조하고, 뉴거버넌스는 시장지향적 경쟁원리를 강조한다.

② 신공공관리론은 국민을 덕성을 지닌 시민으로 보고, 뉴거버넌스는 국정의 대상인 고객으로 본다.

③ 신공공관리론은 정부의 역할로 방향잡기(steering)를 중시하고, 뉴거버넌스는 방향잡기보다 노젓기를 중시한다.

④ 신공공관리론은 행정의 효율성을 보다 중시하고, 뉴거버넌스는 행정의 민주성에 더 초점을 둔다.

02 동기부여 이론에 대한 설명으로 옳은 것은?

① 아지리스(Argyris)의 성숙·미성숙이론은 사회문화적으로 학습된 욕구를 성취욕구, 권력욕구, 친교욕구로 구분한다.

② 해크만(Hackman)과 올드햄(Oldham)의 직무특성이론은 핵심적인 직무특성을 기술 다양성, 과업 정체성, 과업 중요성, 자율성, 피드백으로 구분한다.

③ 애덤스(Adams)의 공정성 이론은 타인과 비교하지 않고 자신의 노력 대비 보상 정도가 동기부여에 영향을 미친다고 본다.

④ 포터(Porter)와 롤러(Lawler)의 업적·만족이론은 목표의 난이도와 구체성에 의해 개인의 동기부여가 결정된다고 주장한다.

03 사바티어(Sabatier)의 옹호연합모형(Advocacy Coalition Framework)에 대한 설명으로 옳지 않은 것은?

① 정책 변화를 이해하기 위한 분석 단위로서 정책하위체제(policy subsystem)에 중점을 두고 있다.

② 정책 변화과정을 이해하기 위해 1년 이내 단기간에 초점을 둔다.

③ 옹호연합들 간의 대립과 갈등을 정책 중재자(policy broker)가 중재한다.

④ 정책하위체제에 영향을 미치는 외생변수는 안정적 변수와 역동적 변수로 구분된다.

04 공익에 대한 설명으로 옳은 것은?

① 실체설은 사익들의 타협과 조정의 산물로서 실체를 드러내는 가치를 공익이라고 본다.

② 과정설은 정부 또는 행정관료가 공익결정 과정에서 주체로서 적극적인 역할을 수행한다고 본다.

③ 공익은 정책의 비용과 편익 등 자원 배분원칙의 가치 기준을 제공한다.

④ 공익은 자유, 형평, 평등과 같이 수단적 행정가치에 해당한다.

05 정책결정모형에 대한 설명으로 옳은 것은?

① 혼합주사모형에서 '문제성 있는 선호(problematic preferences)'란 의사결정 참여자들이 무엇이 바람직한지에 관한 선호가 분명하지 않은 상태에서 결정에 참여하는 것이다.

② 최적모형에서 '불명확한 기술'이란 목표와 수단 사이의 인과관계가 명확하지 않은 것이다.

③ 쓰레기통모형에서 '문제중심의 탐색'이란 정책결정 능력의 한계로 관심 있는 문제 중심으로 대안을 탐색하는 것이다.

④ 앨리슨 모형(Allison Model)의 '합리적 행위자모형(모형 I)'에 따르면 국가 또는 정부에 의해서 채택된 정책은 그 국가의 전략적 목표나 목적을 극대화하도록 의도된다.

06 「국가재정법」상 (가)에 들어갈 말로 옳은 것은?

> 제53조((가) 원칙의 예외) ① 각 중앙관서의 장은 용역 또는 시설을 제공하여 발생하는 수입과 관련되는 경비로서 대통령령으로 정하는 경비(이하 "수입대체경비"라 한다)의 경우 수입이 예산을 초과하거나 초과할 것이 예상되는 때에는 그 초과수입을 대통령령으로 정하는 바에 따라 그 초과수입에 직접 관련되는 경비 및 이에 수반되는 경비에 초과지출할 수 있다.

① 예산총계주의
② 예산사전의결
③ 예산공개성
④ 예산기구 상호성

07 사바스(Savas)의 공공서비스 유형에 대한 설명으로 옳지 않은 것은?

① 요금재는 자연독점 등으로 인한 시장실패에 대응하기 위하여 정부가 직접 공급하거나 공기업이 공급하는 경우가 많다.
② 집합재는 비용 부담에 따라 서비스 혜택을 차별화하거나 서비스에서 배제할 수 없어 무임승차 문제가 일어날 수 있다.
③ 시장재는 주로 시장에서 제공되어 공공부문의 개입이 최소화되는 서비스이다.
④ 공유재는 비경합성과 비배제성을 특징으로 하며 국방, 외교 등이 여기에 속한다.

08 우리나라의 책임운영기관 제도에 대한 설명으로 옳지 않은 것은?

① 행정안전부장관은 기획재정부 및 해당 중앙행정기관의 장과 협의하여 책임운영기관을 설치하거나 해제할 수 있다.
② 기관의 지위에 따라 중앙책임운영기관과 소속책임운영기관으로 구분된다.
③ 소속책임운영기관의 장은 공개모집 절차에 따라 「국가공무원법」상 임기제 공무원으로 임용된다.
④ 책임운영기관은 「공공기관의 운영에 관한 법률」상 종합평가의 대상이다.

09 「지방재정법」상 지방재정에 대한 설명으로 옳지 않은 것은?

① 특정한 재정수요에 충당하기 위한 특별조정교부금은 민간에 지원하는 보조사업의 재원으로 사용할 수 있다.
② 지방자치단체나 그 기관이 법령에 따라 처리하여야 할 사무로서 국가와 지방자치단체 간에 이해관계가 있는 경우에는 원활한 사무처리를 위하여 국가에서 부담하지 아니하면 아니 되는 경비는 국가가 그 전부 또는 일부를 부담한다.
③ 국가가 스스로 하여야 할 사무를 지방자치단체나 그 기관에 위임하여 수행하는 경우 그 경비는 국가가 전부를 그 지방자치단체에 교부하여야 한다.
④ 국가는 정책상 필요하다고 인정할 때 또는 지방자치단체의 재정 사정상 특히 필요하다고 인정할 때에는 예산의 범위에서 지방자치단체에 보조금을 교부할 수 있다.

10 「지방자치법」상 지방자치단체의 관할구역에 대한 설명으로 옳은 것은?

① 지방자치단체의 명칭과 구역을 바꾸거나 지방자치단체를 폐지하거나 설치하거나 나누거나 합칠 때에는 조례로 정한다.
② 지방자치단체를 폐지하거나 설치하거나 나누거나 합칠 때는 반드시 관계 지방의회의 의견을 들어야 한다.
③ 지방자치단체의 장은 지방의회 재적의원 과반수 출석과 출석의원 과반수의 동의를 받아, 행정안전부장관에게 지방자치단체의 관할구역 경계변경에 대한 조정을 신청할 수 있다.
④ 지방자치단체의 구역을 변경하거나 지방자치단체를 폐지하거나 설치하거나 나누거나 합칠 때에는 새로 그 지역을 관할하게 된 지방자치단체가 그 사무와 재산을 승계한다.

제 02 회

11 넛지(Nudge) 이론에 대한 설명으로 옳은 것은?

① 자유주의적 개입주의 원리에 따라 시장기반의 경제적 인센티브 수단을 선호한다.

② 행동경제학에 기반하여 실험을 통한 귀납적 분석보다는 가정에 기초한 연역적 분석을 지향한다.

③ 정부의 역할 및 정책수단으로서 선택설계의 개념을 도입한다.

④ 인간의 휴리스틱은 인지적 오류와 행동편향을 방지한다.

12 총액인건비제에 대한 설명으로 옳은 것만을 모두 고르면?

ㄱ. 총액인건비제의 시행으로 보수관리에 대한 각 부처의 자율성이 확대되었다.

ㄴ. 책임운영기관의 설치·운영에 관한 법령에 따른 책임운영기관은 총액인건비제 시행의 대상에 해당하지 않는다.

ㄷ. 총액인건비제를 시행하는 기관은 의도적 절감노력으로 확보한 재원을 성과상여금 및 성과연봉 등에 활용할 수 있다.

① ㄱ ② ㄱ, ㄷ
③ ㄴ, ㄷ ④ ㄱ, ㄴ, ㄷ

13 「정부업무평가 기본법」상 정부업무평가에 대한 설명으로 옳은 것만을 모두 고르면?

ㄱ. 정부업무평가의 실시와 평가기반의 구축을 체계적·효율적으로 추진하기 위하여 행정안전부장관 소속하에 정부업무평가위원회를 둔다.

ㄴ. 정부업무평가위원회는 위원장 2인을 포함한 15인 이내의 위원으로 구성한다.

ㄷ. 행정안전부장관은 매년 각종 평가결과보고서를 종합하여 이를 국무회의에 보고하거나 평가보고회를 개최하여야 한다.

ㄹ. 정부업무평가의 대상에는 중앙행정기관 또는 지방자치단체의 소속기관이 포함된다.

① ㄱ, ㄷ ② ㄱ, ㄹ
③ ㄴ, ㄷ ④ ㄴ, ㄹ

14 「국가공무원법」상 공무원 임용 결격사유에 해당하지 않는 사람은?

① 공무원 재직 중 징계로 해임처분을 받은 때부터 3년이 지나지 아니한 자

② 파산선고를 받고 복권된 때부터 5년이 지나지 아니한 자

③ 금고 이상의 형의 집행유예를 선고받고 그 유예기간이 끝난 날부터 2년이 지나지 아니한 자

④ 공무원 재직 중 징계로 파면처분을 받은 때부터 5년이 지나지 아니한 자

15 직무급 보수체계에 대한 설명으로 옳은 것은?

① 직무급이란 공무원의 직무수행능력을 측정하여 그 능력이 우수할수록 보수를 우대하는 보수체계이다.

② 직무성과에 따른 차등보수의 원칙을 적용한다.

③ 직무급 산정 시 근속이나 연령을 반영한다.

④ 직무급을 도입하기 위해서는 직무분석과 직무평가를 통한 직무별 상대가치 평가가 선행되어야 한다.

16 발생주의 회계에 대한 설명으로 옳지 않은 것은?

① 고정자산 등 경제적 자원을 회계과정에서 인식하기 어렵다.

② 미지급비용을 부채로 인식한다.

③ 감가상각을 비용으로 인식한다.

④ 현금의 유입, 유출과 관계없이 수익과 비용이 발생된 시점에 거래를 인식한다.

17 공공기관과 지방공기업에 대한 설명으로 옳은 것은?

① 「공공기관의 운영에 관한 법률」상 재정경제부장관은 경영실적 평가 결과 경영실적이 부진한 공기업·준정부기관에 대하여 공공기관운영위원회의 심의·의결을 거쳐 기관장·상임이사의 임명권자에게 그 해임을 건의하거나 요구할 수 있다.

② 지방자치단체는 다른 지방자치단체와 공동으로 「지방공기업법」상 지방공사를 설립할 수 없다.

③ 공공기관의 운영에 관한 법령상 시장형 공기업은 자산규모가 2조 원 이상이거나 총수입액 중 자체수입액이 차지하는 비중이 50 % 이상인 공기업이다.

④ 「지방공기업법」상 지방공사의 자본금은 그 전액을 지방자치단체가 출자하며, 민간출자를 허용하지 않는다.

18 지방채에 대한 설명으로 옳지 않은 것은?

① 「지방재정법 시행령」상 지방채의 종류는 지방채증권과 차입금으로 구분된다.

② 「지방재정법」상 외채를 발행하려면 지방의회의 의결을 거친 이후 행정안전부장관의 승인을 받아야 한다.

③ 「지방재정법」상 지방채의 차환을 위해 자금조달이 필요할 때 발행할 수 있다.

④ 「지방재정법」상 지방채의 발행, 원금의 상환, 이자의 지급, 증권에 관한 사무절차 및 사무 취급기관은 대통령령으로 정한다.

19 조직이론 중 '조직군 생태학(population ecology)'에 대한 설명으로 옳지 않은 것은?

① 조직의 성공은 환경적 상황에 대한 적합성 여부에 달려 있다고 본다.

② 환경 변화에 대한 조직의 적응능력을 둔감하게 하는 구조적 타성 개념을 제시한다.

③ 생태적 환경 변화에 적응하기 위한 조직의 전략적 선택을 주요 분석 대상으로 본다.

④ 조직의 분석 수준은 하나의 조직보다 일정한 경계 내의 조직군이다.

20 「공무원 행동강령」에 대한 설명으로 옳지 않은 것은?

① 대통령령으로 제정되었다.

② 법원, 헌법재판소, 선거관리위원회 소속 공무원에게도 적용된다.

③ 외부강의등의 사례금 수수 제한 규정을 담고 있다.

④ 「부패방지 및 국민권익위원회의 설치와 운영에 관한 법률」 제8조에 따라 공무원이 준수하여야 할 행동기준을 규정하는 것을 목적으로 한다.

제 02 회

01 윌슨(J. Wilson)의 규제정치이론에서 수입규제가 유발하는 정치경제적 상황은?

① 대중정치
② 기업가정치
③ 고객정치
④ 이익집단정치

02 행정이념 중에서 수단적 가치로만 묶인 것은?

① 효과성, 형평성, 합법성, 공익성
② 합법성, 평등성, 효과성, 공익성
③ 형평성, 합법성, 가외성, 능률성
④ 가외성, 능률성, 효과성, 합법성

03 예산의 원칙과 그 예외가 바르게 짝지어지지 않은 것은?

① 통일성의 원칙 − 목적세
② 단일성의 원칙 − 특별회계
③ 완전성의 원칙 − 전대차관
④ 사전의결의 원칙 − 예산의 이용

04 다음과 같은 특징이 나타나는 정책네트워크의 유형은?

- 의회의 상임위원회 또는 분과위원회, 행정부처, 이익집단이 형성하는 정책네트워크를 의미한다.
- 네트워크의 자율성과 안정성이 비교적 높다.
- '철의 삼각' 개념과 거의 동일한 의미를 지닌다.

① 정책공동체 모형
② 하위정부 모형
③ 이슈네트워크 모형
④ 협력적 거버넌스 모형

05 우리나라 행정통제 방법 중 내부통제에 해당하는 것은?

① 감사원의 회계검사
② 헌법재판소의 위헌법률심판
③ 국회의 국무위원에 대한 탄핵소추
④ 지방자치단체의 주민참여예산제도

06 정치·행정이원론에 대한 설명으로 옳지 않은 것은?

① 엽관주의 극복을 위한 반엽관주의(anti-spoils system) 움직임에 따라 대두되었다.
② 부패한 정치로부터 행정의 분리를 주장했다.
③ 행정의 정책형성기능 강화로 인해 기능적 행정학을 추구했다.
④ 윌슨(W. Wilson)은 행정을 관리와 경영의 영역으로 규정했다.

07 다음의 상황에 해당하는 지각오류는?

- 공격적인 성격의 소유자는 다른 사람도 공격적으로 보기 쉽다.
- 노조 대표와 관리층의 대표는 자신의 불신 감정을 다른 집단에게로 전가한다.

① 대조효과(contrast effect)
② 투사(projection)
③ 후광효과(halo effect)
④ 기대성 착오(expectancy error)

08 신공공관리론의 특징으로 옳지 않은 것은?

① 성과에 의한 관리를 중요시한다.
② 신관리주의와 시장주의가 결합된 개념이다.
③ 수익자부담원칙을 강조한다.
④ 분절화의 축소와 조직구조의 통합, 조정을 강조한다.

09 정책평가에 대한 설명으로 옳지 않은 것은?

① 내부평가는 기관 내부에서 평가를 주도하며, 외부 평가와 비교하면 평가 결과의 활용성이 높다.
② 비용편익분석은 정책 실행이 가져올 모든 비용과 편익을 화폐 단위로 계량화하여 비교하는 방법으로서, 정책의 능률성과 대응성을 측정하기에 효과적이다.
③ 총괄평가는 정책이 종료한 시점에서 효과성이나 능률성 등 다각적 관점에서 결과를 살펴보는 것이다.
④ 평가성검토는 본평가를 실시하기 전에 평가의 소망성과 실행가능성을 개괄적으로 검토하는 예비평가이다.

10 정책집행에 대한 설명으로 옳은 것은?

① 하향식접근방법은 후방접근법이라고 불리며, 정책집행 현장에서 집행조직과 정책사업 간 상호작용의 중요성을 강조한다.
② 상향식접근방법은 정책결정의 결과물인 정책 목표를 달성해 가는 과정을 정책집행으로 이해한다.
③ 매틀랜드(Matland)는 정책목표의 모호성과 갈등 개념을 활용하여 특정 집행상황을 네 가지로 구조화하였다.
④ 나카무라와 스몰우드(Nakamura & Smallwood)에 따르면, 관료적 기업가형은 정책결정자들이 개괄적인 정책을 결정하고, 집행 과정에서 정책의 집행자와 협상한다.

11 체제이론에서 제시하는 개방체제의 특징으로 옳지 않은 것은?

① 목적 달성을 위한 유일 최선의 방법은 없으며 다양한 방법이 존재한다.
② 환경의 변화에 맞도록 구조와 기능이 다양하게 분화될 것을 요구한다.
③ 체제의 에너지 소모로 인한 소멸 가능성을 강조한다.
④ 환경과 끊임없는 상호작용을 강조한다.

12 정책결정모형에 대한 설명으로 옳은 것은?

① 사이버네틱스모형은 비목적적 적응(non-purposive adaption)을 특징으로 한다.
② 회사모형은 합리적 분석과 함께 정책결정자의 직관적 판단도 정책결정의 중요 요인으로 수용한다.
③ 앨리슨(Allison)이 제시한 조직과정모형은 의사결정이 분산되어 있는 상황에서 합의된 정책결정을 위해 타협을 시도하는 상황을 설명하기 쉽다.
④ 혼합주사모형은 정책결정을 하나의 우연한 현상으로 설명한다.

13 예산제도에 대한 설명으로 옳은 것만을 모두 고르면?

> ㄱ. 영기준예산제도에서는 사업을 원점에서 재검토하여 예산을 편성하기 때문에 사업담당자들이 자신의 사업평가 과정에서 위협을 느끼게 된다.
> ㄴ. 성과주의예산제도는 업무단위 선정이 곤란하지만 단위원가 계산은 용이하다.
> ㄷ. 계획예산제도는 의사결정 집권화를 완화할 수 있고, 목표설정의 계량화를 용이하게 할 수 있다.
> ㄹ. 품목별예산제도는 행정부의 예산집행 과정에서 유용이나 남용을 방지할 수 있고, 예산심의가 용이하여 행정부에 대한 의회의 권한을 강화할 수 있다.

① ㄱ, ㄴ   ② ㄱ, ㄹ
③ ㄴ, ㄷ   ④ ㄷ, ㄹ

14 예산 집행 과정의 신축성 유지 방안에 대한 설명으로 옳은 것만을 모두 고르면?

> ㄱ. 예산의 전용이란 각 기관·장·관·항 간에 상호 융통하는 것을 말한다.
> ㄴ. 예산의 명시이월이란 예산 성립 후 연도 내 지출원인행위를 하고 불가피한 사유로 지출하지 못한 경비와 지출원인행위를 하지 아니한 그 부대경비의 금액에 대한 이월을 말한다.
> ㄷ. 예비비란 예측할 수 없는 예산 외의 지출 또는 예산초과지출에 충당하기 위해 세입·세출예산에 계상한 금액을 말한다.
> ㄹ. 예산의 이체란 정부조직 등에 관한 법령의 제정, 개정 또는 폐지로 인해 그 직무와 권한에 변동이 있을 때에 예산도 이에 따라 변경하는 것을 말한다.

① ㄱ, ㄴ
② ㄱ, ㄷ
③ ㄴ, ㄹ
④ ㄷ, ㄹ

15 국가와 지방자치단체 간의 사무배분에 대한 설명으로 옳지 않은 것은?

① 기관위임사무는 주로 지방적 이해관계보다 국가적 차원의 이해관계가 크게 걸려 있는 사업이 대상이며, 지방자치단체 그 자체에 위임한 사무이다.
② 효율성의 원칙은 보충성의 원칙을 받아들인다 해도 사무에 따라서는 보다 넓은 지역을 담당하는 광역지방자치단체나 중앙정부가 일차적인 책임을 지고 처리하는 것이 훨씬 효율적일 수 있다는 것이다.
③ 포괄성의 원칙은 지방자치단체가 배분받은 사무에 대해 배타적인 권한을 행사할 수 있도록 해야 한다는 내용도 포함한다.
④ 자치사무는 지방자치단체의 고유사무이므로 스스로의 책임과 부담으로 처리하는 것이 원칙이며, 중앙정부는 사후 감독과 합법성 감독을 수행한다.

16 공무원의 신분보장 및 징계에 대한 설명으로 옳지 않은 것은?

① 임용권자는 정직에 해당하는 징계 의결이 요구 중인 공무원에게 직위를 부여하지 아니할 수 있다.
② 정직은 중징계 처분 중의 하나로 사유에 따라 1개월 이상 3개월 이하의 기간이 적용되며, 정직기간 중 감봉조치는 별도로 없다.
③ 임용권자는 직제 또는 정원의 변경이나 예산의 감소 등으로 직위가 폐직되거나 하위의 직위로 변경되어 과원이 된 경우 또는 본인이 동의한 경우에는 소속 공무원을 강임할 수 있다.
④ 해임은 강제퇴직 처분으로 3년간 공무원 임용이 제한되며, 금품·향응수수·공금횡령·유용 등으로 해임된 경우를 제외하고 퇴직급여 감액의 불이익이 없다.

17 규제유형에 대한 설명으로 옳지 않은 것은?

① 투입규제(수단규제)는 관리규제에 비해 피규제자에게 더욱 많은 자율성을 부여한다.
② 성과규제는 사회문제 해결목표(규제목표)에 대한 달성 수준을 정하고 피규제자에게 이를 달성하도록 요구하는 것이다.
③ 직접규제는 정부가 규제주체인 반면 자율규제는 민간이 규제주체가 된다.
④ 네거티브 규제는 포지티브 규제보다 피규제자의 자율성을 더욱 보장해 준다.

18 「공직자윤리법」상 공직자 윤리 확보에 대한 설명으로 옳지 않은 것은?

① 「공직자윤리법」의 목적은 공익과 사익의 이해충돌을 방지하고, 국민 전체의 봉사자로서 행정의 민주성과 능률성을 확립하는 것이다.

② 국가는 공직자가 공직에 헌신할 수 있도록 공직자의 생활을 보장하고 공직윤리 확립에 노력하여야 한다.

③ 퇴직공직자는 재직 중인 공직자의 공정한 직무수행을 해치는 상황이 일어나지 않도록 노력하여야 한다.

④ 공직자는 자신이 수행하는 직무가 자신의 재산상 이해와 관련되어 공정한 직무수행이 어려운 상황이 일어나지 않도록 직무수행의 적정성을 확보하여야 한다.

19 「국가공무원법」상 공무원의 복무에 대한 설명으로 옳지 않은 것은?

① 공무원은 국민 전체의 봉사자로서 친절하고 공정하게 직무를 수행하여야 한다.

② 사실상 노무에 종사하는 공무원은 노동운동이나 그 밖에 공무 외의 일을 위한 집단 행위를 하여서는 아니 된다.

③ 공무원이 외국 정부로부터 영예나 증여를 받을 경우에는 대통령의 허가를 받아야 한다.

④ 공무원은 직무와 관련하여 직접적이든 간접적이든 사례·증여 또는 향응을 주거나 받을 수 없다.

20 정책의제에 대한 설명으로 옳지 않은 것은?

① 호그우드와 건(Hogwood & Gunn)은 정책문제의 성격이 인간의 감정보다 이성적 측면에 호소하는 문제일수록 정책의제화가 쉽다고 하였다.

② 외부주도형 정책의제설정모형은 다원화되고 민주화된 선진국에서 많이 나타난다.

③ 정부의제는 정부의 공식적인 의사결정에 의해 해결을 심각하게 고려하기로 명백히 밝힌 문제를 말한다.

④ 바흐라크와 바라츠(Bachrach & Baratz)는 기존 질서의 변화를 주장하는 요구가 정치적 이슈가 되지 못하도록 하는 가장 직접적인 수단으로 폭력을 제시하였다.

21 실적주의의 정당화 근거로 옳지 않은 것은?

① 공직 취임에 대한 기회의 균등 보장

② 행정의 능률성 제고

③ 행정의 공정성과 안정성 확보

④ 행정에 대한 민주적 통제 강화

제 03 회

22 직업공무원제에 대한 설명으로 옳지 않은 것은?

① 공무원의 직업의식을 고무시키는 시스템이며, 공직에 대한 자부심과 일체감을 제고한다.

② 젊은 인재를 공직에 임용하여 장기간 근무하게 만드는 제도이다.

③ 외부환경에 대한 적극적 대응과 새로운 지식 및 기술 도입이 활성화되어 행정의 전문성을 강화한다.

④ 계급제를 근간으로 하며, 정부 업무의 안정성과 계속성을 확보할 수 있다는 장점이 있다.

23 정부간 관계이론에 대한 설명으로 옳지 않은 것은?

① 앤더슨(Anderson)에 따르면 정부간 관계는 연방체계 내에서 모든 계층과 모든 형태의 정부단위들 간에 일어나는 상호작용과 행위의 총체이다.

② 라이트(Wright)의 중첩권위모형에서는 연방정부, 주정부, 지방정부가 때로는 경쟁하고 때로는 협력하는 관계를 맺으며, 그 과정에서 합의를 이루고 협력체제를 구축하기 위한 협상과 협의가 계속된다.

③ 로즈(Rhodes)의 지배인 모형에 따르면 지방정부는 중앙성부로부터 어느 정도의 자율성을 가지고 지방을 관리한다.

④ 엘코크(Elcock)의 동반자모형에 따르면 중앙정부와 지방정부간 관계는 상호협력적이며 대등한 국정의 파트너이다.

24 우드워드(Woodward)의 기술 유형과 조직의 구조적 특성에 대한 설명으로 옳지 않은 것은?

① 대량생산기술의 경우 공식적인 절차나 규칙에 따라 관리한다.

② 단위소량생산기술의 경우 문서에 의한 의사소통이 낮게 나타나고, 작업자 간 구두에 의한 의사소통이 많이 이루어진다.

③ 단위소량생산기술 조직은 대량생산기술 조직에 비해 느슨한 조직구조와 낮은 수직적 분화의 특징을 갖는다.

④ 단위소량생산기술에서 연속공정생산기술로 기술의 복잡성이 증가함에 따라 전체 구성원 중에서 관리자가 차지하는 비율이 감소한다.

25 딜런(Dillon)의 원칙에 대한 설명으로 옳은 것은?

① 지방정부의 절대적 권리를 인정하고, 주정부가 이를 폐지할 수 없다는 것을 강조한다.

② 지방정부는 연방헌법이 부여한 권한만을 행사할 수 있다.

③ 엽관주의로 인해 나타난 지방정부의 부패와 무능을 해결하려는 의도를 담고 있다.

④ 지역사회에서 만든 헌장 안을 주민투표 등을 통하여 결정하는 방식을 지지한다.

01 직위분류제에 대한 설명으로 옳은 것만을 모두 고르면?

> ㄱ. 인사의 탄력성과 융통성이 높다.
> ㄴ. 사람보다는 일을 기준으로 공직을 분류한다.
> ㄷ. 동일직무에 동일보수를 지급하는 보수체계 확립이 장점이다.
> ㄹ. 신분이 강하게 보장되어 직업공무원제 확립에 유리하다.

① ㄱ, ㄷ ② ㄱ, ㄹ
③ ㄴ, ㄷ ④ ㄴ, ㄹ

02 입법부 우위의 전통적 예산원칙에서 '국민의 눈높이에서 국민이 쉽게 이해할 수 있도록 예산서의 과목과 구조가 작성되어야 한다'는 원칙은?

① 명료성의 원칙
② 완전성의 원칙
③ 공개성의 원칙
④ 한정성의 원칙

03 우리나라 균형인사정책에 대한 설명으로 옳지 않은 것은?

① 장애인, 지방·지역인재, 양성평등, 이공계, 저소득층을 주요 대상으로 한다.
② 지방인재채용목표제, 전국 지역인재추천채용제, 양성평등채용목표제 순으로 도입하였다.
③ 장애인 구분모집제는 선발예정인원의 일정 규모를 장애인만 응시할 수 있도록 구분하여 시험을 실시한다.
④ 사회적 소수집단의 공직진출을 위한 지원정책으로 대표관료제의 적용사례라고 할 수 있다.

04 하우스(House)의 경로 - 목표모형에서 부하들의 욕구를 배려하고 그들의 복지에 관심을 가지며 구성원들의 인간관계를 강조하는 리더십은?

① 지시적(directive) 리더십
② 후원적(supportive) 리더십
③ 참여적(participative) 리더십
④ 성취 지향적(achievement-oriented) 리더십

05 조직구조에 대한 설명으로 옳지 않은 것은?

① 이음매 없는(seamless) 조직은 내부적 필요에 의해 조직단위와 기능을 분산적으로 설계한다.
② 네트워크 조직은 수직적 계층의 수가 최소화되고 유기적 구조로 환경적 변화에 적응성이 높다.
③ 매트릭스 조직은 기능적 조직의 역할과 프로젝트팀의 구조적 역할을 동시에 수행하는 이중구조의 성격을 갖는다.
④ 팀제는 수평적 구조와 자율적 권한부여로 구성원의 지식과 아이디어를 모아 창의적 문제해결에 유리하다.

06 다음 설명에 해당하는 행정가치는?

> 신행정론의 등장과 함께 강조된 개념으로 민주이념 실현 과정에서 정치·경제적으로 소외된 약자 및 소수집단에 대한 특별한 배려가 필요함을 의미하며 롤스(Rawls)의 '차등의 원리'가 이론적 근거이다.

① 평등성 ② 형평성
③ 민주성 ④ 능률성

07 정책집행의 하향적 접근법과 상향적 접근법에 대한 설명으로 옳지 않은 것은?

① 하향적 접근법은 정책결정자의 의도와 정책목표를 중시한다.

② 상향적 접근법은 집행과정을 이해하기 위해 일선집행관료의 행태에 주목한다.

③ 하향적 접근법은 정책목표와 정책수단 간 긴밀한 인과관계를 강조한다.

④ 상향적 접근법은 정책결정과 집행의 엄격한 분리를 강조한다.

08 행정이론에 대한 설명으로 옳지 않은 것은?

① 공공가치관리론에서 보즈만(Bozeman)은 정당성과 지지, 공공가치, 운영역량으로 구성된 전략적 삼각형(strategic triangle) 모형을 제시한다.

② 신공공서비스론은 정부의 역할에 대해 시장에 의한 방향잡기보다 시민에 대한 봉사를 강조한다.

③ 뉴거버넌스론은 정부와 민간부문 그리고 비영리부문 간 상호신뢰 관계에 기초한 협력적 네트워크를 강조한다.

④ 공공선택론은 공공부문의 시장경제화를 통해 시민의 편익을 극대화할 수 있는 서비스의 공급과 생산이 가능하다고 본다.

09 정책결정 모형에 대한 설명으로 옳지 않은 것은?

① 킹던(Kingdon)의 정책흐름모형은 문제의 흐름, 해결책의 흐름, 참여자의 흐름, 선택기회의 흐름을 제시한다.

② 혼합탐사모형은 정책결정을 근본적 결정과 세부적 결정으로 구분하고 지속적인 교호작용이 이루어진다고 본다.

③ 최적모형은 정책결정에 경제적 합리성과 함께 직관, 통찰력과 같은 초합리적 요소들도 고려해야 한다고 주장한다.

④ 앨리슨모형 중 조직과정모형(Model II)에 따르면 정부는 하위조직들의 집합체이며, 하위조직의 표준운영절차(SOP)에 의해 정책이 결정된다.

10 「지방자치법」상 특별지방자치단체에 대한 설명으로 옳지 않은 것은?

① 특별지방자치단체는 법인으로 한다.

② 특별지방자치단체는 2개 이상의 지방자치단체가 공동으로 특정한 목적을 위하여 광역적으로 사무를 처리할 필요가 있을 때 설치할 수 있다.

③ 구성 지방자치단체의 지방의회의원은 특별지방자치단체의 의회 의원을 겸할 수 있다.

④ 특별지방자치단체를 구성하는 지방자치단체는 상호 협의에 따른 규약을 정하여 구성 지방자치단체의 지방의회 의결을 거쳐 재정경제부장관의 승인을 받아야 한다.

11 다음 설명에 해당하는 제도는?

> 주민이 지방자치단체의 조례를 제정하거나 개정하거나 폐지할 것을 청구할 수 있는 제도로 주민의 직접참여를 보장하고 지방자치행정의 민주성과 책임성을 높이는 것을 목적으로 한다.

① 주민소환제도

② 주민감사청구제도

③ 주민발안제도

④ 주민소송제도

12 우리나라 정부의 규제제도에 대한 설명으로 옳은 것은?

① 정부의 규제정책을 심의·조정하고 규제의 심사·정비 등에 관한 사항을 종합적으로 추진하기 위하여 국무총리 소속으로 규제개혁위원회를 둔다.

② 규제일몰제는 규제의 존속기한 또는 재검토기한을 정하지 않고 규제의 타당성을 주기적으로 관리하는 제도이다.

③ 포지티브 규제는 '원칙적 허용, 예외적 금지'의 형식을 갖는 규제체계를 의미한다.

④ 규제샌드박스는 특정한 신기술을 활용한 새로운 서비스 또는 제품에 관련된 기존 규제의 적용을 일정 기간 면제 또는 완화해 주는 제도이다.

13 행정기관위원회에 대한 설명으로 옳지 않은 것은?

① 행정위원회는 합의제 행정기관으로 법률에 의하여 행정기관 소관사무의 일부를 독립하여 수행할 필요가 있을 때 둔다.

② 자문위원회는 행정기관의 자문에 응해 의견을 제공하거나 심의·조정·협의를 통해 의사결정에 도움을 준다.

③ 행정위원회인 공정거래위원회는 의사결정의 권한은 갖지만 집행까지 책임지지는 않는다.

④ 다양한 이해관계자들의 참여와 의견 반영으로 다양성의 가치를 증진할 수 있다.

14 정책평가의 타당성에 대한 설명으로 옳지 않은 것은?

① 외적 타당성(external validity)은 추정된 인과관계를 다른 상황에서도 일반화시킬 수 있는가를 의미한다.

② 구성적 타당성(construct validity)은 추상적 개념과 이를 측정하는 측정도구가 얼마나 일치하는가를 의미한다.

③ 통계적 결론의 타당성(statistical conclusion validity)은 표본자료의 통계적 검증에서 도출한 결론이 얼마나 정확한가를 의미한다.

④ 내적 타당성(internal validity)에 대한 논의는 우선 외적 타당성의 확보가 전제되어야 한다.

15 우리나라 정부의 예산제도에 대한 설명으로 옳은 것은?

① 회계연도는 매년 3월 1일부터 다음 해 2월 28일까지이다.

② 예산안 국회 제출 기한은 헌법상 회계연도 개시 90일 전까지이나 「국가재정법」상 회계연도 개시 120일 전까지이다.

③ 각 중앙관서의 장은 한 회계연도가 끝나기 전에 해당 회계연도의 중앙관서결산보고서를 재정경제부장관에게 제출하여야 한다.

④ 회계연도 개시 전까지 예산안이 국회에서 의결되지 못한 경우 잠정예산을 편성해야 한다.

16 베덩(Vedung)이 강제성의 정도에 따라 분류한 정책수단에 해당하지 않는 것은?

① 규제적 도구   ② 종교적 도구
③ 경제적 도구   ④ 정보적 도구

17 중앙정부의 일반회계에 대한 설명으로 옳지 않은 것은?

① 조세수입 등을 주요 재원으로 한다.

② 특정한 세입과 특정한 세출의 연계를 배제한다.

③ 세출은 주로 국가의 존립과 유지를 위한 기본적 경비로 구성된다.

④ 국가의 고유 기능 수행을 위해 양곡관리, 조달, 우편사업, 우체국예금, 책임운영기관 등 총 6개의 일반회계가 설치되어 있다.

18 정책분석 기준에 대한 설명으로 옳지 않은 것은?

① 효과성(effectiveness)이란 정책대안이 의도한 목표를 어느 정도 달성할 수 있는가를 판단하는 기준이다.

② 대응성(responsiveness)이란 정책대안이 수혜집단의 요구를 어느 정도 반영하였는가를 판단하는 기준이다.

③ 실현가능성(feasibility)이란 정책대안의 내용이 충실히 집행될 수 있는가를 판단하는 기준이다.

④ 능률성(efficiency)이란 정책대안에 따른 비용과 편익이 상이한 개인 및 집단에게 얼마나 고르게 배분될 수 있는가를 판단하는 기준이다.

19 우리나라 공무원 구분에 대한 설명으로 옳은 것은?

① 임용주체와 경비부담을 기준으로 국가공무원과 지방공무원으로 나누며 지방공무원의 임용권자에는 지방의회의 의장도 포함된다.

② 별정직공무원은 기술·연구 또는 행정 일반에 대한 업무를 담당하는 경력직공무원이다.

③ 특정직공무원은 헌법재판소 헌법연구관, 경찰공무원, 군무원 등 특수 분야의 업무를 담당하는 특수경력직공무원이다.

④ 정무직공무원은 대통령, 국무총리 등 선거로 취임하거나 임명할 때 국회의 동의가 필요한 경력직공무원이다.

20 데이터기반행정에 대한 설명으로 옳지 않은 것은?

① 우리나라는 2020년 「데이터기반행정 활성화에 관한 법률」을 제정하였다.

② 데이터기반행정이란 공공기관이 생성하거나 취득하여 관리하고 있는 데이터를 수집하고 분석하여 정책 수립 및 결정에 활용하는 행정을 의미한다.

③ 데이터 분석뿐만 아니라 정책결정자의 경험에 근거한 의사결정을 지향하여 객관적이고 과학적인 행정을 구현하고자 한다.

④ 행정안전부장관은 데이터기반행정을 체계적으로 추진하기 위하여 데이터기반행정 활성화를 위한 기본계획을 3년마다 수립하여야 한다.

01 행정이론에 대한 설명으로 옳은 것은?

① 정치·행정일원론은 엽관제의 한계를 극복하고 행정의 효율성을 높이려는 시도에서 등장하였다.

② 후기행태주의는 가치평가적인 정책연구보다는 가치중립적인 과학적 연구를 지향하였다.

③ 신공공관리론은 시장지향적 경쟁원리를 활용함으로써 정부의 효율성과 성과를 높이려 하였다.

④ 뉴거버넌스론은 공공문제를 해결하는 과정에서 정부라는 제도적 장치에 전적으로 의존하는 것을 강조한다.

02 페리(Perry)와 와이즈(Wise)가 제시한 공공봉사동기 (public service motivation)의 하위차원과 내용 간 연결이 옳지 않은 것은?

① 규범적 차원 – 선의의 애국심

② 합리적 차원 – 정책형성 과정에 참여

③ 규범적 차원 – 정부 전체에 대한 충성

④ 합리적 차원 – 특정 이해관계 옹호

03 우리나라 예산제도에 대한 설명으로 옳은 것은?

① 예산을 지출 대상별로 분류해 편성하는 품목별 예산제도를 사용하고 있다.

② 미시적·상향적 예산결정 방식인 예산총액배분 자율편성제도를 시행하고 있다.

③ 회계연도 개시 전까지 국회에서 본예산을 의결하지 못했을 때를 대비해 가예산제도를 채택하고 있다.

④ 「국가재정법」은 예산편성 과정에 주민이 참여할 수 있도록 하는 주민참여예산제도를 규정하고 있다.

04 성과관리제도에 대한 설명으로 옳지 않은 것은?

① 성과관리는 신공공관리론의 확산에 부응해 결과중심적 행정을 실현하기 위한 정부혁신의 핵심적 수단으로 부상했다.

② 성과측정을 위한 성과지표는 성과발생의 단계에 따라 투입지표, 과정지표, 산출지표, 결과지표, 영향지표로 구분된다.

③ 조직의 성과를 대표하는 객관적이고 측정 가능한 성과지표의 개발은 성과관리의 핵심적 활동이다.

④ 공공부문의 성과관리는 민간부문에 비해 성과지표가 다양하기 때문에 성과측정이 용이하다.

05 베버(Weber)의 이념형(ideal type) 관료제와 부합하지 않는 것은?

① 파트타임 채용은 권장되지 않는다.

② 계층제 형태의 조직구조를 채택한다.

③ 급여는 업무의 성과에 따라 지급한다.

④ 업무처리의 근거가 되는 문서를 보관한다.

06 고위공무원단제도에 대한 설명으로 옳은 것은?

① 고정급적 연봉제를 적용받는다.

② 일반직공무원뿐만 아니라 별정직공무원, 특정직공무원도 고위공무원단이 될 수 있다.

③ 1~3급을 가등급과 나등급의 두 계급으로 단순화함으로써 계급중심의 인사운영을 강화한다.

④ 민간과 경쟁하는 공모직위를 통해 일정 비율을 충원하게 함으로써 공직의 개방성을 제고한다.

07 신제도주의에 대한 설명으로 옳지 않은 것은?

① 사회학적 제도주의에서 제도는 개인의 행동을 제약하는 게임 규칙의 역할을 하며, 개인은 자신의 의도에 따라 제도를 만들거나 변화시킬 수 있다.

② 사회학적 제도주의에서 동형화란 조직의 장(organizational fields) 안에 있는 한 조직단위가 동일한 환경조건에 직면한 다른 조직단위들을 닮아 가는 것을 말한다.

③ 역사적 제도주의는 제도 형성이나 변화의 역사적 경위를 분석한다.

④ 역사적 제도주의에서 경로의존이란 어떤 시점의 제도나 정책 선택이 그 이후 시점의 제도나 정책 선택에 영향을 주는 것을 말한다.

08 애자일(agile) 조직에 대한 설명으로 옳은 것은?

① 수평적인 의사소통을 강조하여 의사결정에 많은 시간이 소요된다.

② 사전에 완벽하게 분석·기획하여 완결성이 높은 해결책을 제시한다.

③ 환경 변화에 대한 신속한 대응을 강조함에 따라 성과는 무시된다.

④ 한 조직으로 결합하였다가 해체되어 다른 조직으로 재조직화되는 과정을 반복한다.

09 정책대안의 미래예측 방법인 추세연장 기법에 대한 설명으로 옳지 않은 것은?

① 사회구성원의 노력에 따라 미래가 달라질 수 있다는 점을 강조한다.

② 관찰된 경향의 지속성과 규칙성을 가정한다.

③ 시계열분석에 기반해 미래의 사회상태를 예측한다.

④ 측정된 자료의 신뢰도와 타당도가 높다고 가정한다.

10 「국가공무원법」상 휴직에 대한 설명으로 옳은 것은?

① 정무직공무원은 휴직할 수 없다.

② 본인이 거부하면 임용권자는 휴직을 명할 수 없다.

③ 휴직 기간이 끝난 공무원이 복귀 신고를 하면 임용권자의 승인을 거쳐 복직된다.

④ 공무원이 정신상의 장애로 장기 요양이 필요하여 휴직하는 경우 그 휴직 기간은 부득이한 경우 연장할 수 있다.

11 우리나라 주민자치 관련 제도에 대한 설명으로 옳은 것은?

① 주민자치위원회는 과거 읍·면·동 단위에서 설치하던 자문기구였으나 현행 「지방자치법」에서 그 법적 근거가 사라져 더 이상 운영되지 않는다.

② 주민자치회는 현행 「지방자치법」에 명시된 제도로 읍·면·동의 주민자치 기능을 강화하기 위해 설치된다.

③ 주민투표제도는 주민의 청구로 이루어지는 것으로 지방자치단체장은 주민투표를 발의할 수 없다.

④ 주민자치회는 지방자치단체가 위탁하는 사무의 처리에 관한 사항을 수행한다.

12 「지방공기업법」의 적용대상이 되는 사업에 해당하지 않는 것은?

① 주택사업 ② 하수도사업
③ 마을상수도사업 ④ 자동차운송사업

13 증거기반 정책결정의 특징만을 모두 고르면?

> ㄱ. 증거기반 정책결정이란 정책결정 과정에서 관련 증거에 기반하여 정책대안을 선택하거나 관련 사항을 결정하는 방식이다.
> ㄴ. 증거기반 정책결정의 실무적용과 학술분석은 증거자료 수집이 어려운 보건정책과 복지정책보다, 국방정책과 문화정책 분야를 중심으로 발전되어 왔다.
> ㄷ. 정보기반, 분석 전문가 등을 비롯해 견고하게 구축된 증거기반 프레임워크는 정책에 대한 실증적 접근을 용이하게 한다.

① ㄱ ② ㄱ, ㄷ
③ ㄴ, ㄷ ④ ㄱ, ㄴ, ㄷ

14 하우스(House)가 제시한 경로-목표이론의 바탕이 된 동기부여 이론은?

① 공정성이론(equity theory)
② 기대이론(expectancy theory)
③ 목표설정이론(goal setting theory)
④ 직무특성이론(job characteristic theory)

15 전자정부에 대한 설명으로 옳지 않은 것은?

① 「공공데이터의 제공 및 이용 활성화에 관한 법률」상 비상업적·공익적 목적에 한해 공공데이터의 자율적 이용권한이 보장된다.
② 「개인정보 보호법」상 본인 동의 없이 가명정보를 민간에서 활용할 수 있다.
③ 정보격차란 정보에 대한 접근성, 활용 능력 등에서 발생하는 격차이다.
④ 지식관리의 핵심 중 하나는 조직 내 학습을 통해 암묵지를 형식지로 전환하는 것이다.

16 정책의제설정에 대한 설명으로 옳지 않은 것은?

① 버크랜드(Birkland)는 정부가 해결하기를 대중이 기대하는 이슈나 사회문제를 결정의제라고 한다.
② 다운스(Downs)는 의제가 어떤 시점에서 갑자기 관심을 받고 일정 기간 후에는 관심이 적어지거나 사라지는 순환이 반복되는 것을 의제-관심 사이클이라고 한다.
③ 바흐라흐(Bachrach)와 바라츠(Baratz)는 문제가 의제에 오르지 못하도록 하는 조작을 무의사결정(non-decision making)이라고 한다.
④ 킹던(Kingdon)은 문제 흐름, 정책 흐름, 정치 흐름 각각이 독자적으로 흘러 다닌다고 한다.

17 「국가재정법」상 예산 및 결산 과정에서 정부가 작성해야 하는 서류가 아닌 것은?

① 성인지 예산서
② 온실가스감축인지 예산서
③ 성인지 기금결산서
④ 조세지출 결산서

18 공무원연금제도에 대한 설명으로 옳은 것은?

① 지방자치단체의 장은 적용대상에서 제외된다.
② 제도의 운영은 행정안전부장관이 주관한다.
③ 퇴직수당을 받기 위해서는 공무원으로 10년 이상 근무하여야 한다.
④ 퇴직연금을 받기 위해서는 공무원으로 20년 이상 근무하여야 한다.

19 대안적 정책수단인 넛지(nudge)의 특성이 아닌 것은?

① 오류와 편향에 대한 관심
② 자유주의적 개입주의
③ 비구조화된 선택지 제공
④ 부드러운 개입주의

20 머스그레이브(Musgrave)가 제시한 재정의 세 가지 기능에 해당하지 않는 것은?

① 특정 계층에 대한 조세를 감면하고 사회보장 지출을 늘린다.
② 주민 전체의 행복도 제고를 위해 지역 커뮤니티 활동에 대한 지원을 늘린다.
③ 총수요 부족으로 경기 침체와 실업이 우려되는 경우 정부 지출을 늘린다.
④ 공공재적 성격으로 인해 특정 서비스가 시장에서 공급되지 않는 경우 정부가 해당 서비스를 제공한다.

제 05 회

01 지방교부세에 대한 설명으로 옳지 않은 것은?

① 중앙정부가 교부할 때 지출 용도를 제한한다.
② 지방자치단체의 고유 재원이라는 성격을 가진다.
③ 지역 간의 재정력 격차를 완화하는 기능을 수행한다.
④ 재정적 결함이 있는 지방자치단체에 필요한 재원을 교부한다.

02 다음에서 설명하는 행정이론은?

- 방법론적 개인주의를 채택한다.
- 인간은 합리적 의사결정을 한다고 가정한다.
- 공공부문에 시장경제원리를 도입하는 것을 강조한다.

① 공공가치론
② 신공공서비스론
③ 공공선택론
④ 뉴거버넌스론

03 공무원 보수 결정 기준에 대한 설명으로 옳은 것은?

① 생활급은 노동 대가의 원칙을 적용한 것이다.
② 직무급은 동일 직무에 대한 동일 보수의 원칙에 충실하다.
③ 연공급은 능력 개발이나 생산성 향상을 위한 동기 부여에 효과적이다.
④ 직능급을 적용한 예로는 물가상승률에 연동하여 보수를 조정하는 경우를 들 수 있다.

04 변혁적 리더십의 구성 요소에 대한 설명으로 옳지 않은 것은?

① 부하의 욕구에 관심을 가지고 지원한다.
② 부하가 창의적인 사고를 할 수 있도록 자극한다.
③ 부하에게 조직의 비전을 제시하고 동기를 유발한다.
④ 부하에게 조직의 목표와 목표 달성 시 보상이 무엇인지를 명확히 제시한다.

05 특별회계에 대한 설명으로 옳은 것은?

① 예산총계주의 원칙의 예외에 해당한다.
② 양곡관리특별회계, 조달특별회계 등이 있다.
③ 재정에 대한 외부통제가 용이하나 재정운영의 자율성을 침해한다는 단점이 있다.
④ 법령에 따라 국가가 지급하여야 하는 지출이 발생하거나 증가하는 경우 설치할 수 있다.

06 정책분석 기법으로서 비용편익분석에 대한 설명으로 옳지 않은 것은?

① 비용과 편익은 가치의 공통단위인 화폐가치로 측정된다.
② 정책의 능률성과 형평성의 판단기준으로 사용할 수 있다.
③ 미래 시점에서 발생하는 비용과 편익을 현재가치로 환산한다.
④ 정책대안에 관련된 유·무형의 비용과 편익을 계량화하여 측정한다.

07 직무 소진(job burnout)과 직무 스트레스(job stress)에 대한 설명으로 옳지 않은 것은?

① 직무 스트레스는 이직의도를 증가시키는 요인이 된다.
② 직무 스트레스는 역할 모호성 때문에 발생하기도 한다.
③ 직무 소진은 직무 스트레스보다 단기적으로 발생하는 현상이다.
④ 직무 소진은 구성원들이 직무로부터 느끼는 피로감과 탈진을 의미한다.

08 지방자치 계층에 대한 설명으로 옳은 것만을 모두 고르면?

> ㄱ. 중층제는 행정의 책임성 확보에 유리하다.
> ㄴ. 행정계층의 경우 제주특별자치도는 3층제이다.
> ㄷ. 단층제는 국토 면적이 넓고 인구가 많은 국가에서 채택하기 용이하다.
> ㄹ. 자치계층의 경우 특별시·광역시는 2층제이지만 세종특별자치시는 단층제이다.

① ㄱ, ㄷ   ② ㄱ, ㄹ
③ ㄴ, ㄷ   ④ ㄴ, ㄹ

09 갈등에 대한 설명으로 옳지 않은 것은?

① 전통적 견해는 갈등을 부정적인 것으로 본다.
② 조직의 혁신과 창의성을 제고하는 순기능이 있다.
③ 조직구조 측면에서는 계선과 참모 조직 간 갈등이 발생할 수 있다.
④ 최근에는 민사소송의 한 종류인 대안적 갈등해결 방식(Alternative Dispute Resolution)이 주목받고 있다.

10 「행정규제기본법」상 규제법정주의에 대한 설명으로 옳지 않은 것은?

① 규제는 법률에 근거하여야 한다.
② 규제내용은 쉬운 용어로 구체적이고 명확하게 규정되어야 한다.
③ 기술적 사항이나 경미한 사항일지라도 고시 등으로 정할 수 없다.
④ 행정기관은 법률에 근거하지 아니한 규제로 국민의 권리를 제한하거나 의무를 부과할 수 없다.

11 정책집행과정에서 순응과 불응에 대한 설명으로 옳지 않은 것은?

① 정책집행을 담당하는 일선 관료도 순응의 대상이다.
② 정책대상집단의 경제적 부담은 불응을 초래하기 쉽다.
③ 정책의 내용에 대한 긍정적 판단은 순응을 유도하는 요인이다.
④ 던칸(Duncan)은 정책대상집단의 내면적 가치관의 변화를 순응에 포함한다.

12 예산제도에 대한 설명으로 옳지 않은 것은?

① 영기준 예산제도는 점증주의를 극복하기 위한 경제적 합리성에 초점을 둔 제도이다.
② 품목별 예산제도는 지출대상을 품목별로 분류해서 지출대상과 한계를 규정하는 제도이다.
③ 성과주의 예산제도는 투입 요소 중심이 아니라 성과를 중심으로 예산을 운용하는 제도이다.
④ 계획 예산제도는 계획에 기반한 상향식 접근을 선택하여 재원 배분 권한의 분권화를 강조하는 제도이다.

13 근무성적평정에 대한 설명으로 옳은 것은?

① 4급 이상 일반직공무원은 근무성적평가 적용 대상이다.
② 성과계약 등 평가는 매년 1회 실시되며, 평가 결과는 성과급 등급 결정에 활용된다.
③ 채용시험성적과 임용 후의 근무성적을 비교함으로써 공무원 선발도구의 신뢰성을 검증할 수 있다.
④ 평정 오류 중 시간적 오류는 평정자가 일정한 규칙에 입각해서 특정 오류를 계속 범하는 것을 의미한다.

14 오클랜드(Oakland) 사례연구를 통해 프레스만(Pressman) 과 윌다브스키(Wildavsky)가 지적한 정책집행의 실패 요인으로 옳지 않은 것은?

① 집행기관과 정책수단의 부적절한 선정이 문제가 되었다.
② 많은 기관과 사람이 참여하여 이해관계의 복잡성이 증가하였다.
③ 주요 지위에 있는 이들의 교체로 집행에 대한 지지와 협조가 약해졌다.
④ 정책이 지나치게 단순하여 정책추진 과정에서 예상하지 못한 갈등이 발생하였다.

15 「전자정부법」상 전자정부의 구현·운영 및 발전을 추진할 때 우선적으로 고려해야 할 사항으로 옳은 것만을 모두 고르면?

> ㄱ. 행정운영의 가외성 확보
> ㄴ. 중복투자의 방지 및 상호운용성 증진
> ㄷ. 행정기관의 편익 증진과 원활한 행정운영
> ㄹ. 행정업무의 혁신 및 생산성·효율성의 향상

① ㄱ, ㄷ   ② ㄱ, ㄹ
③ ㄴ, ㄷ   ④ ㄴ, ㄹ

16 라스웰(Lasswell)이 주장한 정책학의 특성에 해당하지 않는 것은?

① 합법성(legitimacy)
② 맥락성(contextuality)
③ 방법의 다양성(diversity)
④ 문제지향성(problem-orientation)

17 공무원 연금제도에 대한 설명으로 옳지 않은 것은?

① 사회보험 원리와 부양 원리가 혼합된 제도로 운영된다.
② 2010년 이후 신규임용자의 퇴직연금 지급 개시 연령은 60세다.
③ 공무원 연금제도의 운영에 관한 사항은 인사혁신처장이 주관한다.
④ 퇴직연금 수급 자격을 갖추기 위해서는 10년 이상 재직하여야 한다.

18 과학적 관리론을 적용한 제도에 해당하는 것은?

① 대표관료제   ② 다면평가제
③ 직위분류제   ④ 유연근무제

19 평가대상에 따른 분류 중 총괄평가에 대한 설명으로 옳지 않은 것은?

① 정책집행 이후에 관리절차 또는 관리전략 등을 평가한다.
② 영향평가는 의도된 효과뿐만 아니라 부수적 효과도 평가한다.
③ 산출평가는 계량적으로 측정이 용이한 단기적인 산출물을 평가한다.
④ 결과평가는 정책대상의 행동이나 태도에서 실제로 일어난 변화를 평가한다.

20 기금제도에 대한 설명으로 옳지 않은 것은?

① 국가가 특정한 목적을 위하여 특정한 자금을 신축적으로 운용할 필요가 있을 때 설치한다.
② 예산과 마찬가지로 국회의 심의·의결을 받는다.
③ 「국가재정법」상 세입세출예산에 의하지 아니하고 운용할 수 없도록 하고 있다.
④ 기금운용계획안을 제출할 때 기금의 성과계획서 및 성과보고서를 함께 제출하여야 한다.

21 행정통제에 대한 설명으로 옳지 않은 것은?

① 정당은 공식적 통제 기능을 수행한다.
② 감사원의 회계 검사는 내부통제 방식이다.
③ 통제상황에 맞는 통제과정의 신축성이 필요하다.
④ 통제는 책임 이행을 보장하려는 활동이다.

22 「지방세기본법」상 특별시세와 광역시세에 해당하지 않는 것은?

① 재산세　　　　② 취득세
③ 레저세　　　　④ 담배소비세

23 「국가공무원법」상 임용에 대한 설명으로 옳지 않은 것은?

① 선거관리위원회 소속 6급 이하의 공무원은 중앙선거관리위원회 위원장이 임용한다.
② 금고 이상의 형의 선고유예를 받은 경우에 그 선고유예 기간 중에 있는 자는 공무원으로 임용될 수 없다.
③ 공무원의 임용은 시험성적·근무성적, 그 밖의 능력의 실증에 따라 행한다고 함으로써 실적주의 원칙을 천명하고 있다.
④ 고위공무원단에 속하는 일반직공무원의 경우 소속 장관은 해당 기관에 소속되지 아니한 공무원에 대하여도 임용제청할 수 있다.

24 학자에 대한 설명으로 옳은 것만을 모두 고르면?

> ㄱ. 마리니(Marini)는 사회적 형평성을 강조하였다.
> ㄴ. 굿노(Goodnow)는 정치와 행정의 유사성을 강조하였다.
> ㄷ. 덴하르트(Denhardt)는 방향잡기보다 봉사하기를 강조하였다.
> ㄹ. 코헨(Cohen)과 올슨(Olsen)은 최선의 합리성을 추구하였다.

① ㄱ, ㄷ　　　　② ㄱ, ㄹ
③ ㄴ, ㄷ　　　　④ ㄴ, ㄹ

25 규제관리제도에 대한 설명으로 옳지 않은 것은?

① 규제등록제는 정부가 관리대상 규제를 등록하는 방법이다.
② 규제유예제는 규제의 효력을 한시적으로 중지해 규제 적용을 유예하는 방법이다.
③ 규제일몰제는 규제의 존속기간을 정해 기존 규제의 타당성을 주기적으로 관리하는 방법이다.
④ 규제비용관리제는 규제의 총량을 정하고 규제의 건수가 그 이하로 감소하지 않도록 관리하는 방법이다.

제 06 회

최욱진 행정학
FINAL 적중모의고사

행정학

실전동형 모의고사

정답 및 해설

제1~11회

Answer

01	①	02	④	03	③	04	②	05	③
06	③	07	④	08	①	09	③	10	④
11	①	12	②	13	②	14	③	15	④
16	②	17	③	18	②	19	①	20	②

---

01 출제영역 >> 총론   난이도 下   정답 ①

광의로서 행정은 '협동'을 뜻하므로 모든 조직에서 보편적으로 발생함
② 선지는 공사행정일원론에 대한 내용임
③ 윌슨은 정치행정이원론을 주장함 → 정치와 행정의 분리
④ 정치행정이원론은 행정부의 행정적 기능을 강조함

---

02 출제영역 >> 총론   난이도 下   정답 ④

호손실험은 애초에 근로자들에 대한 인간적 대우가 중요하다는 것을 증명하기보다는 생산성 향상을 위해서 설계되었음
① 호손실험은 생산성 향상에 조직 내 친한 동료집단과 같은 비공식적 집단이 중요한 영향을 미친다는 것을 발견하였음
② 생산성 향상은 조직 내 공식적 구조인 작업환경의 변화보다도 근로자들이 특별한 존재로 인식(동료애 등)되었기 때문에 일어났음
③ 호손실험은 작업환경의 변화에 근로자들이 조직적으로 대응하는 비공식적 요인, 즉 문화가 존재한다는 것을 발견하였음

---

03 출제영역 >> 총론   난이도 下   정답 ③

티부가설은 지방정부에 의한 행정의 효율성을 강조한 이론으로 선택가능한 다수의 소규모 지방자치단체가 존재해야 한다고 전제함
① 지방정부의 재원에 외부에서 유입되는 국고보조금 등이 포함되지 않아야 한다고 전제함
② 지방정부의 공공서비스에 외부효과가 발생하지 않아야 함. 즉, 당해 자치단체의 서비스 혜택은 당해 자치단체 지역주민들만 누려야 한다고 전제함
④ 고용기회와 관련된 제약조건은 거주지역 결정에 왜곡을 초래할 수 있으므로 모든 지역에서 동일하다고 가정하고 이를 고려하지 않아야 한다고 전제함

---

04 출제영역 >> 조직론   난이도 下   정답 ②

올바른 선지
ㄱ. 분업의 원리는 조직구성원에게 한 가지의 주된 업무를 배정해야 한다는 것으로, 업무가 전문화되어 생산성을 제고할 수 있으나 할거주의·훈련된 무능 등의 부작용을 유발할 수 있음
ㄹ. 통솔범위가 좁으면 계층의 수가 증가하고 통솔범위가 넓으면 계층의 수가 감소함

틀린 선지
ㄴ. 통신기술이 발달하면 관리에 드는 노력과 비용이 감소하므로 통솔범위가 넓어짐
ㄷ. 참모조직의 원리는 계선과 참모가 할 일을 나누는 것이므로 분업의 원리에 해당함
ㅁ. 부성화의 원리는 분업의 원리에 해당함

---

05 출제영역 >> 조직론   난이도 中   정답 ③

선지는 거래적 리더십에 대한 내용임 → 변혁적 리더십은 변화지향적 리더십임
① 피들러(Fiedler)의 상황적응모형에 따르면 리더는 LPC(Least Preferred Coworker) 점수가 낮은 경우 과업지향형, LPC점수가 높은 경우 관계성 행동을 함
② 하우스(R. J. House)의 경로-목표이론에 따르면 부하들의 역할이 모호할 경우 구체적으로 지시하는 지시적 리더가 효과적임
④ 리더십 대체 이론(leadership substitutes theory)에 따르면 구성원들이 충분한 경험과 능력을 갖추고 있는 상황은 지시적 리더십에 대체물로 작용함

---

06 출제영역 >> 조직론   난이도 下   정답 ③

올바른 선지
㉠ 기대감 : 노력이 성과를 가져올 수 있다고 믿는 정도
㉣ 기대치, 수단성, 유인가를 곱한 값이 클수록 강한 동기를 유발하므로 어느 하나라도 0의 값을 가지면 동기부여는 이루어지지 않음
㉤ 브룸의 기대이론은 동기부여과정을 설명할 수 있으나 구체적인 동기부여의 방안을 제시해 주지는 못함 → 예를 들어, 유인가를 높일 수 있는 방법을 제안하지 않음

틀린 선지
㉡ 수단성이란 특정한 수준의 성과를 달성하면 바람직한 보상이 있을 것이라는 믿음의 정도를 나타냄
㉢ 유의성이란 보상의 결과에 대한 주관적인 선호의 강도를 의미함

07 출제영역 >> 정책학　　　　　　난이도 中　정답 ④

내부접근형은 국민에게 의제설정을 알리지 않는바 음모형이라 불리기
도 함
①③

구분	의제설정과정	주도집단	국가	행정PR(정책홍보)	허쉬만	콥과 로스 등
외부주도형	사이공정	국민	선진국	–	강요된 정책문제	진입
동원형	사정공	최고 혹은 고위 관료	후진국	○	채택된 정책문제	주도
내부주도형 (음모형)	사정	동원형에 비해 낮은 직위의 관료	① 국민을 무시하는 정부 ② 권력집중형 국가 ③ 불평등 사회 (부와 권력이 편중된 사회)	×	–	주도
		외부 이해관계자				

② 콥과 로스 등에 따르면 사회가 평등할수록 외부주도형에 의존할 가
능성이 많으나 사회구조가 복잡화할수록 세 가지 모형 중 어느 하나가
지배할 가능성이 희박해짐

08 출제영역 >> 정책학　　　　　　난이도 下　정답 ①

조직이 추구하고자 하는 원래의 목표가 다른 목표(사익추구 혹은 규칙
에 대한 집착)로 뒤바뀌어 조직의 목표가 왜곡되는 현상은 목표의 대치
혹은 목표의 전환임
② 목표의 추가 : 기존 목표에 새로운 목표를 추가하는 것
③ 목표의 승계 : 본래 표방한 정책목표를 달성하였거나 표방한 목표를
달성할 수 없을 경우 새로운 목표를 재설정하는 것
④ 목표의 비중변동 : 목표의 우선순위가 변화하는 현상 ; IMF시기에
민주성보다 능률성을 우선적으로 추구하는 현상

09 출제영역 >> 정책학　　　　　　난이도 下　정답 ③

관료정치모형은 정책결정의 행위 주체를 독자성이 높은 다수 행위자의
집합으로 봄
① 관료정치모형에서 발생하는 경쟁, 협상, 타협 등의 정치적 게임에는
어느 정도의 규칙적인 행동경로가 있음
② 각 행위자들은 국가 전체의 총체적인 정책분석보다 당장 활용할 수
있는 대안의 선택에 더 많은 관심을 갖음
④ 행위자들의 목표는 국가, 조직, 조직단위, 개인의 목표를 혼합한 것
이며, 행위자들 사이의 목표공유 수준은 낮음

10 출제영역 >> 인사행정　　　　　　난이도 下　정답 ④

☑ 올바른 선지
ㄴ. 사회문화적 분석 – 관습이나 문화 등 비공식 제도가 부패의 원인으
로 보는 관점
ㄹ. 도덕적 분석 – 부패는 개인의 윤리의식과 자질 때문에 발생한다는 관점
ㅁ. 체제론적 분석 – 부패는 다양한 요인에 의해 발생한다는 관점 →
즉, 제도상의 결함, 공무원의 부정적인 행태, 문화적인 특성 등 하나의
원인이 아니라 다양한 원인이 복합적으로 작용해서 부패가 발생한다는
관점

☑ 틀린 선지
ㄱ. 기능주의 분석임 → 후기기능주의는 부패란 자기영속적인 것이며,
국가가 성장 발전한다고 해서 파괴되는 것이 아니라, 다양한 원인을 먹
고 사는 하나의 유기체로 파악하였음
ㄷ. 제도적 분석임 → 구조적 분석은 공직사유관 등 공무원들의 잘못된
의식구조 등 구조적인 요인이 부패의 원인이라고 보는 입장임

11 출제영역 >> 인사행정　　　　　　난이도 中　정답 ①

공직자윤리법에서 취업심사대상자는 등록의무자, 즉 정무직 및 4급 이
상의 공무원 등을 뜻함
② 혼인한 직계비속인 여성이 소유한 재산은 재산등록 의무자가 등록
할 재산에서 제외하고 있음
③

> **주민투표법 제7조 【주민투표의 대상】** ① 주민에게 과도한 부담을 주거나 중대
> 한 영향을 미치는 지방자치단체의 주요결정사항은 주민투표에 부칠 수 있다.

④ 교육공무원 중 대학교 학장은 재산등록 의무자임

12 출제영역 >> 인사행정　　　　　　난이도 中　정답 ②

②는 이해충돌방지법에 있는 내용임

> **이해충돌방지법 제4조 【공직자의 의무】** ① 공직자는 사적 이해관계에 영
> 향을 받지 아니하고 직무를 공정하고 청렴하게 수행하여야 한다.

①

> **국가공무원법 제61조 【청렴의 의무】** ② 공무원은 직무상의 관계가 있든 없든
> 그 소속 상관에게 증여하거나 소속 공무원으로부터 증여를 받아서는 아니 된다.

③

> **동법 제64조 【영리 업무 및 겸직 금지】** ① 공무원은 공무 외에 영리를 목
> 적으로 하는 업무에 종사하지 못하며 소속 기관장의 허가 없이 다른 직무
> 를 겸할 수 없다.
> ② 제1항에 따른 영리를 목적으로 하는 업무의 한계는 대통령령등으로 정
> 한다.

④

> **동법 제62조 【외국 정부의 영예 등을 받을 경우】** 공무원이 외국 정부로부
> 터 영예나 증여를 받을 경우에는 대통령의 허가를 받아야 한다.

13 　출제영역 >> 재무행정　　　　　　난이도 中　정답 ②

ㄱ은 단절균형모형(B), ㄴ은 공공선택이론(C), ㄷ은 다중합리성모형(A), ㄹ은 합리주의모형(D)에 해당함

14 　출제영역 >> 재무행정　　　　　　난이도 中　정답 ③

세출예산과 세입예산의 구분항목은 서로 다름 → 세출예산은 장·관·항·세항·목으로 구분하지만 세입예산은 관·항·목으로 구분함
① 세입세출예산은 일반회계와 특별회계으로 구분함(기금×)
② 「헌법」상 독립기관인 국회의 예산에는 예비금을 두며 국회사무총장이 이를 관리함
④ 기금에 대한 내용임

15 　출제영역 >> 재무행정　　　　　　난이도 中　정답 ④

정기배정은 통제확보 방안에 속함

☑ 배정과 재배정이 통제확보 수단인 이유

> ㉠ 예산집행은 예산의 배정으로부터 시작되는데, 이는 확정된 예산을 예산집행기관이 계획대로 집행할 수 있도록 허용하는 일종의 승인임
> ㉡ 기획예산처장관은 분기별로 예산배정계획을 작성하여 국무회의의 심의와 대통령의 승인을 얻은 후에 각 중앙관서의 장에게 예산을 배정하고, 배정된 예산은 다시 하급기관에 재배정됨 → 배정된 예산은 관련 법령에 따라 기획예산처장관이 작성하여 통지한 월별 세부자금계획의 범위 안에서 정해진 목적과 용도로 집행됨

① 예산의 이체에 해당함
② 총괄예산(총액 계상)제도에 해당함
③ 회계연도 개시 전 예산 배정으로, 외국에 지급하는 경비, 선박 경비 교통·통신이 불편한 지방에 지급하는 경비, 관서에서 필요한 부식물 매입경비, 정보비, 여비 등이 있음

16 　출제영역 >> 행정환류　　　　　　난이도 中　정답 ②

우리나라는 국민권익위원회가 국무총리 소속이므로 행정부 소속형이지만 스웨덴의 옴부즈만은 의회옴부즈만으로 입법부 소속임
① 옴부즈만은 1809년 스웨덴에서 처음 창설된 제도임
③ 현재 우리나라의 옴부즈만은 국민권익위원회지만, 1994년에 출범한 국민고충처리위원회가 옴부즈만 제도의 시초임
④ 옴부즈만은 일반적으로 입법부 소속이지만 직무상으로는 독립성이 보장됨

17 　출제영역 >> 지방자치론　　　　　　난이도 中　정답 ③

중앙행정기관의 장과 지방자치단체의 장 간에 의견을 달리하는 경우 국무총리 소속으로 행정협의조정위원회를 두어 조정함
①

> **지방자치법 제180조【지방자치단체조합의 지도·감독】** ② 행정안전부장관은 공익상 필요하면 지방자치단체조합의 설립이나 해산 또는 규약 변경을 명할 수 있다.

②

> **지방자치법 제165조【지방자치단체 상호 간의 분쟁조정】** ① 지방자치단체 상호 간 또는 지방자치단체의 장 상호 간에 사무를 처리할 때 의견이 달라 다툼(이하 "분쟁"이라 한다)이 생기면 다른 법률에 특별한 규정이 없으면 행정안전부장관이나 시·도지사가 당사자의 신청을 받아 조정할 수 있다. 다만, 그 분쟁이 공익을 현저히 해쳐 조속한 조정이 필요하다고 인정되면 당사자의 신청이 없어도 직권으로 조정할 수 있다.

④ 지방자치법상 인정되는 지방자치단체 간의 협력방안으로 지방자치단체조합의 설립, 사무위탁, 행정협의회, 협의체 구성 등이 있음

18 　출제영역 >> 지방자치론　　　　　　난이도 中　정답 ②

아래의 조항 참고

> **주민투표법 제7조【주민투표의 대상】** ① 주민에게 과도한 부담을 주거나 중대한 영향을 미치는 지방자치단체의 주요결정사항은 주민투표에 부칠 수 있다.

①

> **주민투표법 제3조【주민투표사무의 관리】** ① 주민투표사무는 이 법에 특별한 규정이 있는 경우를 제외하고는 특별시·광역시·특별자치시·도 또는 특별자치도(이하 "시·도"라 한다)는 시·도선거관리위원회가, 시·군 또는 구(자치구를 말하며, 이하 "시·군·구"라 한다)는 구·시·군선거관리위원회가 관리한다.

③

> **주민투표법 제8조【국가정책에 관한 주민투표】** ① 중앙행정기관의 장은 지방자치단체를 폐지하거나 설치하거나 나누거나 합치는 경우 또는 지방자치단체의 구역을 변경하거나 주요시설을 설치하는 등 국가정책의 수립에 관하여 주민의 의견을 듣기 위하여 필요하다고 인정하는 때에는 주민투표의 실시구역을 정하여 관계 지방자치단체의 장에게 주민투표의 실시를 요구할 수 있다. 이 경우 중앙행정기관의 장은 미리 행정안전부장관과 협의하여야 한다.

④

> **주민투표법 제24조【주민투표결과의 확정】** ① 주민투표에 부쳐진 사항은 주민투표권자 총수의 4분의 1 이상의 투표와 유효투표수 과반수의 득표로 확정된다.

19 출제영역 >> 지방자치론   난이도 中   정답 ①

아래의 조항 참고

> **지방세기본법 제8조 【지방자치단체의 세목】** ① 특별시세와 광역시세는 다음 각 호와 같다. 다만, 광역시의 군(郡) 지역에서는 도세를 광역시세로 한다.

② 목적세인 지방교육세와 지역자원시설세는 기초자치단체가 부과할 수 없음
③ 취득세와 담배소비세는 특별시·광역시세이나, 등록면허세와 재산세는 자치구세임
④

> **지방세기본법 제9조 【특별시의 관할구역 재산세의 공동과세】** ① 특별시 관할구역에 있는 구의 경우에 재산세는 제8조에도 불구하고 특별시세 및 구세인 재산세로 한다.

20 출제영역 >> 기타 제도 및 법령   난이도 中   정답 ②

기업의 장은 임원추천위원회가 복수로 추천하여 운영위원회의 심의·의결을 거친 사람 중에서 주무기관의 장의 제청으로 대통령이 임명함
① 우리나라 공공기관은 시장형과 준시장형 공기업, 위탁집행형 및 기금관리형 준정부기관, 기타공공기관으로 구분됨
③ 공기업과 준정부기관은 직원 정원 300명 이상, 수입액 200억 이상, 자산규모 30억원 이상을 기준으로 구분되며, 공기업은 자체수입 비중이 50% 이상, 준정부기관은 50% 미만임
④ 시장형 공기업과 자산규모가 2조 원 이상인 준시장형 공기업은 감사위원회 설치가 의무사항임

01 출제영역 >> 기타 제도 및 법령　　　난이도 中　정답 ④

📝 **올바른 선지**

ㄴ.

정부업무평가기본법 제10조【위원회의 구성 및 운영】 ① 위원회는 위원장 2인을 포함한 15인 이내의 위원으로 구성한다.

ㄹ.

동법 제2조【정의】 이 법에서 사용하는 용어의 정의는 다음과 같다.
2. "정부업무평가"라 함은 국정운영의 능률성·효과성 및 책임성을 확보하기 위하여 다음 평가대상기관이 행하는 정책등을 평가하는 것을 말한다.
　가. 중앙행정기관
　나. 지방자치단체
　다. 중앙행정기관 또는 지방자치단체의 소속기관
　라. 공공기관

📝 **틀린 선지**

ㄱ.

동법 제9조【정부업무평가위원회의 설치 및 임무】 ① 정부업무평가의 실시와 평가기반의 구축을 체계적·효율적으로 추진하기 위하여 국무총리 소속하에 정부업무평가위원회를 둔다.

ㄷ.

동법 제27조【평가결과의 보고】 ① 국무총리는 매년 각종 평가결과보고서를 종합하여 이를 국무회의에 보고하거나 평가보고회를 개최하여야 한다.

02 출제영역 >> 기타 제도 및 법령　　　난이도 中　정답 ④

아래의 책임운영기관 설치 및 운영에 관한 법에 따르면 예산의 전용 혹은 이월 등이 허용됨

책임운영기관법 제36조【예산의 전용】 ① 기관장은 「국가재정법」 제46조와 「정부기업예산법」 제20조에도 불구하고 예산 집행에 특히 필요한 경우에는 대통령령으로 정하는 바에 따라 특별회계의 계정별 세출예산 또는 일반회계의 세출예산 각각의 총액 범위에서 각 과목 간에 전용(轉用)할 수 있다.
책임운영기관법 제37조【예산의 이월】 ① 매 회계연도의 특별회계 또는 일반회계 세출예산 중 부득이한 사유로 그 회계연도 내에 지출하지 못한 경상적 성격의 경비는 대통령령으로 정하는 범위에서 다음 회계연도에 이월(移越)하여 사용할 수 있다.

①②

우리나라는 책임운영기관의 설치·운영에 관한 법률 등에 의해 책임운영기관을 운영하고 있으며, 책임운영기관은 기관의 지위에 따라 소속책임운영기관과 중앙책임운영기관으로 구분됨
③ 책임운영기관은 정부가 사업적·집행적 성격이 강한 기관을 분리시켜 유연한 경영 방식을 도입한 제도로써 기관장에게 재량권을 부여하여 자율적인 경영과 그 성과에 대한 책임을 지게 함

03 출제영역 >> 지방자치론　　　난이도 中　정답 ③

조정교부금은 광역지방자치단체가 재정력이 취약한 기초지방자치단체로의 재원을 이전(대가 없이 지급하는 금전적 이동)시키는 제도임
① 국고보조금은 대부분 용도와 수행조건 등을 특정하여 교부함
② 지방세 중 목적세로 분류되는 지방교육세와 지역자원시설세는 특별시·광역시·도세에 속함
④ 지방자치단체의 장은 회계연도마다 예산안을 편성하여 시·도는 회계연도 시작 50일 전까지, 시·군 및 자치구는 회계연도 시작 40일 전까지 지방의회에 제출하여야 함

04 출제영역 >> 지방자치론　　　난이도 中　정답 ④

라이트는 중첩형을 가장 이상적인 실천모형으로 제시하였음
①②③

☑ **라이트(Wright)의 정부 간 관계모형**

분리권위형	중앙과 지방이 완전히 분리됨 → 조정권위형이라고도 함
포괄권위형	중앙정부가 지방정부를 완전히 포괄(내포형, 포함형)·통제함
중첩권위형	중앙과 지방이 각자 고유한 영역을 가지면서 동시에 동일한 관심과 책임영역을 갖는 상호 의존적 관계로서, 가장 이상적인 실천모형임

05 출제영역 >> 지방자치론　　　난이도 下　정답 ③

중층제는 광역지자체가 중간관리자 역할을 수행하므로 중앙정부의 과도한 확산을 방지할 수 있음 → 단, 기초와 중앙의 소통이 원활하지 못할 수 있음
① 단층제는 지방정부가 중앙정부와 직접적인 상호작용을 하는바 이중행정의 폐단을 방지하고 능률적인 행정을 도모함
② 중층제는 특정 지역에 지방정부가 두 개 이상인 시스템이므로 국토가 넓고 인구가 많은 나라에서 채택하는 것이 바람직함

06 출제영역 >> 기타 제도 및 법령   난이도 中   정답 ①

주민자치위원회 위원은 읍·면·동장이 위촉하고, 주민자치회 위원은 시·군·구청장이 위촉함

지방분권법 제29조 【주민자치회의 구성 등】 ① 주민자치회의 위원은 조례로 정하는 바에 따라 지방자치단체의 장이 위촉한다.

②③④

구분	주민자치위원회	주민자치회
법적 근거	없음 (지방자치단체 개별 조례)	지방분권균형발전법
위촉권자	읍·면·동장	지방자치단체장
대표성	낮음	높음 → 지방자치단체와 대등한 협력관계
기능	자문기구	협의·실행기구 ㉠ 주민총회 개최 ㉡ 지방정부 위임·위탁 사무 수행

07 출제영역 >> 행정환류   난이도 中   정답 ①

프리드리히(C. Friedrich)는 관료의 내면적 기준에 의한 내재적 책임(현대적인 책임)을 강조하고, 파이너(H. Finer)는 법률, 입법부, 사법부, 국민 등에 의한 통제 등 외부적 힘에 의한 통제로 확보되는 외재적 책임(전통적 책임)을 강조함
② 롬젝(Romzek)과 더브닉(Dubnick)에 따르면 강조되는 책임성의 유형은 조직의 특성(관료 조직 통제의 원천 및 통제의 강도) 등에 따라 달라짐

구분		관료 조직 통제의 원천	
		내부	외부
통제의 강도	강	관료적 책임성	법률적 책임성
	약	전문적 책임성	정치적 책임성

③ 신공공관리론은 공무원의 책임을 확보하기 위하여 객관적·체계적 성과 측정을 중시함
④ 책임성, 투명성, 민주성 등은 수단적 가치에 해당함

08 출제영역 >> 재무행정   난이도 中   정답 ④

현금주의 회계방식은 화폐자산과 차입금 등 현금을 측정대상으로 하지만, 발생주의 회계방식은 재무자원(현금성 유동자원)과 비재무자원(고정자산, 고정부채 등 비유동성자원)을 포함한 모든 형태의 경제적 자원을 측정대상으로 함
① 재정상태표와 재정운영표 모두 발생주의가 적용됨
② 현금주의 회계방식은 정보의 적시성을 확보할 수 없으며, 발생주의 회계방식은 회계처리의 객관성 확보가 곤란함
③ 현금주의와 발생주의에 대한 내용이 바뀌었음

09 출제영역 >> 재무행정   난이도 中   정답 ②

120일 전까지 국회에 제출하여야 함

국가재정법 제68조 【기금운용계획안의 국회제출 등】 ① 정부는 주요항목 단위로 마련된 기금운용계획안을 회계연도 개시 120일 전까지 국회에 제출하여야 한다.

① 기금은 탄력적 운영을 위해 운영주체의 자율성을 보장하고 있음
③ 예산의결주의에 대한 설명임
④ 중앙정부는 성인지적 관점을 기금에도 적용하고 있음

10 출제영역 >> 재무행정   난이도 中   정답 ④

④는 국민 간 합의에 따라 예산을 결정하는 점증주의 모형의 특징에 해당함
① 합리모형은 능률성을 강조하는 의사결정모형임
② 합리모형은 목표를 합리적으로 달성할 수 있는 대안분석을 위해 비용편익분석과 같은 체제분석을 함
③ 계획예산제도는 목표를 달성할 수 있는 최선의 대규모 사업을 선택하는 과정에서 합리모형을 활용함

11 출제영역 >> 인사행정   난이도 中   정답 ②

아래의 조항 참고

국가공무원법 제27조 【결원 보충 방법】 국가기관의 결원은 신규채용·승진임용·강임·전직 또는 전보의 방법으로 보충한다.

①③
강임에 대한 내용임
④ 공무원 본인이 동의하지 않아도 징계사유가 명료하면 강등할 수 있음

12 출제영역 >> 인사행정   난이도 下   정답 ②

도표식평정척도법은 평정요소의 추상성으로 인해 하나의 평정요소를 평가 후 다른 평정요소를 점검하는 과정에서 연쇄효과가 발생할 수 있음
① 연쇄효과는 A분야에 대한 평가가 다른 분야의 평정에 긍정적 영향을 미치는 것을 의미함
③ 근접효과(recency effect)는 최근 실적을 평정에 더 많이 반영하여서 나타나는 오류임
④ 상동오차, 즉 선입견은 평정자가 평소에 가지고 있던 개인적 특성(출신학교, 종교 등)에 대한 편향성을 평정에 반영하여 오류를 범하는 것임

13 | 출제영역 >> 조직론 | 난이도 中 | 정답 ③

✉ 틀린 선지
ⓒ 특수경력직 공무원은 정무직 공무원과 별정직 공무원으로 구분됨
ⓔ 임기제공무원은 근무기간을 정하여 임용되는 공무원으로 경력직 공무원 중 일반직 공무원에 해당함

✉ 올바른 선지
ⓐ 경력직 공무원과 특수경력직 공무원의 구별 기준은 공개경쟁채용시험 응시 및 정년보장 여부임
ⓒ 예를 들어, 우리나라의 경우 휴전상황으로 인해 군인의 수가 많음

14 | 출제영역 >> 조직론 | 난이도 中 | 정답 ③

✉ 틀린 선지
ⓐ 조직군생태론은 조직을 외부환경의 선택에 따라 좌우되는 피동적 존재로 보고, 조직의 번성과 쇠퇴는 환경에 대한 조직의 적합도에 따라 결정된다고 보는 극단적인 환경결정론임
ⓔ 거래비용이론에 따르면 거래비용이 클수록 내부화 현상이 발생(조직 내 위계조직 설치)함
ⓜ 자원의존모형은 임의론이며, 개별조직을 연구대상으로 함

✉ 올바른 선지
ⓒ 구조적 상황론과 제도화이론은 결정론이라는 점에서 유사점을 지님
ⓒ 공동체생태론은 조직 간 협력을 통해 환경을 극복하는 현상을 설명하고 있음

15 | 출제영역 >> 조직론 | 난이도 下 | 정답 ④

McGregor의 X이론은 조직구성원을 불신하며, 이에 따라 상벌에 입각한 관리방식을 중시함 → ④번 선지에서 흥미도를 반영한 직무충실화는 구성원을 신뢰하는 Y이론에 기반한 관리 방식에 해당함

16 | 출제영역 >> 조직론 | 난이도 下 | 정답 ③

선지는 기능구조에 대한 내용임
① 각각의 사업구조는 독립적으로 활동하므로 사업부서 내의 조정은 용이하지만 사업부서 간 조정이 곤란할 수 있음
② 기능구조는 집권적이므로 최고관리층의 업무부담이 증가될 수 있음
④ 사업구조는 산출물 단위로 조직을 편성하기 때문에 성과관리 체제에 유리함

17 | 출제영역 >> 정책학 | 난이도 中 | 정답 ②

ⓐ은 형성평가, ⓒ은 평가성 사정, ⓒ은 총괄평가, ⓔ은 메타평가임

18 | 출제영역 >> 정책학 | 난이도 下 | 정답 ④

포지티브 규제는 원칙 금지, 예외 허용의 형태를 띠는 방식임
① 경쟁적 규제란 경쟁입찰과 유사한 제도이며, TV · 라디오 방송권 부여 등이 있음
② 보호적 규제는 환경오염규제 등 국민을 보호하기 위해 특정 소수를 규제함
③ 보호적 규제는 약자를 보호하는 측면에서 재분배 정책, 경쟁적 규제는 서비스공급권 부여 후 규제한다는 면에서 분배정책과 규제정책의 성격을 지님

19 | 출제영역 >> 총론 | 난이도 下 | 정답 ①

던리비에 따르면 관청형성이 관료의 효용을 극대화하며, 이러한 과정에서 조직이 전체적으로 분권화되는 경향이 발생함
② 던리비는 니스카넨이 제도적 요인 등을 고려하지 못한 점을 비판했음
③ 전달기관은 예산의 증액현상이 발생하는 관청예산을 전달하는 조직임
④ 던리비에 따르면 예산극대화 전략은 관료들의 개인적인 전략(예 승진, 업무평가에서 높은 점수획득 등)이 아니라 집단적인 전략(부서의 예산극대화)에 속함 → 즉, 합리적인 관료는 부서의 예산증대 보다 개인의 승진 등이 중요하다고 생각할 뿐만 아니라 노력 대비 실현 가능성이 크다고 여김

20 | 출제영역 >> 총론 | 난이도 下 | 정답 ③

순수공공재의 비용은 불특정 다수(국민 전체)가 부담하지만 비배제성으로 인해 무임승차자가 발생함 → 이는 돈을 낸 사람 외의 주체가 혜택을 누릴 수 있다는 것으로써 수익자가 비용을 부담한 만큼 비례해서 편익을 향유하지 못하고 무임승차자와 편익을 나누어 갖는 현상이 발생할 수 있다는 것을 의미함
①④

구분	비경합성	경합성
비배제성	공공재(집합재 · 순수공공재) 무임승차 → 정부공급 가능	공유재 공유지 비극 → 정부공급 가능
배제성	요금재(유료재) 자연독점 → 정부공급 가능	사유재(민간재) 가치재 → 정부공급 가능

② 선지에서 언급된 공원은 소유권이 지정된 넓은 공원이라고 생각할 것

Answer

01	④	02	①	03	④	04	④	05	③
06	④	07	④	08	①	09	②	10	④
11	④	12	②	13	①	14	②	15	④
16	③	17	③	18	②	19	④	20	④

01 출제영역 ≫ 총론　　　　　난이도 中　정답 ④

스콧의 조직이론 분류에 따르면 과학적 관리론은 폐쇄·합리론임
① 테일러는 1911년에 「과학적 관리」를 발표했음
② 테일러는 시간과 동작연구를 통해 능률적인 시스템을 발견하고자 했음
③ 테일러는 최고의 과업을 달성한 노동자에게 인센티브를 주고, 해당 과업을 표준과업량으로 설정하는 시스템을 정립했음

02 출제영역 ≫ 정책학　　　　　난이도 中　정답 ①

경계분석은 문제의 위치, 그 문제가 존재했던 기간, 문제를 형성해 온 역사적 사건들을 구체화하는 것임 → ①은 계층분석에 대한 설명임
②③④

유추분석	㉠ 과거에 다루어 본 적이 있는 유사한 문제에 대한 관계(유사성)를 분석하여 당면한 문제를 정의하는 방법 ㉡ 예 과거 사스해결을 바탕으로 우한폐렴 문제를 살펴보는 것
분류분석	㉠ 문제의 구성요소를 식별하기 위한 방법 ㉡ 즉, 추상적인 정책문제를 논리적인 추론을 통해 구체적인 대상으로 구분하여 당면한 문제가 어떤 구성요소들로 되어 있는지 확인하는 기법 ㉢ 예 기초생활보장 수급가구를 분할하여 노인, 소년소녀가장, 장애인 등으로 구분하는 것
브레인스토밍	㉠ 전문가 등이 모여 제약없는 자유토론을 실시하는 것 → 창의적인 아이디어를 도출하는 기법 ㉡ 양우선 원칙을 강조하며, 편승기법을 적용함

03 출제영역 ≫ 인사행정　　　　　난이도 上　정답 ④

지방공무원법 제14조 【심사위원회의 위원】 ① 심사위원회는 16명 이상 20명 이하의 위원으로 구성한다. 이 경우 위촉되는 위원이 전체 위원의 2분의 1 이상이어야 한다.
② 위원은 시·도지사 또는 교육감이 임명하거나 위촉한다.
③ 제2항에 따라 위촉되는 위원의 임기는 2년으로 하되, 연임할 수 있다.
동법 제15조 【심사위원회의 위원장】 ① 심사위원회에 위원장 1명을 두며, 위원장은 심사위원 위촉위원 중에서 호선한다.

① 소청심사위원회의 결정은 처분행정청을 기속함

② 소청심사는 징계처분 및 기타 그의 의사에 반하는 불이익 처분을 받은 공무원이 그에 불복해 이의를 제기하는 경우 이를 심사해 구제해주는 제도임 → 강임, 면직, 휴직, 전보는 모두 심사 대상에 포함됨(단, 근무평정결과나 승진탈락 등은 소청의 대상이 아님)
③ 지방소청심사위원회는 시·도에 임용권자별로 지방소청심사위원회 및 교육소청심사위원회를 둠

04 출제영역 ≫ 재무행정　　　　　난이도 中　정답 ④

국회는 정부가 제출한 예산안에 대한 심의·의결해야 함

헌법 제54조 ① 국회는 국가의 예산안을 심의·확정한다.
② 정부는 회계연도마다 예산안을 편성하여 회계연도 개시 90일전까지 국회에 제출하고, 국회는 회계연도 개시 30일 전(12월 2일)까지 이를 의결하여야 한다.

① 예산편성권은 행정부의 권한임
② 발의·제출된 법률안에 대해 국회는 수정할 수 있지만, 예산안의 경우 국회는 예산편성권이 없음
③ 법률안은 대외적 효력을 인정받기 위해 공포 절차를 거쳐야 하지만 예산안은 그렇지 않음

05 출제영역 ≫ 행정환류　　　　　난이도 中　정답 ③

자율적 책임성은 공무원들의 내면의 가치와 기준에 따라 국민의 만족을 위해 공무원의 의무를 다하는 책임이므로 구체적인 법에 기초한 제도적 책임성에 비해 상대적으로 광범위함
① 제도적 책임성은 공식적인 법이나 규칙에 기초한 타율적·수동적인 행정책임을 의미함
② 자율적 책임성은 공무원이 전문가로서의 직업윤리나 책임감에 기초해서 적극적이고 자발적인 재량을 발휘하여 확보되는 능동적인 책임성을 의미함
④ 제도적 책임성은 공식적인 법규와 제도, 규정에 따른 절차를 강조함

06 출제영역 >> 지방자치론　　　　　난이도 中　정답 ④

☑ 올바른 선지

가, 나, 다, 라

☑ 주민자치와 단체자치

구분	주민자치	단체자치
발전국가	미국과 영국 등	독일과 프랑스 등
자치권의 본질	고유권설(지방권설) : 자치권은 주민의 천부적인 권리	• 전래권설(국권설 · 승인설) : 국가에 의해 인정받은 실정법상의 권리 • 주로 헤겔(Hegel)의 영향을 받은 독일의 공법학자들이 주장
재량의 정도	광범위한 자치권	협소한 자치권
통제방식	입법통제와 사법통제	행정통제
지방자치의 성격	내용적 · 본질적 · 실질적	형식적 · 법제적
지방자치의 중점	주민참여 : 민주주의 강조 → 주민통제(아래로부터의 통제)	중앙정부로부터의 독립 : 지방분권 강조 → 중앙통제(위로부터의 통제)
권한부여 방식	개별적 수권주의 위주 : 대부분을 차지하는 고유사무를 제외한 일부 사무를 개별적으로 지정	포괄적 위탁주의 위주 : 통일적인 일을 위해 모든 자치단체에게 일반적인 권한을 법률로 위임하는 방식
기관구성	기관통합형	기관분리형
지방정부의 사무	고유사무	위임사무 + 고유사무
자치단체의 지위	순수한 자치단체	이중적 지위 (자치단체 + 일선기관)
중앙과 지방의 관계	기능적 협력관계	권력적 감독관계

07 출제영역 >> 기타 제도 및 법령　　　　　난이도 下　정답 ④

넛지는 엄격하게 검증된 증거에 기반하여 정책을 선택하거나 결정하는 것을 강조하며, 검증을 위해 귀납적 방법을 많이 활용함
① 넛지이론은 행동경제학에서 말하는 행동적 시장실패를 해결하기 위한 정부개입을 찬성함
+ 행동적 시장실패 : 자신의 결정이 본인에게 손실을 초래하는 현상
②③
넛지이론은 개인의 선택을 보장하는 정부개입을 주장함 → 자유주의적 개입주의

08 출제영역 >> 총론　　　　　난이도 中　정답 ①

☑ 올바른 선지

ㄱ. 거래비용이론(합리선택적 신제도주의)은 거래비용을 기준으로 조직의 합리적 선택을 설명함
ㄴ. 구제도주의는 공식적 제도만을 인정하였으나, 신제도주의는 공식적 제도와 더불어 비공식적 제도를 인정함

☑ 틀린 선지

ㄷ, ㄹ.
뉴거버넌스는 정부, 시장, 시민사회 간 협치체계임 → 따라서 '참여와 상호 협력적인 네트워크'를 강조함
ㄹ. 신제도주의는 개인의 행위결과가 제도의 직선적인 연장선상에 있다고 가정함

09 출제영역 >> 인사행정　　　　　난이도 中　정답 ②

②는 직권면직 사유에 해당함

국가공무원법 제73조의3 【직위해제】 ① 임용권자는 다음 각 호의 어느 하나에 해당하는 자에게는 직위를 부여하지 아니할 수 있다.
2. 직무수행능력이 부족하거나 근무성적이 극히 나쁜 자
3. 파면 · 해임 · 강등 또는 정직에 해당하는 징계의결이 요구 중인 자

10 출제영역 >> 재무행정　　　　　난이도 中　정답 ④

각 중앙관서의 장이 기획예산처장관에게 제출하는 예산요구서에는 대통령령이 정하는 바에 따라 예산의 편성 및 예산관리기법의 적용에 필요한 서류를 첨부하여야 함
①

국가재정법 제29조 【예산안편성지침의 통보】 ② 기획예산처장관은 제7조의 규정에 따른 국가재정운용계획과 예산편성을 연계하기 위하여 제1항의 규정에 따른 예산안편성지침에 중앙관서별 지출한도를 포함하여 통보할 수 있다.

②

국가재정법 제31조 【예산요구서의 제출】 ③ 기획예산처장관은 제1항의 규정에 따라 제출된 예산요구서가 제29조의 규정에 따른 예산안편성지침에 부합하지 아니하는 때에는 기한을 정하여 이를 수정 또는 보완하도록 요구할 수 있다.

③

국가재정법 제30조 【예산안편성지침의 국회보고】 기획예산처장관은 제29조제1항의 규정에 따라 각 중앙관서의 장에게 통보한 예산안편성지침을 매년 3월 31일까지 국회 예산결산특별위원회에 보고하여야 한다.

11 출제영역 >> 정책학 　　　　난이도 中　정답 ④

☑ 올바른 선지
ㄱ. 정책창 모형은 루빈의 실시간 예산운영모형과 더불어 서메이어와 월로비의 다중합리성 모형에 영향을 미침
ㄴ. 킹던(John Kingdon)의 정책창 모형은 마치(J. G. March) 등이 제시한 쓰레기통 모형을 발전시킨 것임
ㄷ. 킹던(John Kingdon)의 정책창 모형은 상호 분리되어 독립적으로 흐르는 정책문제의 흐름, 정책대안의 흐름, 정치의 흐름(여론의 변화, 정권의 교체 등)이 어떤 계기로 서로 결합함으로써 새로운 정책의제로 형성된다는 점을 강조함
ㄹ. 우연한 사건을 점화장치(triggering device)로 표현한 것임
ㅁ. 정책창 모형은 의제설정모형임

12 출제영역 >> 지방자치론 　　　　난이도 中　정답 ②

지방채 발행 한도액의 범위라도 외채를 발행하는 경우에는 지방의회의 의결을 거치기 전에 행정안전부장관의 승인을 받아야 함
①

> **지방자치법 제139조【지방채무 및 지방채권의 관리】①** 지방자치단체의 장이나 지방자치단체조합은 따로 법률로 정하는 바에 따라 지방채를 발행할 수 있다.

③

> **지방재정법 제11조【지방채의 발행】④** 지방자치단체조합(이하 "조합"이라 한다)의 장은 그 조합의 투자사업과 긴급한 재난복구 등을 위한 경비를 조달할 필요가 있을 때 또는 투자사업이나 재난복구사업을 지원할 목적으로 지방자치단체에 대부할 필요가 있을 때에는 지방채를 발행할 수 있다. 이 경우 행정안전부장관의 승인을 받은 범위에서 조합의 구성원인 각 지방자치단체 지방의회의 의결을 얻어야 한다.

④ 지방채는 수직적 형평 제고에 도움이 되나, 원리금 상환시 지방자치단체의 재정력을 약화시키고 건전재정을 저해할 수 있음

13 출제영역 >> 조직론 　　　　난이도 下　정답 ①

공동체생태학이론은 임의론적 시각의 이론으로서 조직의 공동전략에 의한 능동적 환경적응과정을 설명함 → 즉, 조직들이 환경에 능동적으로 대처해 나가기 위하여 조직들 상호 간에 호혜적인 관계를 형성한다고 봄
② 자원의존이론은 임의론적 관점의 모형임
③ 구조적상황론은 결정론이며, 전략적 선택론은 최고관리자의 능동적 역할을 강조하는 임의론에 해당함
④ 조직군생태론은 자연선택론과 유사한 개념이므로 극단적 결정론에 속함

14 출제영역 >> 총론 　　　　난이도 中　정답 ②

☑ 올바른 선지
㉠ 공통된 비전의 강조: 학습조직은 변화의 지향점, 즉 비전을 모든 구성원들이 공유함
㉡ 수평적이며 분권화된 조직구조: 학습조직은 유기적 구조임
㉢ 개인적 숙련의 강조: 변화를 위해 필요한 지식을 학습해야 함

☑ 틀린 선지
㉣ 학습조직은 조직의 안정성을 강조하는 것이 아니라 변화를 중시함
㉤ 학습조직은 개인 학습을 통한 개인 간 경쟁보다는 팀 학습을 통한 협력을 중시함

15 출제영역 >> 조직론 　　　　난이도 中　정답 ④

허즈버그(Herzberg)의 욕구충족요인이원론은 위생요인과 동기요인의 영향이 구성원의 연령·직위에 따라 다를 수 있다는 개인차를 고려하지 못했다는 비판을 받음
① 허즈버그에 따르면 만족요인과 불만요인은 상호 독립적으로 인간에게 영향을 미침
② 만족요인은 직무자체, 혹은 상위욕구와 관련된 요인임
③ 동기요인(만족요인)은 만족감을 통제하며, 위생요인(직무환경 및 하위욕구와 관련된 요인)은 불만을 통제함

16 출제영역 >> 정책학 　　　　난이도 下　정답 ③

선지는 허위변수에 대한 내용임 → 억제변수는 독립변수와 종속변수 간에 상관관계가 있는데, 이를 약화시키거나 없는 것으로 나타나게 하는 제3의 변수임
① 매개변수는 독립변수와 종속변수 사이에서 연결고리 역할을 하는 변수임 → 환승역
② 예를 들어, 자원봉사활동이 정신건강에 주는 영향을 조사할 때 성별에 따라 결과가 달라질 수 있다면 성별이 조절변수에 해당함
④ 허위변수는 독립변수와 종속변수 간에 상관관계가 없는데도 있는 것으로 나타나게 하는 제3의 변수로서, 허위변수는 독립변수와 종속변수 모두에게 영향을 미치며 이들 사이의 공동변화를 설명하는 변수에 해당함

17 출제영역 >> 재무행정 　　　　난이도 中　정답 ③

㉡과 ㉤을 제외하고 모두 올바른 선지임

☑ 올바른 선지
㉠ 품목별 예산제도(LIBS) - 품목별 예산제도는 세부적인 지출사항에 중점을 두므로 정부 활동에 대한 정보를 제공하지 못함
㉢ 계획예산제도(PPBS) - 계획예산제도는 모든 사업이 목표 달성을 위해 유기적으로 연계되어 있으며, 대규모 정책 중심의 예산편성을 지향하므로 부처 간의 경계를 뛰어넘는 자원배분의 합리화를 가져올 수 있음

제
03
회

ⓔ 영기준예산제도(ZBB) – 전년도 예산을 근본적으로 검토하는 과정에서 시간이 많이 걸리고 노력이 과중할 뿐만 아니라 과도한 문서자료가 요구됨

☑ **틀린 선지**
ⓒ 성과주의 예산제도에서는 재원배정 과정에서 필요 사업량이 제시되기 때문에, 예산과 사업을 연계시킬 수 있음
ⓓ 목표관리예산제도(MBO)는 관리자와 구성원 모두의 참여를 강조하며 조직구성원이 구체적인 목표를 설정해서 상관에게 제시한다는 면에서 분권적인 경향이 있음

---

18 출제영역 >> 조직론   난이도 下   정답 ②

㉠ 지문은 경쟁, ㉡ 지문은 회피, ㉢ 지문은 타협, ㉣ 지문은 순응에 해당함 → 아래의 그림 참고

☑ **그레이너의 조직성장이론**

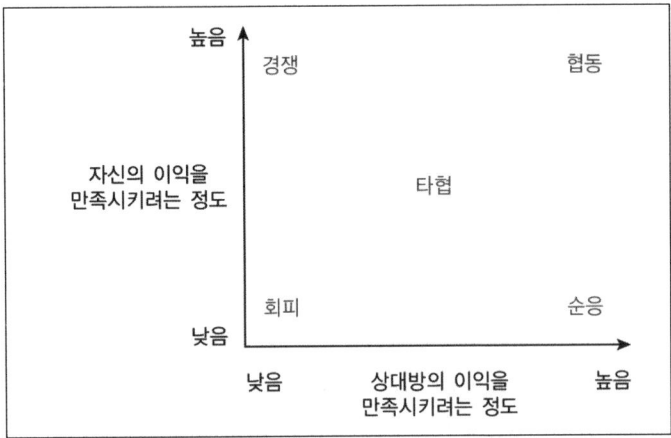

---

19 출제영역 >> 인사행정   난이도 下   정답 ④

대표관료제는 형평성을 강조하는 과정에서 실적주의를 저해(능률성 포함)할 수 있음
① 대표관료제는 사회 내 개인이 출신집단에 대한 심리적·주관적 책임을 지니고 있다고 가정함
② 대표관료제는 수직적 형평을 강조하는 제도임
③ 대표관료제는 다양한 계층의 사람을 충원할 경우 각 개인이 출신집단을 위해 행동할 것이라 전제함

---

20 출제영역 >> 기타 제도 및 법령   난이도 中   정답 ④

☑ **올바른 선지**
나. 국회는 임명동의안 등이 제출된 날부터 20일 이내에 그 심사 또는 인사청문을 마쳐야 함
라.

국회법 제46조의3【인사청문특별위원회】 ① 국회는 다음 각 호의 임명동의안 또는 의장이 각 교섭단체 대표의원과 협의하여 제출한 선출안 등을 심사하기 위하여 인사청문특별위원회를 둔다.
1. 헌법에 따라 그 임명에 국회의 동의가 필요한 대법원장·헌법재판소장·국무총리·감사원장 및 대법관(13명)에 대한 임명동의안

☑ **틀린 선지**
가. 대통령에게 인사청문보고서를 송부하는 사람은 국회의장임
다. 인사청문결과 자체는 대통령을 법적으로 구속하지 못함 → 따라서 인사청문 경과보고서가 채택되지 않은 경우에도 대통령은 후보자를 임명할 수 있음

Answer

01	③	02	②	03	②	04	①	05	②
06	①	07	③	08	④	09	①	10	④
11	③	12	③	13	④	14	③	15	④
16	②	17	③	18	④	19	②	20	②

01 　출제영역 >> 총론 　　　난이도 下 　정답 ③

☑ **틀린 선지**

나. 정부는 시장의 힘을 활용하는 데 있어 방향잡기의 역할을 해야 한다고 본다는 것은 신공공관리론의 내용임

라. 공익은 공유하고 있는 가치에 대해 대화와 담론을 통해 얻은 결과물이 아닌 개인 이익의 단순한 합산으로 보는 관점은 신공공관리론임

☑ **올바른 선지**

가. 덴하르트(J. Denhardt & R. Denhardt)의 신공공서비스론은 지나치게 능률성만 강조하고 국민을 고객으로 간주하는 신공공관리론(NPM)에 대한 비판적 시각에서 등장하였음

다. 신공공서비스론의 이론적 토대는 민주주의 이론, 실증주의, 해석학, 비판이론 등 복합적이기 때문에 이론적인 독창성이 부족하다는 비판을 받음

마. 신공공서비스론은 민주적 시민정신이나 공익과 같은 가치들을 구현하는 데 필요한 제도적 처방을 제시하지 못한다는 비판을 받음

02 　출제영역 >> 정책학 　　　난이도 中 　정답 ②

합리모형은 국가권력이 집중된 집권적 사회에서 주로 활용되고, 점증모형은 국가권력이 사회 각 계층과 집단에 분산된 분권적 사회에서 주로 활용됨

① 합리모형은 정책결정시 모든 정보를 탐색함

③ 점증모형은 다수 합의를 중시하는바 다원화된 민주사회에 적합함

④ 합리모형은 명료한 데이터를 기초로 명제를 추론함

03 　출제영역 >> 인사행정 　　　난이도 中 　정답 ②

기관업무기준 취업심사대상자는 다른 법률에 특별한 규정이 있는 경우를 제외하고는 퇴직 전 2년부터 퇴직할 때까지 근무한 기관이 취업한 취업제한기관에 대하여 처리하는 제17조제2항 각 호의 업무를 퇴직한 날부터 2년 동안 취급할 수 없음

04 　출제영역 >> 재무행정 　　　난이도 中 　정답 ①

총액계상예산제도는 예산집행과정에서 사업내용과 시행방밥 상의 신축성을 부여하기 위한 장치임 → 이월, 계속비, 국고채무부담행위 등은 회계연도 독립원칙의 예외에 해당함

05 　출제영역 >> 지방자치론 　　　난이도 中 　정답 ②

① 연합방식은 둘 이상의 지방자치단체가 법인격을 그대로 유지하면서 새로운 단체를 구성하여 사무를 처리하는 방식임

③ 공동처리는 둘 이상의 자치단체 또는 지방행정기관이 상호 협력관계를 통하여 광역행정사무를 공동으로 처리하는 방식임

④ 행정협의회방식은 둘 이상의 지방자치단체의 관련된 사무의 일부를 공동으로 처리하기 위하여 구성하는 방식임

06 　출제영역 >> 조직론 　　　난이도 下 　정답 ①

지문은 사업구조의 특징임

②③④

☑ **Daft의 조직구조**

(1) 기능구조(Functional Structure) : 기능부서화 방식에 기초한 조직구조 유형으로, 조직의 전체 업무를 공동 기능별로 부서화. 수평적 조정의 필요가 낮을 때 효과적인 조직구조

(2) 사업구조(Divisional Structure) : 산출물에 기반한 사업부서화 방식. 필요한 모든 기능적 직위들이 부서 내로 배치된 자기완결적 단위

(3) 매트릭스구조(Matrix Structure) : 기능구조와 사업구조를 결합한 복합 조직. 이원적 권한체계(예 재외공관, 보통지방행정기관 등)

(4) 수평구조(Horizontal Structure) : 팀구조라고도 하며, 핵심업무 과정 중심으로 조직. 무임승차 문제 발생

(5) 네트워크구조(Network Structure) : 조직의 자체 기능은 핵심역량 위주로 합리화하고, 여타 기능은 외부기관들과 계약관계를 통해 수행하는 조직구조방식(예 회계, 제조, 포장, 유통 기능 등은 외부 기관들에 아웃소싱). 정보통신기술의 확산으로 채택된 새로운 조직으로, 연계된 조직 간에는 수직적 계층구조가 존재하지 않으며 자율적으로 운영. 대리인 문제 발생

07 　출제영역 >> 지방자치론 　　　난이도 中 　정답 ③

지방교육세는 광역자치단체의 지방세로서 목적세임 → 따라서 기초자치단체인 기장군은 부과할 수 없음

① 시·군세 - 담배소비세, 지방소득세, 주민세, 재산세, 자동차세

② 자치구세 - 등록면허세, 재산세임

④ 제주특별자치도세 - 취득세는 도세이며, 지역자원시설세는 목적세임

08 　출제영역 >> 기타 제도 및 법령 　　　난이도 下 　정답 ④

현행 국가공무원법과 지방공무원법에 모두 명시되어 있음

① 내부고발에 대한 정의임

② 내부고발은 신고자가 조직에서 발생할 수 있는 위험부담을 안고 진행되는 까닭에 이타주의적인 성격을 지님

③ 공익신고자보호법 내용임 → 5년 이하의 징역 또는 5천만원 이하의 벌금

09 출제영역 >> 기타 제도 및 법령　　난이도 中　정답 ①

■ 올바른 선지

ㄱ, ㄷ.
재외동포청은 외교부 소속, 소방청·경찰청은 행정안전부 소속의 외청임

■ 틀린 선지

ㄴ. 교육부는 외청이 없음 → 교육청은 각 지방 교육감 소속의 행정기관임
ㄹ. 특허청은 지식재산처(국무총리 소속)로 격상되었으며, 산업통상자원부는 산업통상부로 개편됨
ㅁ. 해양경찰청은 해양수산부 소속의 외청임

10 출제영역 >> 정책학　　난이도 下　정답 ④

립스키에 따르면 일선관료들은 편견, 선입견 등 고정관념을 통해 고객을 재량적으로 범주화하여 선별하고 단순화, 정형화하여 문제를 해결함 → 따라서 시민의 요구와 필요에 민감하지 않은 반응을 보임
① 일선 관료는 복잡한 집행현장에 있기 때문에 집행과정에서 상당한 재량권을 보유함
② 일선 관료는 집행현장에서 집행대상의 관료에 대한 위협 및 도전에 직면함
③ 일선공무원은 복잡한 업무환경으로 인해 정책현장이나 대상을 상황별로 단순화함

11 출제영역 >> 인사행정　　난이도 下　정답 ③

시험의 내용과 직무수행의 내용이 일치하는 정도는 '내용타당성'을 뜻함
① 구성타당성: 추상적인 개념을 정확하게 측정한 정도
② 기준타당성: 시험성적과 근무실적이 일치하는 정도
④ 신뢰성: 측정의 일관성 정도

12 출제영역 >> 총론　　난이도 下　정답 ③

니스카넨, 파킨슨, 보몰은 모두 과다 공급설에 포함됨

☑ 다운스의 합리적 무지

⊙ 공공서비스는 정보수집 비용을 고려할 때 개인은 정보를 수집하지 않는 것이 오히려 합리적임 → 합리적 무지
ⓛ 바쁜 일상생활 속에서 정부가 제공하는 공공서비스에 대해 면밀하게 살펴보지 않는 게 일반적인 일이라는 것
ⓒ 따라서 국민은 공공서비스의 공급의 편익과 비용에 대해 정확하게 인지하지 못하게 되고, 이는 공공서비스(조세) 확대에 저항하는 현상을 발생시킴

13 출제영역 >> 재무행정　　난이도 中　정답 ④

예산의 이용은 장, 관, 항 간의 자금융통으로 국회의 사전승인을 받아야 함

> **국가재정법 제47조【예산의 이용·이체】** ① 각 중앙관서의 장은 예산이 정한 각 기관 간 또는 각 장·관·항 간에 상호 이용(移用)할 수 없다. 다만, 다음 각 호의 어느 하나에 해당하는 경우에 한정하여 미리 예산으로써 국회의 의결을 얻은 때에는 기획예산처장관의 승인을 얻어 이용하거나 기획예산처장관이 위임하는 범위 안에서 자체적으로 이용할 수 있다.

① 통일성의 원칙의 예외: 목적세, 수입대체경비, 특별회계, 기금
② 단일성의 원칙의 예외: 추가경정예산, 특별회계, 기금
③ 완전성의 원칙의 예외: 전대차관, 차관물자대, 순계예산, 수입대체경비, 현물출자, 기금

14 출제영역 >> 조직론　　난이도 中　정답 ③

■ 틀린 선지

ㄴ. 직무혁신성 → 직무정체성(직무의 범위)
ㄹ. 직무중요성은 개인이 수행하는 직무가 조직 내·외의 다른 사람의 작업이나 행동·삶에 영향을 미치는 정도를 의미함

■ 올바른 선지

ㄱ. 직무특성론은 복잡인 모형이며, 직무의 속성과 성장욕구 수준과의 관계를 분석했음
ㄷ. 잠재적 동기지수

$$= \frac{\text{기술 다양성} + \text{직무 정체성} + \text{직무 중요성}}{3} \times \text{자율성} \times \text{환류}$$

15 출제영역 >> 조직론　　난이도 下　정답 ④

민츠버그(Minzberg)는 조직의 각 부분 중 어느 부분의 힘이 강한지 여부에 따라 단순구조, 전문적 관료제, 사업부제, 기계적 관료제, 애드호크라시로 구분하였음
①

기능(AGIL)	조직유형	예시
자원조달 및 환경적응	경제조직	민간기업
방향성 제시 : 목표달성	정치조직	정당, 의회, 행정부 등
일탈방지 및 갈등조정	통합조직	경찰서, 법원 등
이데올로기 유지	체제유지 (현상유지·형상유지) 조직	교육기관, 종교기관 등

②

조직유형	예시	수혜자	중점
호혜조직	종교단체, 정당, 근로조합 등	구성원	구성원의 참여와 통제를 위한 민주적 절차 수립 → 이를 위해 과두제 현상이 나타나지 않게 해야 함
기업조직	기업체, 제조회사, 은행, 보험회사 등	소유주	능률의 극대화
봉사조직 (서비스조직)	병원·학교	고객	고객에 대한 봉사와 절차 사이의 갈등해결
공익조직	정부기관, 군대조직, 경찰조직	일반 국민	국민의 외부통제를 위한 민주적 장치

③

권한 및 복종의 형태	조직의 유형 및 예시	추구하는 목표
① 권한: 강제적 권한 ② 복종: 굴복적인 복종	① 조직의 유형: 강압적 조직 ② 예 교도소	질서유지 목표
① 권한: 공리적 권한 ② 복종: 타산적 복종	① 조직의 유형: 공리적 조직 ② 예 대부분의 사기업	경제적 목표
① 권한: 규범적 권한 ② 복종: 도덕적 복종	① 조직의 유형: 규범적 조직 ② 예 종교단체	문화적 목표

16 출제영역 >> 총론   난이도 下   정답 ②

☑ 정부실패에 대한 정부의 대응 방식

구분	민영화	보조금 삭감	규제완화
X-비효율성	○	○	○
내부성	○		
파생적 외부효과		○	○
권력의 편재	○		○
비용·편익의 괴리	○		

17 출제영역 >> 정책학   난이도 下   정답 ③

쓰레기통 모형은 불확정적 선호, 불명확한 기술, 일시적 참여자 등을 특징으로 하는 조직의 의사결정을 설명하는데 적합한 모형임
① 쓰레기통모형은 불확실성 하에서 우연히 발생하는 비합리적인 집단 의사결정을 설명함
② 쓰레기통모형은 위계질서가 불분명한 관계에서 발생하는 현상을 기술하고 있음
④ 쓰레기통모형에 따르면 의사결정에 필요한 조건은 문제, 해결책, 참여자, 의사결정 기회임 → 이는 우연한 사건이 발생하기 전에 상호연계성 없이 흘러 다님

18 출제영역 >> 인사행정   난이도 下   정답 ④

아래의 조항 참고

국가공무원법 제80조【징계의 효력】 ④ 정직은 1개월 이상 3개월 이하의 기간으로 하고, 정직 처분을 받은 자는 그 기간 중 공무원의 신분은 보유하나 직무에 종사하지 못하며 보수는 전액을 감한다.
③ 감봉은 1개월 이상 3개월 이하의 기간 동안 보수의 3분의 1을 감한다.

① 파면과 해임은 징계위원회의 의결을 거치며, 각 임용권자 또는 임용권을 위임한 상급 감독기관의 장은 징계위원회의 의결에 따라 징계처분을 하여야 함
② 감봉의 경우 감봉 처분의 집행이 끝난 날부터 12개월간 승진이 제한됨

19 출제영역 >> 재무행정   난이도 中   정답 ②

②는 추가경정예산 편성사유에 해당함
①③④

헌법 제54조 ③ 새로운 회계연도가 개시될 때까지 예산안이 의결되지 못한 때에는 정부는 국회에서 예산안이 의결될 때까지 다음의 목적을 위한 경비는 전년도 예산에 준하여 집행할 수 있다.
1. 헌법이나 법률에 의하여 설치된 기관 또는 시설의 유지·운영
2. 법률상 지출의무의 이행
3. 이미 예산으로 승인된 사업의 계속

20 출제영역 >> 지방자치론   난이도 中   정답 ②

지방의회 의원에 대한 징계의 종류로는 '공개회의에서의 경고, 공개회의에서의 사과, 30일 이내의 출석정지, 제명'이 있으며, 제명의 경우 출석의원이 아니라 '재적의원' 3분의 2 이상의 찬성이 있어야 함
①

지방자치법 제53조【정례회】 ① 지방의회는 매년 2회 정례회를 개최한다.

③

지방자치법 제192조【지방의회 의결의 재의와 제소】 ④ 지방자치단체의 장은 제3항에 따라 재의결된 사항이 법령에 위반된다고 판단되면 재의결된 날부터 20일 이내에 대법원에 소를 제기할 수 있다. 이 경우 필요하다고 인정되면 그 의결의 집행을 정지하게 하는 집행정지결정을 신청할 수 있다.

④

지방자치법 제3조【지방자치단체의 법인격과 관할】 ③ 특별시·광역시 또는 특별자치시가 아닌 인구 50만 이상의 시에는 자치구가 아닌 구를 둘 수 있고, 군에는 읍·면을 두며, 시와 구(자치구를 포함한다)에는 동을, 읍·면에는 리를 둔다.

제 04 회

---

01 출제영역 >> 인사행정 　　　　　　　난이도 下 　정답 ①

고위공무원단 소속 공무원은 '직무성과급적' 연봉제를 적용함
②④
☑ **연봉제의 종류**

구분	대상	내용
고정급적 연봉제	정무직	기본연봉
직무성과급적 연봉제	고공단	기본연봉 + 성과연봉
성과급적 연봉제	5급 이상	기본연봉 + 성과연봉

③ 직무성과급적 연봉제에서 기본연봉은 기준급(기존의 경력 등)과 직무급(직무난이도)으로 구성됨

---

02 출제영역 >> 지방자치론 　　　　　　　난이도 中 　정답 ④

④만 옳은 지문임 → 기관위임사무란 개별법령의 근거 없이 자치단체의 장에게 위임된 국가사무로서 지방자치단체의 장은 개별법령의 근거가 없이도 조례나 규칙으로 정하는 바에 따라 그 권한에 속하는 사무의 일부를 보조기관, 소속 행정기관 또는 하부행정기관에 위임할 수 있음

> **지방자치법 제117조【사무의 위임 등】**① 지방자치단체의 장은 조례나 규칙으로 정하는 바에 따라 그 권한에 속하는 사무의 일부를 보조기관, 소속 행정기관 또는 하부행정기관에 위임할 수 있다.

① 기관위임사무의 경비는 전액 국가가 부담하는 것이 원칙임
② 모두 기관위임사무가 아니라 「지방자치법」 제13조의 규정에 의한 자치단체의 사무(자치사무와 단체위임사무)에 속함
③ 자치단체의 장과 지방의회가 공동으로 위임받는 사무는 기관위임사무가 아니라 단체위임사무임

---

03 출제영역 >> 인사행정 　　　　　　　난이도 中 　정답 ③

☑ **올바른 선지**
ㄱ. 경찰청장, 소방청장, 해양경찰청장은 특정직이므로 경력직공무원임
ㄷ. 감사원 사무차장, 국회전문위원은 일반직이므로 경력직공무원임
ㅂ.

> **국가공무원법 제2조【공무원의 구분】**① 국가공무원(이하 "공무원"이라 한다)은 경력직공무원과 특수경력직공무원으로 구분한다.
> ② "경력직공무원"이란 실적과 자격에 따라 임용되고 그 신분이 보장되며 평생 동안(근무기간을 정하여 임용하는 공무원의 경우에는 그 기간 동안을 말한다) 공무원으로 근무할 것이 예정되는 공무원을 말하며, 그 종류는 다음 각 호와 같다.

☑ **틀린 선지**
ㄴ. 국회수석전문위원은 별정직이므로 특수경력직 공무원임
ㅁ. 국무조정실장, 국무총리비서실장은 정무직이므로 특수경력직 공무원임

---

04 출제영역 >> 조직론 　　　　　　　난이도 下 　정답 ③

포터(Porter)와 롤러(Lawler)의 업적·만족이론에 따르면 만족은 성과에 따른 내재적·외재적 보상과 연관성이 있으므로 직무성취 수준은 직무 만족의 요인이 될 수 있음
① 스키너(Skinner)의 강화이론은 행동의 원인보다는 행동의 결과(행동의 지속 혹은 중단)를 강조함
② 로크(Locke)의 목표설정이론에 따르면, 개인의 강력한 동기유발을 위해서는 구체적이고 적당한 난이도의 목표를 채택해야 함
④ 공공봉사동기(public service motivation)이론에 따르면 공공부문 종사자와 민간부문 종사자의 가치체계는 차이가 있으며, 근무 전·후로 공직봉사동기를 획득할 수 있음 → 아울러 공직봉사동기는 외재적 보상(돈이나 승진)보다 내재적 보상(성취감 등)을 강조함

---

05 출제영역 >> 정책학 　　　　　　　난이도 下 　정답 ②

☑ **틀린 선지**
㉠ 다원주의에 의하면 권력은 다양한 세력에게 분산되어 있으나 균등하게 배분되어 있는 것이 아니라 분산된 불평등의 형태를 띠고 있음
㉢ 다원론에서 각 이익집단은 정책과정에 대한 접근기회가 동등함

☑ **올바른 선지**
㉡ 다원론에 따르면 이익집단 간 영향력의 차이는 있으나 정책과정에 대한 접근기회는 동등함
㉣ 달의 다원론에 대한 내용임

---

06 출제영역 >> 정책학 　　　　　　　난이도 下 　정답 ④

하위정부모형(철의 삼각)의 구성은 관료, 의회 위원회, 이익집단임

---

07 출제영역 >> 총론 　　　　　　　난이도 中 　정답 ④

행태론적 접근법은 인간의 행동을 설명하는 데 있어서 환경적 요인을 고려하지 못한 폐쇄체제적 관점임
① 행태론은 인간행동을 야기하는 원인을 탐구하므로 규칙성 혹은 상관성을 탐구함
② 행태론을 주장한 사이먼은 협동이라는 현상만 있으면 행정이라는 관점을 취하고 있음 → 따라서 행정과 경영을 동일시시키는 경향이 강함
③ 행태론은 가치와 사실을 분리시킴

---

08 출제영역 >> 총론 　　　　　　　난이도 下 　정답 ①

국방, 치안은 공공재임
②③
공유재는 경쟁성을 띠면서 공짜로 사용할 수 있는 재화임
④ 공유재는 이기적 인간, 경합성, 비재배성의 조합으로 인해 과잉 소비의 문제가 발생할 수 있음

09 **출제영역 >> 지방자치론** 난이도 中 정답 ②

재정자립도란 일반회계 세입 중에서 자주재원(지방세+세외수입)이 차지하는 비중을 의미함 → 재정자립도를 올리기 위해서는 자주재원이 많아져야 하고, 의존재원인 지방교부세 및 국고보조금을 증액하면 재정자립도는 낮아짐
③ 예를 들어, 재정자립도는 지방교부세 등을 고려하지 못함
④ 지방세는 자주재원에 포함되는바 올바른 선지임

10 **출제영역 >> 재무행정** 난이도 中 정답 ②

자본예산은 단식예산이 아니라 경상계정과 자본계정을 구분하는 복식예산임
① 통합재정은 비금융공공부문에서 1년 동안 지출하는 재원의 총체적인 규모임
③ 우리나라는 국가재정법과 지방재정법에서 정부와 지방자치단체에 대해서 성인지 예산서와 결산서 작성을 의무화하고 있음
④ 예산제도는 통제지향 – 관리지향 – 계획지향 – 감축지향의 단계로 발전되었음

11 **출제영역 >> 재무행정** 난이도 中 정답 ③

☑ **틀린 선지**
ㄱ. 이용은 국회의 의결을 거쳐 기획예산처장관의 승인을 얻어야 함
ㄷ. 공무원의 보수 인상을 위한 인건비 충당을 위하여 예비비의 사용목적을 지정할 수는 없음
ㄹ. 국고채무부담행위가 아니라 계속비에 관한 규정임

☑ **올바른 선지**
ㄴ.

국가재정법 제24조 【명시이월비】 ① 세출예산 중 경비의 성질상 연도 내에 지출을 끝내지 못할 것이 예측되는 때에는 그 취지를 세입세출예산에 명시하여 미리 국회의 승인을 얻은 후 다음 연도에 이월하여 사용할 수 있다.

12 **출제영역 >> 기타 제도 및 법령** 난이도 下 정답 ②

☑ **올바른 선지**
ㄱ, ㄷ

☑ **신공공관리론과 넛지이론**

구분	신공공관리론	넛지이론
이론의 학문적 토대	신고전학파 경제학	행동경제학
합리성	경제적 합리성	제한된 합리성
정부역할의 이념적 기초	신자유주의, 시장주의	자유주의적 개입주의
공무원상	공공기업가	선택설계자
정책정책의 목표	고객주의, 개인의 이익 증진	행동변화를 통한 삶의 질 제고
정책수단	경제적 인센티브	넛지
정부개혁 모델	기업가적 정부	넛지 정부

☑ **틀린 선지**
ㄴ. 넛지는 어떤 선택을 금지하거나 경제적 유인을 크게 변화시키지 않으면서 예측가능한 방향으로 사람들의 행동을 변화시키는 선택설계의 제반 요소를 의미하는 것임(Thaler & Sunstein)

13 **출제영역 >> 기타 제도 및 법령** 난이도 下 정답 ④

④는 집약근무형임 → 근무시간 선택형은 1일 4시간~12시간 근무하되, 주5일 근무하는 형태임
③④

	개념	주 40시간 근무하되, 출·퇴근시각·근무시간·근무일을 자율적으로 조정하는 제도	
탄력 근무제	시차출퇴근형	1일 8시간 근무, 주 5일 근무 → 출근 시간 선택가능	
	근무시간 선택형	1일 4~12시간 근무, 주 5일 근무	
	집약근무형 (압축근무형)	① 1일 10~12시간 근무, 주 3.5~4일 근무 ② 주 40시간 근무를 주 3~4일로 압축하여 근무	
	재량근무형	① 출퇴근 의무 없이 전문 프로젝트 수행으로 주 40시간 인정 ② 고도의 전문적 지식과 기술이 필요해 업무수행 방법이나 시간배분을 담당자의 재량에 맡길 필요가 있는 분야에 적용	

①

공무원임용령 제3조의3 【시간선택제채용공무원의 임용】 ③ 시간선택제채용공무원을 통상적인 근무시간 동안 근무하는 공무원으로 임용하는 경우에는 어떠한 우선권도 인정하지 아니한다.

②

공무원임용령 제57조의3 【시간선택제 근무의 전환 등】 ① 임용권자 또는 임용제청권자는 공무원이 원할 때에는 통상적인 근무시간보다 짧은 시간을 근무하는 공무원으로 지정할 수 있다.
② 시간선택제전환공무원의 근무시간은 주당 15시간 이상 35시간 이하의 범위에서 소속 장관이 정한다.

14 **출제영역 >> 조직론** 난이도 下 정답 ①

위생요인은 주로 하위욕구, 즉 생리적 욕구, 안전욕구 등을 만족시키는 요인임
① 허즈버그는 미국 피츠버그 소재 11개 산업체의 엔지니어와 회계사를 대상으로 연구를 진행함
② 허즈버그에 따르면 동기요인을 충족하면 동기부여로 이어짐(위생요인은 불만족 감소)
③ 위생요인에는 보수, 신분보장, 작업조건, 대인관계 등이 포함됨

제 **05** 회

15 출제영역 >> 조직론　　　　난이도 下　정답 ④

조직의 규모가 클수록 공식화의 정도는 높아짐
① 복잡성이란 조직의 분화정도를 나타내는 것으로 이는 부서의 수(수평적 분화), 계층의 수(수직적 분화), 사람이나 시설이 퍼져있는 정도(공간적 분화)로 구분할 수 있음
②③
조직구조의 기본변수로는 복잡성, 공식성(표준화 정도), 집권성(의사결정권이 조직 상층부에 집중된 정도)이 있음

16 출제영역 >> 인사행정　　　　난이도 中　정답 ③

■ 올바른 선지
㉠

> **공무원연금법 제2조【주관】** 이 법에 따른 공무원연금제도의 운영에 관한 사항은 인사혁신처장이 주관한다.
> **동법 제4조【공무원연금공단의 설립】** 인사혁신처장의 권한 및 업무를 위탁받아 이 법의 목적을 달성하기 위한 사업을 효율적으로 추진하기 위하여 공무원연금공단(이하 "공단"이라 한다)을 설립한다.

㉢

> **제3조【정의】** ① 이 법에서 사용하는 용어의 뜻은 다음과 같다.
> 1. "공무원"이란 공무에 종사하는 다음 각 목의 어느 하나에 해당하는 사람을 말한다.
>   가. 「국가공무원법」, 「지방공무원법」, 그 밖의 법률에 따른 공무원. 다만, 군인과 선거에 의하여 취임하는 공무원은 제외한다.
>   나. 그 밖에 국가기관이나 지방자치단체에 근무하는 직원 중 대통령령으로 정하는 사람 → 청원경찰 등

㉣ 우리나라의 퇴직연금제는 기여제를 채택하고 있으며, 퇴직수당은 정부가 단독 부담하고 있음
㉤ 퇴직수당은 공무원이 1년 이상 재직하고 퇴직하거나 사망한 경우에 지급함(정부조성)

■ 틀린 선지
㉡ 기여금은 최대 36년까지를 납부기한으로 함

17 출제영역 >> 재무행정　　　　난이도 中　정답 ④

④를 제외한 나머지는 모두 예비타당성 조사 면제사업임

> **국가재정법 제38조【예비타당성조사】** ① 기획예산처장관은 총사업비가 500억원 이상이고 국가의 재정지원 규모가 300억원 이상인 신규 사업으로서 다음 각 호의 어느 하나에 해당하는 대규모사업에 대한 예산을 편성하기 위하여 미리 예비타당성조사를 실시하고, 그 결과를 요약하여 국회 소관 상임위원회와 예산결산특별위원회에 제출하여야 한다. 다만, 제4호의 사업은 제28조에 따라 제출된 중기사업계획서에 의한 재정지출이 500억원 이상 수반되는 신규 사업으로 한다.
> 1. 건설공사가 포함된 사업. 다만, 「과학기술기본법」 제12조의3제1항에 따른 구축형 연구개발사업 중 해당 연구개발의 수행에 필수적인 시설물의 건설공사가 포함된 사업은 제외한다.
> 2. 「지능정보화 기본법」 제14조제1항에 따른 지능정보화 사업

> 3. 「과학기술기본법」 제11조에 따른 국가연구개발사업 ← 삭제
> 4. 그 밖에 사회복지, 보건, 교육, 노동, 문화 및 관광, 환경 보호, 농림해양수산, 산업・중소기업 분야의 사업
> ② 제1항에도 불구하고 다음 각 호의 어느 하나에 해당하는 사업은 대통령령으로 정하는 절차에 따라 예비타당성조사 대상에서 제외한다.
> 1. 공공청사, 교정시설, 초・중등 교육시설의 신・증축 사업
> 2. 「국가유산기본법」 제3조에 따른 국가유산 복원사업
> 3. 국가안보와 관계되거나 보안이 필요한 국방 관련 사업
> 4. 남북교류협력과 관계되거나 국가 간 협약・조약에 따라 추진하는 사업
> 5. 도로 유지보수, 노후 상수도 개량 등 기존 시설의 효용 증진을 위한 단순개량 및 유지보수사업

18 출제영역 >> 총론　　　　난이도 下　정답 ②

■ 올바른 선지
ㄱ,ㄷ,ㅂ.
현상학은 논리실증주의를 강조한 행태주의를 비판한 이론임 → 현상학은 인간의 행위(action)를 연구대상으로 삼고, 인간이 부여한 행동의 '의미'를 맥락을 고려하여 해석해야 한다는 입장임

■ 틀린 선지
ㄴ,ㄹ,ㅁ.
행태주의에 대한 내용임

19 출제영역 >> 정책학　　　　난이도 中　정답 ④

㉠은 반미터 & 반호른, ㉡은 사바티어 & 매즈매니언, ㉢은 프레스먼 & 윌다브스키 연구를 나타냄 → 이들은 모두 하향식 접근을 설명한 학자임

20 출제영역 >> 지방자치론　　　　난이도 下　정답 ④

딜런의 법칙에 따르면 지방정부는 주정부의 피조물에 해당함 → 즉, 지방정부에 대한 주정부의 통제를 강조하며, 이는 엽관주의로 인해 발생한 지방정부의 부패와 무능을 해결하려는 의도를 담고 있음
①

> **지방자치법 제11조【사무배분의 기본원칙】** ② 국가는 제1항에 따라 사무를 배분하는 경우 지역주민생활과 밀접한 관련이 있는 사무는 원칙적으로 시・군 및 자치구의 사무로, 시・군 및 자치구가 처리하기 어려운 사무는 시・도의 사무로, 시・도가 처리하기 어려운 사무는 국가의 사무로 각각 배분하여야 한다.

② 다원주의 : 지방분권을 강조하는바 지방자치의 타당성을 주장하는 내용에 해당함
③ 티부가설 : 소규모 지방정부 간 경쟁체제 강조

Answer

01	①	02	④	03	③	04	③	05	②
06	④	07	②	08	④	09	①	10	②
11	②	12	④	13	④	14	①	15	④
16	①	17	②	18	③	19	②	20	④

---

01 출제영역 >> 조직론   난이도 下   정답 ①

신고전적 조직이론은 고전적 조직이론과 달리 사회적 능률, 비공식적·비경제적 요인의 강조 등을 중시함
② 인간을 사회인으로 간주함
③④
현대적 조직이론의 특징임

---

02 출제영역 >> 지방자치론   난이도 中   정답 ④

주민등록등본, 인감증명 등의 발급수수료, 쓰레기처리봉투 판매수입 등은 수수료임 → 아울러 운동장 이용료는 사용료임
①③

> **제153조【사용료】** 지방자치단체는 공공시설의 이용 또는 재산의 사용에 대하여 사용료를 징수할 수 있다.
> **제155조【분담금】** 지방자치단체는 그 재산 또는 공공시설의 설치로 주민의 일부가 특히 이익을 받으면 이익을 받는 자로부터 그 이익의 범위에서 분담금을 징수할 수 있다.

② 사용료, 수수료, 재산임대수입은 경상적 세외수입이며, 분담금, 재산매각수입은 임시적 세외수입임

---

03 출제영역 >> 조직론   난이도 下   정답 ③

BSC는 정부실패와 시장실패 등의 위기를 극복하기 위하여 재무적 지표는 물론 비재무적 지표를 포함한 균형있는 지표관리의 중요성을 강조함
① 재무적 관점의 성과지표는 매출 등을 의미하므로 민간부문에서 특히 중시함 → 아울러 학습과 성장관점을 달성하면 자연스레 따라오는 후행지표임
②④

☑ **BSC의 관점과 측정지표 정리**

재무적 관점	① 민간부문에서 특히 중시하는 것으로 전통적인 후행지표 ② 후행지표 : 구성원의 만족, 즉 학습 및 성장관점을 충족하면 자연스레 증가하는 지표 ③ 매출, 자본수익률, 예산 대비 차이, 공기업 재정운영의 효율성을 제고하기 위한 직원 보수조정 등
고객 관점	① 고객만족도를 나타내는 성과지표 ② 고객만족도, 정책순응도, 민원인의 불만율, 신규 고객의 증감 등
업무처리 관점	① 조직운영과 관련된 지표 ② 의사결정 과정에 대한 시민참여, 적법절차, 공개, 조직 내 커뮤니케이션 구조 등
학습·성장 관점	① 조직구성원의 만족과 성장을 나타내는 지표 → 선행지표 ② 다른 세 관점이 추구하는 성과목표를 달성하는 데 기본 토대를 형성함 → 이러한 면에서 학습과 성장의 관점은 민간부문과 정부부문이 큰 차이를 둘 필요가 없는 부분임 ③ 직무만족도, 학습동아리의 수, 공무원의 능력향상을 위해 전문적 직무교육 강화, 내부 제안 건수 등

---

04 출제영역 >> 총론   난이도 下   정답 ③

나와 라를 제외하고 모두 옳은 선지임

구분		편익	
		집중	분산
비용	집중	이익집단정치	기업가정치
	분산	고객정치	대중정치

☑ **올바른 선지**
가. (ㄱ)은 이익집단 정치이며, 쌍방이 막강한 정치조직적 힘을 바탕으로 첨예하게 대립하는바 규제기관이 어느 한쪽에 장악될 가능성이 약함 → 따라서 정부포획이 발생하지 않음
다. (ㄴ)은 기업가 정치상황으로서 기업인의 저항으로 인해 의제채택이 가장 어려움 → 따라서 극적인 사건이나 재난, 위기발생이나 운동가의 활동에 의하여 규제가 채택됨
마. (ㄷ)은 고객정치 상황(미시적 절연)으로서 편익을 누리는 특정 집단의 로비로 인해 정부포획 현상이 발생함

☑ **틀린 선지**
나. 수입규제, 농산물 최저가격 규제는 고객정치의 사례임
라. 음란물규제, 낙태규제, 차별규제는 대중정치 사례임

---

05 출제영역 >> 총론   난이도 中   정답 ②

신공공관리론은 시장주의(고객주의 및 민간위탁 등)와 신관리주의(성과관리)를 결합한 이론임
① 신공공관리론은 과정보다 산출 혹은 성과를 강조함
③ 정부 역할은 노젓기(rowing)보다 방향잡기(steering)에 중점을 둠
④ 공급자(정부) 중심보다는 고객 중심의 서비스 제공을 주장함

---

06 출제영역 >> 조직론   난이도 下   정답 ④

조직군 생태학이론은 조직의 우연적·의도적 변화를 인정함 → 단, 이러한 변화에도 불구하고 조직의 운명을 결정하는 건 환경적합도임
① 구조적 상황이론 – 불안정한 환경 속에 있는 조직은 유기적인 조직구조를, 안정적인 환경에서는 기계적인 구조를 선택하는 것이 효과적임 → 중범위 수준의 이론 탐구
② 전략적 선택이론 – 동일한 환경에서도 관리자의 전략적 선택에 따라 상이한 조직 생산성을 보일 수 있음
③ 거래비용이론 – 외부 조직과의 거래비용이 조정비용보다 크면 조직은 자체적으로 조직을 생성하는 전략을 선택함

---

07 출제영역 >> 인사행정   난이도 下   정답 ②

엽관주의는 우리나라에서 장·차관 임명 등에 활용되고 있음 → 이는 직업공무원으로 하여금 시민들의 요구와 선호를 적극적으로 반영하게 만드는 장점이 있음
① 주로 학벌, 지연, 혈연과 같은 개인적 친분관계를 임용의 기준으로 삼는 제도는 정실주의임

③ 1883년 미국의 팬들턴법(Pendleton Act)을 기회로 실적주의가 활성화되기 시작하였음

④ 엽관주의는 행정의 민주성을 강화시키는 반면 행정의 능률성을 약화시키는 단점이 있음

08 출제영역 >> 인사행정 　　　　난이도 下　 정답 ④

분류법은 등급기준표에 의한 절대평가임

①②

구분	비계량적 비교	계량적 비교
직무와 직무 (상대평가)	서열법 - 직관적인 비교	요소비교법 - 기준직무
직무와 척도 (절대평가)	분류법 - 등급기준표	점수법 - 직무평가표

③ 요소비교법은 점수법과 다르게 직무를 요소별로 계량화하여 측정할 때 점수가 아닌 임금액으로 산정하는바 평가와 동시에 임금액을 산출할 수 있음

09 출제영역 >> 인사행정 　　　　난이도 下　 정답 ①

ㄱ은 역량평가, ㄴ은 직무성과관리, ㄷ은 다면평가, ㄹ은 근무성적평정에 각각 해당하는 설명임

10 출제영역 >> 지방자치론 　　　　난이도 中　 정답 ②

지방의회는 단체장에 대한 불신임권이 없음 → 단, 지방의회의 의장에 대한 불신임 의결권은 인정함

① 지방자치단체장의 통할대표권에 대한 내용임

③

> **지방자치법 제29조【규칙】** 지방자치단체의 장은 법령 또는 조례의 범위에서 그 권한에 속하는 사무에 관하여 규칙을 제정할 수 있다.

④ 선결처분의 사후승인은 지방의회가 지방자치단체에 대하여 행사할 수 있는 권한임

11 출제영역 >> 기타 제도 및 법령 　　　　난이도 中　 정답 ②

☑ 올바른 선지

㉠㉡

이해충돌방지법에서 이해충돌은 업무처리에 있어서 공직자의 이해관계가 관련되어 공정한 업무처리를 저해할 수 있는 상황을 뜻함 → ㉠의 경우 해당 내용을 다룬 선지임

☑ 틀린 선지

㉢ 선지에서 사립학교 교직원과 언론인은 포함되지 않음

12 출제영역 >> 재무행정 　　　　난이도 中　 정답 ④

감사위원의 임기는 4년임

> **헌법 제98조** ① 감사원은 원장을 포함한 5인 이상 11인 이하의 감사위원으로 구성한다.
> ② 원장은 국회의 동의를 얻어 대통령이 임명하고, 그 임기는 4년으로 하며, 1차에 한하여 중임할 수 있다.
> ③ 감사위원은 원장의 제청으로 대통령이 임명하고, 그 임기는 4년으로 하며, 1차에 한하여 중임할 수 있다.

①

> **헌법 제97조** 국가의 세입·세출의 결산, 국가 및 법률이 정한 단체의 회계검사와 행정기관 및 공무원의 직무에 관한 감찰을 하기 위하여 대통령 소속하에 감사원을 둔다.

②

> **감사원법 제2조【지위】** ① 감사원은 대통령에 소속하되, 직무에 관하여는 독립의 지위를 가진다.
> ② 감사원 소속 공무원의 임면(任免), 조직 및 예산의 편성에 있어서는 감사원의 독립성이 최대한 존중되어야 한다.

13 출제영역 >> 기타 제도 및 법령 　　　　난이도 下　 정답 ④

농수산물 및 농수산 가공품은 설날·추석 기간에 30만 원임

구분	개정 전	개정 후
선물	5만 원	5만 원
축의금·조의금	5만 원	5만 원
음식물	3만 원	5만 원
선물 중 농수산물 및 농수산 가공품	10만 원	15만 원 (설날·추석 기간 30만 원)

14 출제영역 >> 재무행정 　　　　난이도 中　 정답 ①

아래의 조항 참고

> **국가재정법 제28조【중기사업계획서의 제출】** 각 중앙관서의 장은 매년 1월 31일까지 해당 회계연도부터 5회계연도 이상의 기간 동안의 신규사업 및 기획예산처장관이 정하는 주요 계속사업에 대한 중기사업계획서를 기획예산처장관에게 제출하여야 한다.
>
> **동법 제29조【예산안편성지침의 통보】** ① 기획예산처장관은 국무회의의 심의를 거쳐 대통령의 승인을 얻은 다음 연도의 예산안편성지침을 매년 3월 31일까지 각 중앙관서의 장에게 통보하여야 한다.
>
> **동법 제30조【예산안편성지침의 국회보고】** 기획예산처장관은 제29조제1항의 규정에 따라 각 중앙관서의 장에게 통보한 예산안편성지침을 매년 3월 31일까지 국회 예산결산특별위원회에 보고하여야 한다.
>
> **동법 제31조【예산요구서의 제출】** ① 각 중앙관서의 장은 예산안편성지침에 따라 그 소관에 속하는 다음 연도의 세입세출예산·계속비·명시이월비 및 국고채무부담행위 요구서(이하 "예산요구서"라 한다)를 작성하여 매년 5월 31일까지 기획예산처장관에게 제출하여야 한다.
>
> **동법 제33조【예산안의 국회제출】** 정부는 대통령의 승인을 얻은 예산안을 회계연도 개시 120일 전까지 국회에 제출하여야 한다.

15 출제영역 >> 정책학　　　　　　　난이도 中　정답 ④

보호적 규제정책 또는 재분배정책 대한 설명임 → 경쟁적 규제정책은 분배적 성격을 포함하고 있기 때문에, 규제 대상자들의 반발 정도가 보통이지만, 보호적 규제정책 또는 재분배정책의 경우 다수의 대중 보호 또는 부의 이전을 위해 소수의 기업가나 부유층에게 비용을 전가하기 때문에 규제기관에 대한 반발과 갈등의 정도가 높음
① 경쟁적 규제정책은 배분정책의 성격과 규제정책의 성격을 동시에 가지고 있는 양면적 정책임 → 정부가 대상자를 선정하고, 그 선정자에게 배타적인 공급 권한을 부여하는 배분정책적 성격을 다루고 있으므로 옳은 설명임
② 경쟁적 규제정책에서 정부는 선정된 대상자에게 배타적 사업권을 부여함과 동시에 추가적으로 사업이 공익 목적에 맞게 이루어지도록 감시·통제(규제정책)를 할 수 있음
③ 경쟁적 규제정책의 대표적인 예로 TV 또는 라디오의 방송권, 주파수 할당, 항공노선 허가 등이 있음

16 출제영역 >> 정책학　　　　　　　난이도 下　정답 ①

하위정부에 대한 설명은 ㄱ, ㄹ이며, 이슈네트워크에 대한 설명은 ㅁ, 정책공동체에 대한 설명은 ㄴ, ㄷ임

17 출제영역 >> 총론　　　　　　　난이도 中　정답 ②

피터의 원리는 연공서열 폐해로 인해 무능력자가 승진하는 현상을 설명하고 있음
① 훈련된 무능은 관료의 전문화과 지나친 분업화로 인해 발생함
③ 선지는 무사안일에 대한 내용임 → 할거주의는 부서이기주의를 뜻함
④ 선지는 동조과잉에 대한 내용임 → 번문욕례는 불필요한 문서처리가 늘어나는 현상을 의미함

18 출제영역 >> 정책학　　　　　　　난이도 下　정답 ③

현재가치는 할인율이 높을수록 그 가치는 작아짐 → 따라서 높은 시간적 할인율은 장기투자에 불리하고 낮은 할인율이 단기투자에 유리함
① 비용편익분석은 비용과 편익의 비교를 위해 양자를 화폐가치로 환산함
② 순현재가치: 편익의 현재가치 − 비용의 현재가치 → 순현재가치가 0보다 큰 사업은 사업의 타당성이 있다는 것
④ 내부수익률은 할인율이 알려져 있지 않을 경우 연구자가 순현재가치를 0으로 만드는 할인율을 예상수익률로 간주하는 방식임

19 출제영역 >> 정책학　　　　　　　난이도 中　정답 ②

델파이기법은 전문가들의 의견을 수용하므로 주관적 예측기법임
①④
델파이기법은 절대적 익명성을 유지하면서 전문가들의 판단을 조합·정리하는 방법임

③ 델파이기법은 그리스 현인들이 미래를 예견하던 아폴로 신전이 위치한 도시의 이름을 따서 붙여진 이름으로 1948년 미국 랜드(RAND) 연구소의 연구진에 의해 개발되어 공공부문이나 민간부문의 예측 활동에 활용하고 있음

20 출제영역 >> 재무행정　　　　　　　난이도 中　정답 ④

☑ **틀린 선지**
㉠ 품목별예산(LIBS)은 상향적 의사결정 구조를 지니지만, 항목만을 강조하여 사업이나 정책의 우선순위를 파악하기 곤란함
㉡ 성과주의예산(PBS)은 정부활동에 초점이 있으나, 품목이 아닌 사업에 초점을 두기 때문에 회계책임 확보가 곤란함
㉢ 계획예산(PPBS)은 목표지향성을 지니며 체제분석 등을 활용함
㉣ 영기준예산(ZBB)은 분권화된 관리체계를 갖기 때문에 예산편성과정에 다수의 조직구성원이 참여함

☑ **올바른 선지**
㉤ 영기준예산(ZBB)은 전년도 예산을 매년 재검토하므로 단기적이고 신축적인 예산편성제도임

제
06
회

Answer

01	②	02	③	03	②	04	①	05	④
06	①	07	③	08	④	09	④	10	③
11	①	12	③	13	②	14	③	15	④
16	④	17	①	18	③	19	②	20	③

01　출제영역 >> 정책학　　　　난이도 下　정답 ②

아래의 내용 참고

☑ 비용효과분석

- 비용효과분석은 화폐가치로 환원하기 어려운 개념, 즉 범죄율 등을 활용하므로 시장가격의 메커니즘에 전적으로 의존하지 않으며, 사회적 후생 (사회구성원들의 복지 수준을 화폐가치로 표현한 개념)을 나타내기 어려움
- 비용효과분석은 효과를 화폐가치로 환산하기 어려울 경우 이용함 → 공공분야에서 유용하게 활용
- 비용효과 분석에서 비용은 화폐가치로 측정하나 효과는 결과 단위 자체로 측정하기 때문에 비용과 효과의 단위가 상이함 → 이로 인해 비용과 효과를 직접 비교할 수 없으며, 두 개 이상의 사업을 비교할 경우 동종사업 간에는 비교할 수 있지만, 단위가 다른 이종사업 간에는 비교하기 곤란하다는 단점을 지님

③ 비용효과분석은 정책효과, 즉 외부효과나 화폐로 환산하기 어려운 무형적인 것의 분석에 용이함
④ 비용효과분석에서 대안을 선택하는 방법은 아래와 같음

- ㉠ 효과 고정 : 범죄율을 20% 낮추는 것을 목표로 했을 때, 적은 비용이 소요되는 대안 선택
- ㉡ 비용 고정 : 20억을 각 비용에 투자한다고 했을 때, 범죄율을 더 낮출 수 있는 대안 선택

02　출제영역 >> 인사행정　　　　난이도 下　정답 ③

아래의 조항 참고

지방공무원법 제5조 【정의】 이 법에서 사용하는 용어의 뜻은 다음과 같다.
4. "강임(降任)"이란 같은 직렬 내에서 하위 직급에 임명하거나 하위 직급이 없어 다른 직렬의 하위 직급에 임명하는 것을 말한다.
5. "전직(轉職)"이란 직렬을 달리하여 임명하는 것을 말한다.
6. "전보(轉補)"란 같은 직급 내에서의 보직변경을 말한다.

④

동법 제29조의3 【전입】 지방자치단체의 장 또는 지방의회의 의장은 공무원을 전입시키려고 할 때에는 해당 공무원이 소속된 지방자치단체의 장 또는 지방의회의 의장의 동의를 받아야 한다.

03　출제영역 >> 지방자치론　　　　난이도 中　정답 ②

☑ 주민조례청구 제외 대상

- ㉠ 법령을 위반하는 사항
- ㉡ 지방세·사용료·수수료·부담금의 부과·징수 또는 감면에 관한 사항
- ㉢ 행정기구의 설치·변경에 관한 사항 또는 공공시설의 설치를 반대(요구 ×)하는 사항

04　출제영역 >> 총론　　　　난이도 下　정답 ①

가외성은 불확실성에 대비하기 위한 잉여장치이며, 그 유형에는 중첩, 중복, 동등잠재력이 있음 ; 이 중에서 동등잠재성은 어떤 기관 내에서 주된 조직 단위의 기능이 작동하지 않을 때 동일한 잠재력을 지닌 보조적인 단위기관이 그 기능을 수행하는 것을 의미함
✚ 동일한 기능을 여러 기관이 독자적 상태에서 수행하는 것은 중복 또는 반복 (duplication)에 해당함
② 란다우는 권력분립을 위한 제도 즉, 계선과 참모, 양원제와 위원회제도 등을 가외성 현상이 반영된 제도로 간주함
③ 가외성은 불확실성을 어느 정도 극복할 수 있기 때문에 적응성을 증진할 수 있으며, 독립된 기관이 중복되는 일을 수행하는 과정에서 창의성을 제고할 수 있음
④ 가외성은 기능의 중복으로 인해 능률성을 감소시키며, 직내 갈등을 유발할 수 있음

05　출제영역 >> 총론　　　　난이도 中　정답 ④

ㄴ만 틀리고 모두 올바른 선지임

☑ 올바른 선지

ㄱ. 베버의 관료제는 개인의 카리스마가 아니라 합법적 권력을 그 원천으로 함
ㄷ. 규칙적으로 급료를 지불받는 직업관료제를 전제로 함
ㄹ. 권한과 책임한계를 분명히 하기 위해 문서위주의 행정을 원칙으로 함
ㅁ. 권한은 사람이 아니라 직위에 부여됨. 따라서 직위를 점한 사람이 바뀌어도 그 직위에 부여된 권한은 변함이 없음

☑ 틀린 선지

ㄴ. 상대방(민원인)의 지위나 신분, 여건 등을 무시하고 법규와 규정에 따라 업무를 객관적으로 처리하는 비개인성(impersonalism)을 특징으로 함

06　출제영역 >> 총론　　　　난이도 下　정답 ①

공정거래위원회는 행정위원회에 해당함
② 조정위원회 – 경제관계장관회의, 언론중재위원회, 환경분쟁조정위원회 등
③ 행정위원회 – 방송미디어통신위원회, 금융위원회, 국민권익위원회, 공정거래위원회, 중앙선거관리위원회, 소청심사위원회 등
④ 의결위원회 – 징계위원회, 공직자윤리위원회 등

07 출제영역 >> 재무행정   난이도 中   정답 ③

⬛ 올바른 선지

ㄱ. 예산의 구성에 대한 내용임

ㄴ. 명시이월비에 대한 내용임

ㄹ.

> **제46조 【예산의 전용】** ① 각 중앙관서의 장은 예산의 목적범위 안에서 재원의 효율적 활용을 위하여 대통령령이 정하는 바에 따라 기획예산처장관의 승인을 얻어 각 세항 또는 목의 금액을 전용할 수 있다.

ㅂ. 예산안 심의 및 확정 그리고 조세법률주의는 헌법 제54조와 제57조에 규정하고 있고, 예산총계주의와 국가재정운용계획의 수립은 「국가재정법」 제17조, 제7조에서 규정하고 있음

⬛ 틀린 선지

ㄷ. 이체에 대한 내용임

ㅁ. 국회는 정부의 동의 없이 정부가 제출한 지출예산 각항의 금액을 증가하거나 새 비목을 설치할 수 없음

08 출제영역 >> 인사행정   난이도 中   정답 ④

계급제는 사람중심의 공직분류제도로 담당할 직무와 관계없이 사람의 능력과 출신에 따라 인사를 할 수 있어 인사배치의 신축성과 융통성을 기할 수 있음

① 업무 분담과 직무분석으로 합리적인 정원관리 및 사무관리에 유리한 제도는 계급제가 아니라 직위분류제임

② 권한과 책임의 명확화를 통해 전문화되고 체계적인 조직관리가 가능한 제도는 계급제가 아니라 직위분류제임

③ 동일 직무에 대한 동일 보수의 원칙을 따르는 직무급 제도를 통해 합리적인 보수체계를 확립할 수 있는 제도는 계급제가 아니라 직위분류제임

09 출제영역 >> 조직론   난이도 下   정답 ④

프로젝트팀은 특정 프로젝트 수행을 위하여 서로 다른 분야(부서)의 전문가들이 공통된 목표하에 선발되어 집단간 통합을 추구하는 조직임. 태스크포스에 비하여 비교적 장기간에 걸쳐 과제를 독자적으로 수행한다는 점이 특징임

① 매트릭스 조직은 기능별 조직과 사업별 구조가 결합된 조직이므로 명령계통이 이원화되어 있음

② 네트워크 조직은 핵심기능(전략, 기획, 통제 등)이 아닌 부수적 기능을 위임함

③ 태스크포스는 현안 문제 해결 후 해체됨

10 출제영역 >> 조직론   난이도 下   정답 ③

⬛ 올바른 선지

ㄴ. 블레이크와 머튼은 생산에 대한 관심과 사람에 대한 관심이 모두 높은 단합형(team management) 리더십 유형을 가장 이상적인 리더로 규정함

ㄷ. 상황론적 리더십론을 주장한 피들러(Fiedler)는 리더-구성원 관계, 직무구조, 직위권력을 상황변수로 제시함

⬛ 틀린 선지

ㄱ. 아이오와 대학연구에 따르면 리더십 유형을 권위형, 민주형, 방임형으로 나누어 관찰한 결과, 생산성에서는 큰 차이가 없으나, 구성원의 사기 등을 포함하여 전체적으로 민주형이 가장 효율적임

ㄹ. 오하이오 주립대 리더십 연구자들은 리더의 행동을 구조주도와 배려로 설명하며 가장 훌륭한 리더유형을 높은 수준의 구조주도와 배려를 갖춘 균형잡힌 리더형태로 보았음

11 출제영역 >> 기타 제도 및 법령   난이도 中   정답 ①

재택근무형은 탄력근무제가 아니라 원격근무제 유형 중 하나임 → 유연근무제의 구분기준은 다양한데 설문은 인사혁신처예규상 탄력근무제를 물은 것이므로 ②③④와 집약근무형만 해당함
②③④

🗒 탄력근무제 유형

시차출퇴근형	1일 8시간 근무, 주 5일 근무 → 출근시간 선택가능
근무시간 선택형	1일 4~12시간 근무, 주 5일 근무
집약근무형 (압축근무형)	① 1일 10~12시간 근무, 주 3.5~4일 근무 ② 주 40시간 근무를 주 3~4일로 압축하여 근무
재량근무형	① 출퇴근 의무 없이 전문 프로젝트 수행으로 주 40시간 인정 ② 고도의 전문적 지식과 기술이 필요해 업무수행 방법이나 시간배분을 담당자의 재량에 맡길 필요가 있는 분야에 적용

12 출제영역 >> 기타 제도 및 법령   난이도 中   정답 ③

처는 국무총리(대통령 경호처는 대통령 밑에 둠) 밑에 두고, 청은 각 부(部) 밑임

① 감사원은 헌법기관이며, 감사원장과 감사위원 간 합의에 따라 의사결정하는 조직임

②

> **국가공무원법 제9조 【소청심사위원회의 설치】** ① 행정기관 소속 공무원의 징계처분, 그 밖에 그 의사에 반하는 불리한 처분이나 부작위(해야할 의무를 다하지 않음)에 대한 소청을 심사·결정하게 하기 위하여 인사혁신처에 소청심사위원회를 둔다.

④

> **정부조직법 제27조 【국가데이터처】** ① 통계의 기준설정과 인구조사, 통계·데이터의 총괄·조정 및 각종 통계에 관한 사무를 관장하기 위하여 국무총리 소속으로 국가데이터처를 둔다.
> **동법 제28조 【지식재산처】** ① 지식재산에 관한 사무와 이에 대한 심사·심판사무를 관장하기 위하여 국무총리 소속으로 지식재산처를 둔다.

제 07 회

13 출제영역 >> 재무행정　　　　　　난이도 中　정답 ②

자본예산제도는 재정안정화 효과를 감소시킬 수 있음 → 즉, 자본예산제도는 자본성 지출을 위해 국공채를 발행하는 과정에서 재정의 무리한 팽창을 야기할 수 있음
①③④
자본예산제도는 장기적 관점의 투자성 지출 등을 위해 부채를 지는 것을 의미함

14 출제영역 >> 총론　　　　　　난이도 下　정답 ③

암묵지에는 노하우, 경험, 숙달된 기능, 조직문화 등이 있음 → 업무 매뉴얼, 정부 보고서 등은 암묵지가 아니라 형식지에 속함
① 지식관리시스템의 성공을 위해서는 형식지(객관화된 지식)를 암묵지(주관적 지식, 노하우, 숙련도 등)로 변환시켜 공유하여야 하므로 옳은 설명임
② 기존 행정관리는 계층제적 조직을 기반으로 하는 데에 반해, 지식 행정관리에서는 학습조직 등 탈관료조직을 기반으로 하므로 옳은 설명임
④ 지식관리를 통해 구성원간 지식이 공유되면 개인의 전문적 자질이 향상되는 효과를 기대할 수 있음

15 출제영역 >> 정책학　　　　　　난이도 下　정답 ④

미헬스의 과두제 철칙에 따르면 많은 의사결정 권한이 조직의 상층부에 집중되면, 이를 바탕으로 사익추구를 할 수 있는바 본래의 목표가 아닌 다른 목표를 추구할 수 있음 → 따라서 미헬스의 과두제 철칙은 목표의 대치 혹은 전환을 설명할 수 있음
① 원래의 목표가 다른 목표(사익추구 등)로 전환되는 것이 목표의 대치 또는 전환·왜곡임
② 목표가 달성되었거나 달성이 불가능한 경우 본래의 목표를 새로운 목표(중립적인 목표)로 교체하는 것이 목표의 승계임
③ 선지는 목표의 다원화, 즉 추가에 대한 내용임 → **예** 대학교가 교육목표 외에 사회봉사목표를 추가하는 것

16 출제영역 >> 인사행정　　　　　　난이도 中　정답 ④

고위공무원단은 국가직임
① 고위공무원단은 공모직위 등을 통해 임용될 수 있음
② 고위공무원단제도는 개방성을 그 특징으로 하여 직업공무원의 사기를 저하할 수 있음
③

고위공무원단 인사규정 제7조【고위공무원단후보자】 ① 제9조에 따른 역량평가를 통과한 사람으로서 다음 각 호의 어느 하나에 해당하는 사람은 고위공무원단후보자가 된다.

17 출제영역 >> 재무행정　　　　　　난이도 中　정답 ①

준예산은 지출항목이 한정된 까닭에 의회의 의결을 필요로 하지 않음
② 우리나라는 1960년도 이후부터 준예산을 채택하고 있으며, 준예산으로 모든 예산을 편성해 집행할 수 있는 것은 아님
③④

종류	국회의 의결	지출항목	채택국가	기간
준예산	불필요	한정적	한국, 독일	제한 없음
잠정예산	필요	전반적	영국, 미국, 일본, 캐나다	제한 없음
가예산	필요	전반적	프랑스, 한국의 제1공화국	최초 1개월

18 출제영역 >> 지방자치론　　　　　　난이도 下　정답 ③

단체자치는 국가의 위임사무와 지방자치단체의 자치사무를 구분함
① 주민자치는 지방자치단체와 주민과의 상호작용에 초점을 두는바 지방자치단체의 민주성을 강조함
② 단체자치는 전래권설에 기초함
④ 단체자치는 지방분권의 형식적 측면을 강조하는 반면, 주민자치는 주민의 실질적 참여를 강조함

19 출제영역 >> 정책학　　　　　　난이도 中　정답 ②

■ 올바른 선지
가. 회사모형은 집단차원의 의사결정모형이며, 갈등의 준해결을 전제로 함
다. 앨리슨 모델 Ⅰ은 합리모형의 특징을 담고 있음

■ 틀린 선지
나. 사이버네틱스모형은 제한된 합리성을 토대로 하는 집단적 의사결정모형임
라. 쓰레기통모형은 문제, 해결책, 선택기회, 참여자의 흐름이 만나 의사결정이 이루어진다고 보는 이론으로 비합리적인 의사결정과정을 설명하려는 모형임
마. 정책딜레마는 대안들이 구체적이고 명료하지만 어느 하나의 대안을 선택하지 못하는 상황에서 주로 발생함

20 출제영역 >> 지방자치론　　　　　　난이도 中　정답 ③

등록면허세는 도세와 자치구세에 해당함
①②④

구분	지방세 유형	특별시·광역시세	자치구세	도세	시·군세
지방세	보통세	1. 주민세 2. 레저세 3. 자동차세 4. 취득세 5. 담배소비세 6. 지방소비세 7. 지방소득세	1. 등록면허세 2. 재산세	1. 지방소비세 2. 레저세 3. 등록면허세 4. 취득세	1. 담배소비세 2. 지방소득세 3. 주민세 4. 재산세 5. 자동차세
	목적세	1. 지방교육세 2. 지역자원시설세		1. 지방교육세 2. 지역자원시설세	

01 출제영역 >> 총론   난이도 下   정답 ②

스바라는 기존의 정치행정이원론을 재해석하여 정책과정에서의 공무원의 적극적인 역할을 옹호했음 → 다만, 인사행정에 있어서 엽관주의에 반대하는 것은 정치행정이원론과 유사함
① 행정재정립 운동은 직업공무원의 재량권을 증대시키는 것에 찬성하고(공무원의 적극적 역할 옹호) 엽관주의를 반대함 → 따라서 정치적으로 임명하는 공무원의 수를 증가시키는 정책에 반대하는 입장임
③ 1990년대 Osborne과 Gaebler가 주장한 정부재창조론 내용임
④ 행정재정립운동은 정부를 재구축하기보다는 재발견해야 한다고 주장함

02 출제영역 >> 지방자치론   난이도 中   정답 ④

㉠, ㉣은 조례의 제정과 개폐 청구 제외사항임

☑ 주민감사청구제외대상

> ① 수사 또는 재판에 관여하게 되는 사항
> ② 개인의 사생활을 침해할 우려가 있는 사항
> ③ 다른 기관에서 감사하였거나 감사 중인 사항
> ④ 동일한 사항에 대하여 소송이 계속 중이거나 그 판결이 확정된 사항

03 출제영역 >> 조직론   난이도 下   정답 ②

자원의존이론은 조직이 외부자원에 의존적이라고는 보지만, 자원을 획득하고 유지할 수 있는 능력을 조직생존의 핵심요인으로 간주함 → 따라서 자원의존이론은 임의론임
① 구조적 상황론은 상황에 맞는 조직구조가 있다는 점에서 결정론이며, 중범위 이론임
③ 조직군 생태학이론은 결정론임
④ 공동체 생태학이론은 임의론임

04 출제영역 >> 조직론   난이도 下   정답 ①

McClelland의 성취동기이론에 관한 내용임

☑ 맥클리랜드(McClelland)의 성취동기이론

> ① 맥클리랜드는 개인행동을 동기화시키는 잠재력을 지니고 있는 욕구는 학습되는 것이므로 개인마다 욕구의 계층에 차이가 있다고 주장하였음 (매슬로우 비판)
> ② 동기는 개인이 사회문화와 상호작용하는 과정에서 취득되고 학습을 통해 개발될 수 있다는 것을 전제로, 개인의 욕구 중 사회문화적으로 학습된 욕구들을 소속욕구(친교욕구), 권력욕구, 성취욕구로 분류함
> ③ 성취욕구가 높을수록 생산성이 높아짐

② Alderfer의 ERG이론: 인간의 욕구를 존재, 관계, 성장욕구로 분류한 뒤 단계별 성취와 욕구의 후진적 퇴행을 인정함
③ Admas의 형평성이론: 직장동료와 투입 대비 산출을 비교하여 공정성 지각에 따른 행동차이를 설명한 모형
④ Herzberg 욕구충족요인이원론: 인간의 욕구를 만족요인과 불만요인과 구분한 뒤 양자는 독립적으로 작용한다는 것을 밝힌 이론

05 출제영역 >> 지방자치론   난이도 中   정답 ②

① 간접세에 해당함
③ 취득세, 재산세, 자동차세, 등록면허세는 지방세임
④ 관세는 내국세가 아님

06 출제영역 >> 총론   난이도 下   정답 ④

신공공관리론은 시민이 아닌 고객의 만족을 위한 대응성을 강조함
① 신행정론은 사회문제해결을 위해 정치행정일원론의 입장을 견지함
② 신제도주의 이론에서 제도는 독립변수이자 종속변수임
③ 포스트모더니즘은 모더니즘을 비판하면서 맥락의존적 진리를 강조함

07 출제영역 >> 정책학   난이도 中   정답 ②

이 유형은 고전적 기술자형에 비해 정책결정자가 집행자에게 보다 많은 권한을 위임하지만, 결정자들은 아직도 정책결정에 관한 통제권을 많이 보유하고 있음

☑ 나카무라와 스몰우드의 정책집행가 유형

구분		• 관료적 기업가형으로 갈수록 행정인(공무원)의 권한↑ [두문자 고지협재관] • 표에서 '○'표시는 행정인(공무원·집행가)의 권한을 의미함				
		고전적 기술자형	지시적 위임가형	협상자형	재량적 실험가형	관료적 기업가형 (혁신가형)
정치인 권한 (목표 설정)	추상적 목표			목표와 수단에 대해 상호 협상		○
	구체적 목표				○	○
행정인 권한 (수단 설정)	행정적 권한		○		○	○
	기술적 권한	○	○		○	○

08 출제영역 >> 인사행정   난이도 下   정답 ④

비독립단독형 인사기관은 독단적 결정으로 인해 인사행정의 일관성을 유지하기 곤란함
① 독립합의형은 다수 의원 간 합의에 따른 의사결정을 추구하는바 책임소재가 불분명해지고 의사결정이 지연됨

② 독립합의형은 위원회 형태라고도 하며, 엽관주의의 폐해를 방지하고 인사행정의 정치적 중립성을 보장하기 위해 고안된 조직형태임 → 미국의 연방인사위원회가 대표적인 조직임

③ 비독립단독형은 집행부 형태라고도 하며, 행정수반에 의해 임명된 한 사람의 기관장에 의해 관리되는 중앙인사기관임 → 우리나라의 인사혁신처, 미국의 인사관리처, 영국의 내각사무처의 공무원 장관실 등이 여기에 해당함

---

09 출제영역 >> 재무행정　　　　난이도 中　정답 ②

②만 옳은 지문임 → 추경예산은 전쟁이나 대규모 자연재해, 경기침체나 대량실업 등의 경우에 한하여 편성할 수 있음

① 예산안이 제출된 이후 국회의결 이전에 기존안의 일부를 수정해 제출하는 예산은 수정예산임

③ 예산심의가 종료된 후 발생한 변화에 대처하기 위한 예산이긴 하지만 편성횟수에 제한은 없음

④ 국회에서 예산이 확정되기 전에 정부가 예산을 미리 배정하거나 집행할 수는 없음

---

10 출제영역 >> 인사행정　　　　난이도 下　정답 ④

강등이 아니라 '강임'에 해당하는 내용임

① 파면은 임용결격사유에 해당하므로, 징계로 파면 처분을 받은 때부터 5년이 지나지 아니한 자는 공무원으로 임용될 수 없음

② 승진의 기준으로 성과를 배제하고 공무원 근무경력만을 중시하는 경우 행정의 능률성을 저하시킬 수 있음

③ 전직과 전보는 배치전환 제도이므로 부처 간 할거주의의 폐단을 타파하고 부처 간 협력조성을 위한 기반을 마련해 줄 수 있음

---

11 출제영역 >> 조직론　　　　난이도 下　정답 ③

장인적 기술의 경우 과제의 다양성은 낮지만 문제의 분석 가능성이 낮아 문제 해결이 쉽지 않음 → 따라서 조직은 숙련된 장인을 활용하게 됨
①②④

☑ 페로우의 기술유형과 조직구조

구분		분석의 가능성: 대안 탐색의 가능성	
		높음	낮음
과업의 다양성: 예외적 사건	다수	공학적인 기술	비일상적인(비정형화된) 기술
		• 다소 기계적 조직: 다소 높은 공식화·집권화 • 중간의 통솔범위	• 유기적 조직: 낮은 공식화·집권화 • 좁은 통솔범위
	소수	일상적인(정형화된) 기술	장인(기예적) 기술
		• 기계적 조직: 높은 공식화·집권화 • 넓은 통솔범위	• 다소 유기적 조직: 다소 낮은 공식화·집권화 • 중간의 통솔범위

---

12 출제영역 >> 정책학　　　　난이도 中　정답 ③

선지는 목표모형에 대한 내용임 → 논리모형은 과정평가에 해당함
①②
논리모형(logic model)은 정책(정책프로그램)의 요소들과 정책이 해결하려고 하는 문제들 사이의 논리적 인과관계를 투입 → 활동 → 산출 → 결과로 정리해주는 하나의 다이어그램임

④ 논리모형은 집행과정에 초점을 두는 과정평가이지만 결과를 나타낸다는 점에서 정책프로그램의 목표달성 여부를 보여 줄 수 있음

---

13 출제영역 >> 인사행정　　　　난이도 下　정답 ②

☑ 올바른 선지

㉠

국가공무원법 제61조【청렴의 의무】 ① 공무원은 직무와 관련하여 직접적이든 간접적이든 사례·증여 또는 향응을 주거나 받을 수 없다.
② 공무원은 직무상의 관계가 있든 없든 그 소속 상관에게 증여하거나 소속 공무원으로부터 증여를 받아서는 아니 된다.

㉣

동법 제62조【외국 정부의 영예 등을 받을 경우】 공무원이 외국 정부로부터 영예나 증여를 받을 경우에는 대통령의 허가를 받아야 한다.

☑ 틀린 선지

㉡

동법 제64조【영리 업무 및 겸직 금지】 ① 공무원은 공무 외에 영리를 목적으로 하는 업무에 종사하지 못하며 소속 기관장의 허가 없이 다른 직무를 겸할 수 없다.

㉢

동법 제58조【직장 이탈 금지】 ① 공무원은 소속 상관의 허가 또는 정당한 사유가 없으면 직장을 이탈하지 못한다.
② 수사기관이 공무원을 구속하려면 그 소속 기관의 장에게 미리 통보하여야 한다. 다만, 현행범은 그러하지 아니하다.

---

14 출제영역 >> 재무행정　　　　난이도 中　정답 ①

선지는 계획예산제도에 대한 내용임
② 성과주의 예산제도는 특정 사업에 얼마가 투입됐는지 나타낼 수 있음
③④
성과주의 예산제도는 특정 사업에 대한 투입을 표현하는 까닭에 능률성 판단이 가능함

15 출제영역 >> 기타 제도 및 법령　　　난이도 中　정답 ③

보안을 유지해야 하므로 원격근무, 재량근무제(출퇴근 의무 없이 전문 프로젝트 수행으로 주 40시간 근무를 인정하는 제도)는 해당 사항이 아님 → 따라서 근무시간 선택제(1일 4~12시간 근무, 주 5일 근무)와 시차출퇴근제도(1일 8시간 근무체제 유지하되, 출근시간 선택 가능)가 가장 적합한 탄력근무 방식임
㉠ 시간선택제 전환근무는 탄력근무제의 유형이 아님

16 출제영역 >> 총론　　　난이도 下　정답 ②

지방자치단체도 포함됨

> **전자정부법 제2조【정의】** 이 법에서 사용하는 용어의 뜻은 다음과 같다.
> 2. "행정기관"이란 국회·법원·헌법재판소·중앙선거관리위원회의 행정사무를 처리하는 기관, 중앙행정기관 및 그 소속 기관, 지방자치단체를 말한다.

①③④

☑ 전자정부법 제2조에 명시된 기타 용어

정보자원	행정기관등이 보유하고 있는 행정정보, 전자적 수단에 의하여 행정정보의 수집·가공·검색을 하기 쉽게 구축한 정보시스템, 정보시스템의 구축에 적용되는 정보기술, 정보화예산 및 정보화인력 등
정보시스템	정보의 수집·가공·저장·검색·송신·수신 및 그 활용과 관련되는 기기와 소프트웨어의 조직화된 체계
전자화문서	종이문서와 그 밖에 전자적 형태로 작성되지 아니한 문서를 정보시스템이 처리할 수 있는 형태로 변환한 문서

17 출제영역 >> 총론　　　난이도 下　정답 ②

신공공관리론과 거버넌스론이 상정하는 정부의 역할은 방향잡기임
①③④

☑ 신공공관리론과 거버넌스 비교

구분	신공공관리	(뉴)거버넌스
관리기구(공급주체)	시장	공동체에 의한 공동생산
정부역할	방향잡기	방향잡기
관료역할	공공기업가	(중립적) 조정자
작동원리	경쟁(시장메커니즘)	협력체제(신뢰)

18 출제영역 >> 지방자치론　　　난이도 中　정답 ④

아래의 조항 참고

> **주민소환법 제3조【주민소환투표의 청구】** ① 다음 각 호의 어느 하나에 해당하는 자는 주민소환투표권이 있다.
> 1. 19세 이상의 주민으로서 당해 지방자치단체 관할구역에 주민등록이 되어 있는 자
>
> **동법 제7조【주민소환투표의 청구】** ① 주민소환투표청구권자는 해당 선출직 지방공직자에 대하여 다음 각 호에 해당하는 주민의 서명으로 그 소환사유를 서면에 구체적으로 명시하여 관할선거관리위원회에 주민소환투표의 실시를 청구할 수 있다.
> 1. 특별시장·광역시장·도지사(이하 "시·도지사"라 한다): 당해 지방자치단체의 주민소환투표청구권자 총수의 100분의 10 이상
> 2. 시장·군수·자치구의 구청장: 당해 지방자치단체의 주민소환투표청구권자 총수의 100분의 15 이상
> 3. 지역선거구시·도의회의원(이하 "지역구시·도의원"이라 한다) 및 지역선거구자치구·시·군의회의원(이하 "지역구자치구·시·군의원"이라 한다): 당해 지방의회의원의 선거구 안의 주민소환투표청구권자 총수의 100분의 20 이상

19 출제영역 >> 재무행정　　　난이도 中　정답 ③

총액배분자율편성제도는 전략적인 국가재정운용계획과 연계하여 성과 중심으로 예산을 운영하기 위하여 지출한도를 정해주고(하향식) 그 한도 내에서는 각 부처의 예산편성 자율성을 인정해 주는 제도로서 종래의 투입중심, 개별사업중심, 단년도중심 예산제도의 문제점을 타파하기 위하여 도입된 제도임
④ 총액배분자율편성제도는 작은 정부를 구현하기 위해 등장한 제도임

20 출제영역 >> 정책학　　　난이도 下　정답 ④

점증모형은 점진적 결정을 추구하므로 가분적 정책결정에 적용하기 용이함
① 점증주의는 제한된 합리성을 인정하는바 현실적인 모델임
② 점증모형은 인간의 제한된 합리성과 정치적 합리성을 중시함
③ 점증모형은 제한된 합리성과 다양한 사람의 견해를 수용하므로 정치적 갈등을 줄이고 실현 가능성을 확보하여, 정책결정과 집행을 용이하게 함

제08회

01 　출제영역 ≫ 총론　　　　　　　　　난이도 下　　정답 ③

사회학적 신제도주의에서 제도는 문화이므로 방법론적 총체주의의 입장임
① 신제도주의는 구제도주의와 동일하게 현상을 설명할 때 제도를 고려하지 않는 합리적 행동모형에 대해 회의적임
② 역사적 신제도주의에 따르면 제도는 한 번 형성되면 경직성을 지니는 까닭에 현재의 정책선택을 제약한다고 봄
④ 합리적 선택 신제도주의에서 인간은 이기적 존재임 → 따라서 이해관계자는 이익이 될 수 있도록 제도를 설계함

02 　출제영역 ≫ 정책학　　　　　　　　난이도 中　　정답 ②

선지는 측정요인이 아닌 회귀인공요인(통계적 회귀)에 해당함 → 측정요인이란 일종의 시험효과로서 시험에 익숙해져서 결과에 영향을 미치는 것을 의미함
① 역사요인: 실험 중 우연한 사건이 발생함으로 인해 실험결과에 영향을 미치는 현상
③ 실험조작의 반응효과란 호손 효과를 말하는 것으로, 인위적인 실험환경에서 얻은 결과를 일반화하기 어려운 현상을 의미함
④ 선발요인: 실험집단과 통제집단을 구성할 때 두 집단에 서로 다른 성질의 구성원들을 선발하여 실험의 결과를 왜곡하는 현상 → 외재적 요인(실험 전 표본을 배정하는 과정에서 내적타당성을 저해하는 요인)

03 　출제영역 ≫ 지방자치론　　　　　　난이도 中　　정답 ④

주민이 직접 선출하는 지방자치단체의 장 및 지방의회의원을 대상으로 하고 비례대표 의원은 제외함
① 주민투표제도 – 주민투표에 부쳐진 사항은 주민투표권자 총수의 4분의 1 이상의 투표와 유효투표수 과반수의 득표로 확정됨
② 주민감사청구제도 – 주무부장관이나 시·도지사는 감사청구를 수리한 날부터 60일 이내에 감사 청구된 사항에 대하여 감사를 종료하여야 함
③ 주민소송제도 – 주민의 감사청구를 전심절차로 하되, 소송대상을 재무행정에 관한 사항으로 한정하고 있음

04 　출제영역 ≫ 총론　　　　　　　　　난이도 下　　정답 ③

참여정부모형은 계층제를 문제삼으며 계층형태를 띠지 않는 평면조직을 대안으로 제시하였음
① 참여정부모형에서 문제로 진단한 것이 계층제임

---

② 피터스(B. Guy Peters)가 제시한 거버넌스모형 중 시장모형의 구조 개혁방안은 분권화된 조직임. 시장모형은 독점성을 정부실패의 원인으로 보고 중앙정부의 독점이 아닌 분권화된 조직을 구조개혁의 처방으로 제시하였음
④ 가상조직은 항구성을 문제삼는 신축적 정부모형의 조직개혁방안임

05 　출제영역 ≫ 기타 제도 및 법령　　　난이도 中　　정답 ③

자동성은 재화나 서비스를 제공하기 위해서 새로운 기구나 방법을 도입하지 않고 기존의 수단을 그대로 사용할 수 있는지의 여부로서, 손해책임법이나 조세지출은 자동성이 높은 도구임
①②④

☑ **살라몬의 정책수단 분류기준**

의의		살라몬은 정책수단을 강제성(How), 직접성(Who), 자동성, 가시성으로 분류함
분류 기준	강제성	① 정부가 정책수단을 활용할 때 정책대상의 자율성을 고려하는 정도 ② 예 규제는 강제성이 높음
	직접성	① 서비스 제공을 정부가 직접하는지 혹은 제3자 등을 통해 제공하는지 여부 ② 예 공공정보는 직접성이 높음
	자동성	① 서비스를 제공하기 위해서 새로운 방법을 도입하지 않고 기존 수단을 그대로 사용할 수 있는지 여부 ② 예 조세지출은 자동성이 높음
	가시성	① 정책수단을 적용할 때 정책과정이 가시적인지 여부 ② 예 보조금이나 벌금은 가시성이 높음

06 　출제영역 ≫ 정책학　　　　　　　　난이도 下　　정답 ④

앨리슨은 1960년대 초 쿠바미사일 사건과 관련된 의사결정을 분석한 후 3가지 모형(합리적 행위자모형, 조직과정모형, 관료정치모형)을 혼합한 엘리슨 모형을 제시하였음 → 실제 정책결정에서는 어느 하나의 모형이 아니라 세 가지 모형모두 적용될 수 있음
① 합리모형은 의사결정시 경제적 합리성을 중시함

07 　출제영역 ≫ 재무행정　　　　　　　난이도 中　　정답 ③

기술적 측면에서 타당성을 검토하는 것은 타당성 조사임
①②

☑ **예비타당성조사와 타당성조사**

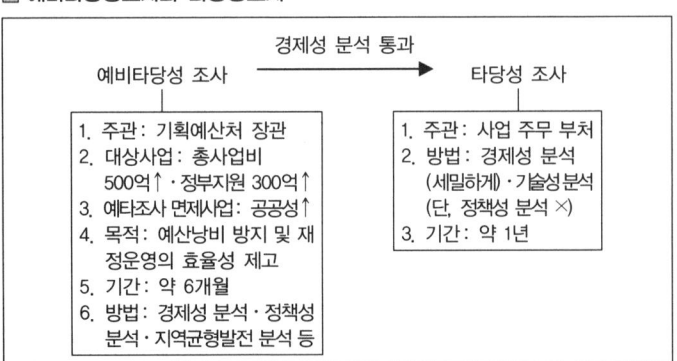

08 출제영역 >> 조직론   난이도 下   정답 ②

선지의 내용이 바뀌었음 → 학습조직은 유기적 구조이므로 조직원의 재량과 책임을 중시하나 기계적 조직은 조직원 과업을 상세히 규정한 표준화·분업화에 의해 수행함
①③④
기계적 조직과 유기적 구조의 특징을 생각하면서 풀면 되는 선지임

09 출제영역 >> 인사행정   난이도 下   정답 ②

직업공무원제는 폐쇄형 충원방식으로 인해 행정조직의 관료화 및 민주적 통제를 약화시킬 수 있음
① 직업공무원제는 오랜 정년을 보장하는 제도임
③ 직업공무원제는 전문지식보다 잠재성을 선발기준으로 삼음
④ 폐쇄형으로 인한 장점임

10 출제영역 >> 재무행정   난이도 中   정답 ④

행정안전부장관은 대통령령으로 정하는 바에 따라 자치단체별 주민참여예산제도의 운영에 대한 평가를 실시할 수 있음
①②③

> **지방재정법 제39조 【지방예산 편성 등 예산과정의 주민참여】** ① 지방자치단체의 장은 대통령령으로 정하는 바에 따라 지방예산편성 등 예산과정(지방의회의 의결사항은 제외)에 주민이 참여할 수 있는 제도(이하 이 조에서 "주민참여예산제도"라 한다)를 마련하여 시행하여야 한다.
> ③ 지방자치단체의 장은 주민참여예산제도를 통하여 수렴한 주민의 의견서를 지방의회에 제출하는 예산안에 첨부하여야 한다.

11 출제영역 >> 지방자치론   난이도 中   정답 ④

강원특별자치도, 전북특별자치도는 기초자치단체인 시와 군을 두고 있음(자치구×)
① 우리나라의 자치계층은 제주도와 세종시를 제외하고 중층제로 운영되고 있음
② 예를 들어, 수원시는 현재 특례시임
③ 윤석열 정부에서 강원특별자치도가 출범하였으며, 국가는 해당 지역의 발전을 위하여 「지방자치분권 및 지역균형발전에 관한 특별법」의 지역균형발전특별회계에 별도 계정을 설치하여 지원할 수 있음

12 출제영역 >> 총론   난이도 中   정답 ④

아래의 조항 참고

> **전자정부법 제4조 【전자정부의 원칙】** ① 행정기관등은 전자정부의 구현·운영 및 발전을 추진할 때 다음 각 호의 사항을 우선적으로 고려하고 이에 필요한 대책을 마련하여야 한다.
> 1. 대민서비스의 전자화 및 국민편익의 증진
> 2. 행정업무의 혁신 및 생산성·효율성의 향상
> 3. 정보시스템의 안전성·신뢰성의 확보
> 4. 개인정보 및 사생활의 보호
> 5. 행정정보의 공개 및 공동이용의 확대
> 6. 중복투자의 방지 및 상호운용성 증진

13 출제영역 >> 지방자치론   난이도 中   정답 ③

지방자치단체의 장은 주민 또는 지방의회의 청구나 중앙행정기관의 요구가 있을 때뿐만 아니라 지방의회의 동의를 얻어 직권으로도 주민투표를 실시할 수 있음
①

> **주민투표법 제7조 【주민투표의 대상】** ① 주민에게 과도한 부담을 주거나 중대한 영향을 미치는 지방자치단체의 주요결정사항은 주민투표에 부칠 수 있다.

② 「주민투표법」은 주민투표의 대상·발의자·발의요건, 그 밖에 투표절차 등에 관한 사항을 규정하고 있음
④ 주민투표는 주민투표권자 1/4 이상의 투표와 유효투표수 과반수의 득표로 확정되며, 주민투표를 실시한 경우에는 모두 개표함

14 출제영역 >> 조직론   난이도 中   정답 ④

조직발전은 인간행태 중심의 조직개혁 전략임 → 이로 인해 '조직구조, 기술, 업무에 대한 관심이 부족하다'는 한계를 지님
① 조직발전은 능동적인 인간관을 바탕으로 조직의 적응 및 성장을 지향함
②③
조직발전은 행태과학 전문가의 도움을 바탕으로 구성원의 행동변화를 유도함 → 이러한 과정에서 감수성훈련, 관리망훈련, 팀 빌딩기법, 과정상담과 개입전략 등의 주요 기법을 활용함

제 09 회

15 출제영역 >> 인사행정   난이도 下   정답 ①

퇴직 후 3년간은, 퇴직 전 5년간 담당했던 직무와 관련 있는 사기업체에 취업이 제한됨
②

> **공직자윤리법 제17조【퇴직공직자의 취업제한】** ① 제3조 제1항 제1호부터 제12호까지의 어느 하나에 해당하는 공직자와 부당한 영향력 행사 가능성 및 공정한 직무수행을 저해할 가능성 등을 고려하여 국회규칙, 대법원규칙, 헌법재판소규칙, 중앙선거관리위원회규칙 또는 대통령령으로 정하는 공무원과 공직유관단체의 직원(이하 이 장에서 "취업심사대상자"라 한다)은 퇴직일부터 3년간 다음 각 호의 어느 하나에 해당하는 기관(이하 "취업심사대상기관"이라 한다)에 취업할 수 없다. <u>다만, 관할 공직자윤리위원회로부터 취업심사대상자가 퇴직 전 5년 동안 소속하였던 부서 또는 기관의 업무와 취업심사대상기관 간에 밀접한 관련성이 없다는 확인을 받거나 취업승인을 받은 때에는 취업할 수 있다.</u>

③ 대상 공무원은 취업심사대상자는 재산등록의무자와 동일한 개념임
④

> **공직자윤리법 제10조【등록재산의 공개】** ① 공직자윤리위원회는 관할 등록의무자 중 다음 각 호의 어느 하나에 해당하는 공직자 본인과 배우자 및 본인의 직계존속·직계비속의 재산에 관한 등록사항과 제6조에 따른 변동사항 신고내용을 등록기간 또는 신고기간 만료 후 1개월 이내에 관보 또는 공보에 게재하여 공개하여야 한다.
> 1. 대통령, 국무총리, 국무위원, 국회의원, 국가정보원의 원장 및 차장 등 국가의 정무직공무원
> 2. 지방자치단체의 장, 지방의회의원 등 지방자치단체의 정무직공무원
> 3. 일반직 1급 국가공무원(「국가공무원법」 제23조에 따라 배정된 직무등급이 가장 높은 등급의 직위에 임용된 고위공무원단에 속하는 일반직공무원을 포함한다) 및 지방공무원과 이에 상응하는 보수를 받는 별정직공무원(고위공무원단에 속하는 별정직공무원 포함)

16 출제영역 >> 재무행정   난이도 中   정답 ④

금융성 기금 외의 기금은 주요항목 지출금액의 변경범위가 20%(30% ×) 이하인 경우에는 기금운용 계획변경안을 국회에 제출하지 않고 변경할 수 있음
①

> **국가재정법 제1조【목적】** 이 법은 국가의 예산·기금·결산·성과관리 및 국가채무 등 재정에 관한 사항을 정함으로써 효율적이고 성과 지향적이며 투명한 재정운용과 건전재정의 기틀을 확립하는 것을 목적으로 한다.

② 특별회계와 기금은 모두 통일성 원칙의 예외이며, 법률로 설치함
③ 일반회계는 조세수입 등을 주요 세입으로 국가의 일반적인 활동을 위해 사용되며, 특별회계는 국가균형발전 특별회계와 같이 특정한 자금을 보유하여 운용하고자 할 때 설치할 수 있음

17 출제영역 >> 기타 제도 및 법령   난이도 中   정답 ②

②는 시장형 공기업에 해당함
①③④
해당 기관은 모두 기금관리형 준정부기관임

18 출제영역 >> 정책학   난이도 下   정답 ④

상향적 접근방법은 정책집행현장을 연구하면서 공식적 정책목표 외에도 의도하지 않았던 효과를 분석할 수 있음
① 하향식 접근에서 결정자는 집행현장에 대한 정보를 수집 후 구체적인 목표 및 정책을 집행자에게 제시함
② 하향식은 명료한 정책을 전달하는 까닭에 객관적인 정책평가를 할 수 있으나 다양한 요구가 표출되는 다원화된 사회에서는 하향적 접근이 불가능한 경우가 많음
③ 하향식 접근은 집행과정에서 발생할 수 있는 정책실패요인을 모두 파악한 후에 뚜렷한 정책목표와 수단을 발견한다는 점에서 단계주의적 모형이며, 집행영향요인의 발견과 이를 기반으로 한 집행이론의 구축을 연구목표로 함

19 출제영역 >> 인사행정   난이도 下   정답 ②

태도나 행동의 변화를 주된 목적으로 하는 교육훈련방법은 감수성 훈련에 해당함
① 현장훈련(on the job training)은 피훈련자가 실제 직무를 수행하면서 상관 등에게 직무수행에 관한 지식과 기술을 배우는 방법임
③ 액션러닝(action learning)은 실질적인 업무현장 문제를 실습을 통해 배우는 교육훈련방법임 → 행동학습
④ 감수성훈련(sensitivity training)은 사람 간 공감대를 형성하여 대인관계의 이해와 행동변화를 추구함

20 출제영역 >> 기타 제도 및 법령   난이도 上   정답 ③

아래의 조항 참고

> **지방분권균형발전법 제40조【주민자치회의 설치 등】** ① <u>풀뿌리자치의 활성화와 민주적 참여의식 고양을 위하여 읍·면·동에 해당 행정구역의 주민으로 구성되는 주민자치회를 둘 수 있다.</u>
> ② 제1항에 따라 자치회가 설치되는 경우 관계 법령, 조례 또는 규칙으로 정하는 바에 따라 지방자치단체 사무의 일부를 자치회에 위임하거나 위탁할 수 있다.
> ④ 자치회의 위원은 조례로 정하는 바에 따라 지방자치단체의 장이 위촉한다.

① 대통령 소속의 지방시대위원회는 지방자치분권 및 지역균형발전을 효과적으로 추진하기 위하여 관계 중앙행정기관의 장과 협의하고 지방자치단체의 의견을 수렴한 후 5년을 단위로 하는 지방시대 종합계획을 수립함
② 지역균형발전특별회계는 기획예산처장관이 관리함
④ 지방시대위원회는 위원장 및 부위원장 각 1명을 포함하여 40명 이내의 위원으로 구성하며, 위원은 당연직위원과 위촉위원으로 구분하되, 위촉위원의 임기는 2년으로 하고, 위원장 및 부위원장은 위촉위원 중에서 대통령이 위촉함

Answer

01	③	02	④	03	①	04	②	05	④
06	④	07	③	08	④	09	①	10	②
11	④	12	②	13	③	14	③	15	②
16	④	17	④	18	③	19	②	20	①

01 출제영역 >> 총론　　　　　난이도 下　정답 ③

분업화는 관료제의 특징에 해당함 → 탈관료제는 조정과 통합성을 강조함
① 비계서 구조: 탈관료제는 관료제에 비해 수평적 관계를 지향함
② 임무와 능력 중시: 탈관료제는 규칙보다 임무를 중시함
④ 상황적응성 강조: 탈관료제는 유연한 구조이므로 환경변화에 잘 적응할 수 있음

02 출제영역 >> 정책학　　　　　난이도 中　정답 ④

버먼(P. Berman)의 상황론적 집행모형은 거시적 집행구조(하향식)와 미시적 집행구조(상향식)로 나누고 있음 → 거시적 집행구조는 실질적인 집행이 가능하고 의도한 효과가 발생되도록 프로그램을 어느 정도 구체화하는 것이며, 미시적 집행구조는 거시적 집행구조에서 구체화된 정책을 개별적인 집행환경에 부합하도록 적응적 집행을 하는 것임
① 재량적 실험가형에 대한 내용임
② 하향식 모형은 합리모형에 가까운 모델임
③ 집행업무의 정형화는 일선 관료의 업무환경이 아니라 대응방식임

03 출제영역 >> 조직론　　　　　난이도 下　정답 ①

☑ 올바른 선지
ㄱ. 블레이크(Blake)와 모우튼(Mouton)의 관리망 이론에서 팀관리형(team management), 즉 단합형은 생신과 인간에 대한 관심이 모두 높은 리더십임
ㄷ. 피들러(Fiedler)가 제시한 상황변수 3가지는 리더ㆍ구성원 관계(부하충성도), 리더가 보유한 권한, 과업구조임

☑ 틀린 선지
ㄴ. 셀프리더십은 주인의식을 강조하는 리더십으로서 리더가 부하에게 영향을 미치는 일반적인 리더십과는 달리 자기 자신에게 스스로 영향을 미치는 과정임
ㄹ. LPC(the least preferred coworker) 점수를 이용하여 리더십을 분류한 것은 피들러(F. Fiedler)임

04 출제영역 >> 인사행정　　　　　난이도 下　정답 ②

선지는 엽관주의에 대한 내용임
① 대표관료제는 사회 내 다양한 계층을 고르게 충원하는 인사행정제도이며, 킹슬리(D. Kingsley)가 처음 사용한 개념임
③ 대표관료제는 다양한 출신집단을 정부관료제로 유입하므로 정부정책의 형평성과 대응성을 제고할 수 있음
④ 대표관료제는 형평성을 강조하기 때문에 실적주의를 저해할 수 있음

05 출제영역 >> 인사행정　　　　　난이도 下　정답 ④

경찰공무원은 치안감 이상이 공개대상임
①②③

공직자윤리법 제10조【등록재산의 공개】 ① 공직자윤리위원회는 관할 등록의무자 중 다음 각 호의 어느 하나에 해당하는 공직자 본인과 배우자 및 본인의 직계존속ㆍ직계비속의 재산에 관한 등록사항과 제6조에 따른 변동사항 신고내용을 등록기간 또는 신고기간 만료 후 1개월 이내에 관보 또는 공보에 게재하여 공개하여야 한다.
5. 고등법원 부장판사급 이상의 법관과 대검찰청 검사급 이상의 검사
6. 중장 이상의 장성급(將星級) 장교
8. 치안감 이상의 경찰공무원 및 특별시ㆍ광역시ㆍ특별자치시ㆍ도ㆍ특별자치도의 시ㆍ도경찰청장
8의2. 소방정감 이상의 소방공무원

06 출제영역 >> 재무행정　　　　　난이도 中　정답 ④

예산성과금 지급대상은 개인뿐 아니라 조직도 포함됨 → 예산의 집행방법 또는 제도의 개선 등으로 인하여 수입이 증대되거나 지출이 절약된 때에는 이에 기여한 개인에게 성과금을 지급할 수도 있지만, 조직으로 하여금 절약된 예산을 다른 사업에 사용하게 할 수도 있음

국가재정법 제49조【예산성과금의 지급 등】 ① 각 중앙관서의 장은 예산의 집행방법 또는 제도의 개선 등으로 인하여 수입이 증대되거나 지출이 절약된 때에는 이에 기여한 자에게 성과금을 지급할 수 있으며, 절약된 예산을 다른 사업에 사용할 수 있다.
② 각 중앙관서의 장은 제1항의 규정에 따라 성과금을 지급하거나 절약된 예산을 다른 사업에 사용하고자 하는 때에는 예산성과금심사위원회의 심사를 거쳐야 한다.

07 출제영역 >> 지방자치론　　　　　난이도 中　정답 ③

지방세 중 목적세로는 지방교육세와 지역자원시설세가 있음
① 지방자치단체의 자주재원에는 지방세와 세외수입이 있고, 의존재원에는 국고보조금, 지방교부세, 조정교부금 등이 있음
② 두문자 보특부소
④ 지방재정조정제도(의존재원)의 종류에는 지방교부세, 조정교부금, 국고보조금 등이 있음

08 출제영역 >> 기타 제도 및 법령　　　　　난이도 中　정답 ④

국가재정법에서 규정하고 있는 금전채무는 아래와 같음

① 국가의 회계 또는 기금이 발행한 채권
② 국가의 회계 또는 기금의 차입금
③ 국가의 회계 또는 기금의 국고채무부담행위 등

☑ 국가채무 불포함 채무

① 재정증권 또는 한국은행으로부터의 일시차입금
② 채권 중 국가의 회계 또는 기금이 인수 또는 매입하여 보유하고 있는 채권
③ 차입금 중 국가의 다른 회계 또는 기금으로부터의 차입금

09 출제영역 >> 재무행정 　　　난이도 中　정답 ①

아래의 표 참고

구분	개념	예외
사전 승인 원칙	행정부가 집행하는 돈은 국회의 사전 심의·의결을 거쳐야 함	사고이월, 전용, 준예산, 긴급재정명령, 선결처분, 예비비 지출 등
통일성 원칙	세입은 국고를 거쳐 세출되어야 함	① 두문자 통목수특기 ② 예외: 목적세, 수입대체경비, 특별회계, 기금 → 목적성이 뚜렷한 돈에 대해서는 예외로 하자는 것
완전성 원칙 (예산 총계 주의)	예산에 모든 세입과 세출이 명시적으로 나열되어 빠짐없이 계상되어야 한다는 것	① 두문자 완전 차갑고 순수해서 현기증 나 ② 예외: 전대차관, 차관물자대, 순계예산, 수입대체경비, 현물출자, 기금 ③ 전대차관, 차관물자대, 수입대체경비, 현물출자 등은 불확실성 차원에서 예외에 해당하며, 기금은 예산이 아님; 아울러 순계예산은 총계예산과 반대되는 개념임
한정성 원칙	의회가 지정한 (목적·금액·시기) 내에서 예산집행	목적(질적) 한정성 예외 : 이용, 전용 규모(양적) 한정성 예외 : 예비비, 추가경정예산 시간(시기) 한정성 예외 : 이월, 계속비, 국고채무부담행위 등

10 출제영역 >> 총론 　　　난이도 下　정답 ②

연구의 실천성·기술성을 강조한 것은 후기행태주의임
① 행태주의는 인간행동에 영향을 미치는 원인을 탐구하여 보편적 법칙을 찾고자 함
③ 행태주의는 과학성을 강조하며, 이를 위해 가치연구를 배제함
④ 행태주의는 조작적 정의를 통해 계량적인 연구를 지향함

11 출제영역 >> 총론 　　　난이도 中　정답 ④

기회균등의 원리는 2-1원칙이므로 2-2원칙, 즉 차등 원리에 우선함
① '기본적 자유의 평등 원리'란, 평등한 자유를 강조하는 원칙임
② 롤즈는 사회의 잉여 자원을 모두 현세대를 위해 분배하면 다음 세대의 삶이 보장되기 어려우므로 과거 세대가 창출한 문명의 가치는 다음 세대로 일부만 이전해야 한다는 저축원리를 주장함 → 그리고 이러한 저축의 원리는 최소극대화의 원리(최대최소 원칙)와 양립 가능해야 함
③ '공정한 기회 균등의 원리'란, 직업 선택에 대한 기회 등이 모든 사람에게 공정하게 부여되어야 한다는 원칙임

12 출제영역 >> 정책학 　　　난이도 中　정답 ②

㉠은 배분정책, ㉡은 구성정책, ㉢은 규제정책, ㉣은 재분배정책임 → 구성정책은 헌법에 정해진 기능 수행에 필요한 정책으로 정부 내 이해관계자들에 의해 게임의 규칙이 설정됨
① 선지는 규제정책에 대한 내용임

③ 선지는 분배정책에 대한 내용임
④ 재분배정책은 제로섬 게임과 엘리트론으로 설명됨

13 출제영역 >> 조직론 　　　난이도 中　정답 ③

기술구조부문(technostructure)은 업무의 표준화를 추구함
①②④

핵심부문	내용
전략부문 (strategic apex) = 최고관리층	조직에 관한 전반적 책임을 지는 최고관리층이 있는 곳으로서 조직을 가장 포괄적인 관점에서 관리함 → 조직의 전략형성
핵심운영부문 (operating core) = 작업계층	조직의 제품이나 서비스를 생산해 내는 기본적인 일들이 발생하는 곳 → 즉, 현장에서 실제로 제품이나 서비스를 생산하는 계층
중간부문 (middle line)	핵심운영부문과 전략부문을 연결하는 기능을 담당하는 중간관리자 → 특정 부서의 감독과 같은 별도의 관리적 임무를 수행함
기술구조부문 (techno structure)	조직의 다양한 부서를 중앙에서 통제·조정하는 전문가들로 업무의 흐름을 설계·수정 및 훈련시키지만 직접 작업은 하지 않음
지원참모 (support staff)	① 조직을 간접적으로 지원하며, 직접적으로 작업의 흐름에 관여하지 않는 집단 ② 지원 스태프 부문은 기본적인 과업흐름 외에 발생하는 조직의 문제에 대해 지원을 하는 모든 전문가로 구성

14 출제영역 >> 정책학 　　　난이도 中　정답 ③

☑ 올바른 선지
㉡ 준실험은 연구자의 주관적 선택, 즉 짝짓기(matching) 방법으로 실험집단과 통제집단을 구성한 후 정책영향을 평가하며, 연구자의 관찰이 제한되는 단절적 시계열 설계는 준실험의 종류에 해당함
㉢ 솔로몬 4집단 설계는 진실험의 단점인 검사요인을 보완하고자 통제집단 사전·사후 설계와 통제집단 사후 설계를 혼합한 실험임
㉣ 준실험의 방법 중 회귀불연속 설계는 명확한 자격기준을 적용하여 유자격자 중 일부는 정책의 혜택을 부여하고, 또 다른 일부는 정책의 혜택을 부여하지 않은 다음 이를 통해 정책의 효과를 파악하는 방법임

☑ 틀린 선지
㉠ 선지는 비실험에 대한 내용임
㉤ 준실험에 대한 내용임

15 출제영역 >> 총론 　　　난이도 下　정답 ②

탈신공공관리는 구공공관리와 신공공관리를 절충하는 성격을 지님(주요 아이디어 대체×)
①③④
탈신공공관리는 적절한 분절화를 추구하므로 구조적 통합, 분절화 축소, 정치행정적 역량 강화, 재집권화 및 재규제를 주장함

16 출제영역 >> 인사행정　　　　난이도 下　정답 ④

동일한 직렬 내에서 담당 분야가 같은 직무의 군은 직류임 ; 직군은 유사한 직렬의 묶음을 의미함

①②③

국가공무원법 제5조【정의】 이 법에서 사용하는 용어의 뜻은 다음과 같다.
1. "직위(職位)"란 1명의 공무원에게 부여할 수 있는 직무와 책임을 말한다.
2. "직급(職級)"이란 직무의 종류·곤란성과 책임도가 상당히 유사한 직위의 군을 말한다.
7. "직군(職群)"이란 직무의 성질이 유사한 직렬의 군을 말한다.
8. "직렬(職列)"이란 직무의 종류가 유사하고 그 책임과 곤란성의 정도가 서로 다른 직급의 군을 말한다.
9. "직류(職類)"란 같은 직렬 내에서 담당 분야가 같은 직무의 군을 말한다.

17 출제영역 >> 인사행정　　　　난이도 下　정답 ④

재산공개 대상자 등은 보유한 주식의 총 가액이 1천만원 이상 5천만원 이하의 범위에서 대통령령으로 정하는 금액(3천만원)을 초과할 때에는 초과하게 된 달부터 1개월 이내에 매각 또는 백지신탁해야 함
① 공무원은 그 직무와 관련하여 외국인으로부터 수령 당시 미국화폐 100달러 이상이거나 국내 시가로 10만원 이상의 선물을 받으면 지체 없이 소속 기관·단체의 장에게 신고하고 인도하여야 함
② 비위면직자 취업제한은 부패방지권익위법에 명시되어 있음
③ 재산공개대상자 등이 보유하고 있는 주식의 직무관련성을 심사·결정하기 위해 인사혁신처에 주식백지신탁 심사위원회를 두고 있음

18 출제영역 >> 인사행정　　　　난이도 下　정답 ③

아래의 조항 참고

공무원직협법 제3조【가입 범위】 ① 협의회에 가입할 수 있는 공무원의 범위는 다음 각 호와 같다.
1. 일반직공무원
2. 특정직공무원 중 다음 각 목의 어느 하나에 해당하는 공무원
　가. 외무영사직렬·외교정보기술직렬 외무공무원
　나. 경찰공무원
　다. 소방공무원
5. 별정직공무원

19 출제영역 >> 재무행정　　　　난이도 中　정답 ②

예산은 3년 주기를 가지고 운영됨 → 예를 들면, 2023년도 예산은 2022년에 편성·심의 결정된 것이고 국회가 의결한 정부예산은 2023년 1년 동안 집행되며 2024년도에 결산이 이루어짐
① 행정부가 예산안을 편성하고, 국회는 심의·의결하며 행정부가 이를 배정함
③ 국회는 회계연도 개시 30일 전, 즉 매년 12월 2일까지 다음 연도 정부 예산을 의결하는 것이 원칙임
④ 예산은 예정된 계산이며, 정부의 주요 재원임

20 출제영역 >> 지방자치론　　　　난이도 中　정답 ①

20%를 40%로 고쳐야 함
②③

특별교부세 (특정재원)	① 기준재정수요액으로는 산정할 수 없는 특별한 재정수요 발생	40% (3% 中)	내국세 총액의 19.24% + 정산액의 3%
	② 보통교부세 산정 후 발생한 재난복구 및 안전관리를 위한 특별한 재정수요 발생 혹은 재정수입 감소	50% (3% 中)	
	③ 국가적 장려, 국가와 지방 간 시급한 협력, 역점시책, 재정운용실적 우수 등 특별한 재정수요 발생	10% (3% 中)	

④

지방교부세법 제9조【특별교부세의 교부】 ② 행정안전부장관은 지방자치단체의 장이 제1항 각 호에 따른 특별교부세의 교부를 신청하는 경우에는 이를 심사하여 특별교부세를 교부한다. 다만, 행정안전부장관이 필요하다고 인정하는 경우에는 신청이 없는 경우에도 일정한 기준을 정하여 특별교부세를 교부할 수 있다. → 이 때문에 특별교부세는 중앙정부가 지방정부를 통제하기 위한 수단으로 사용된다는 비판도 있음

제 10 회

01 출제영역 >> 총론　　　　　　　　　　난이도 下　정답 ③

자연독점에 대한 정부대응방식은 공적 공급 혹은 규제임
①②④

☑ 시장실패 원인과 정부대응방식

원인/대응	공적 공급 (직접 공급)	공적 유도 (보조금)	공적 규제 (정부개입↑)
공공재 공급	○		
불완전한 정보		○	○
외부경제		○	
외부불경제			○
독점	○		○
과점			○

02 출제영역 >> 인사행정　　　　　　　　난이도 下　정답 ②

재시험법은 동일대상자에게 같은 시험을 일정 시간 후에 치르도록 하는
방법으로 시험의 종적(시간) 일관성을 검증하기 위한 방법임
① 신뢰도는 측정의 일관성을 뜻하며, 측정방법으로는 재시험법, 동질
이형법, 이분법, 내적일관성 분석이 있음
③ 동질이형법은 동일대상자에게 같은 시험을 형식을 달리하여 두 번
치러보도록 하는 방법으로 두 개의 시험을 시간 간격을 두고 측정하면
종적 일관성을, 동시에 치르면 횡적 일관성을 검증할 수 있음
④ 신뢰도는 타당도의 필요조건임

03 출제영역 >> 조직론　　　　　　　　　난이도 下　정답 ③

수단성이라 불리기도 하며, 성과가 보상(2차적 결과)을 가져올 것이라
는 믿음 → 만약 높은 성과가 항상 높은 보상을 가져올 것이라 기대한
경우 수단성의 값은 1로 표현됨($-1 \le$ 수단성 ≤ 1)
① 브룸의 기대이론에서 기대감(Expectancy)이란 자신의 노력이 성과
(1차적 결과)로 이어진다는 믿음을 나타내며, 노력을 많이 하면 큰 성과
가 나올 거라 기대한 경우 기대감의 값은 1로 표현됨($0 \le$ 기대감 ≤ 1)
② 유의성(Valence)은 보상이나 성과에 대한 주관적 선호의 강도임
④ 브룸의 기대이론은 내용이론이 제시하지 못한 동기부여의 과정에서
오는 기대감과 유의성을 공식화해 동기부여의 과정을 설명하고 있으나
동기부여의 방안을 구체적으로 제시하지는 못했음

04 출제영역 >> 정책학　　　　　　　　　난이도 中　정답 ④

정책지지연합모형은 정책변화를 분석하기 위한 분석단위로 정책하위체
계를 설정함 → 즉, 정책집행을 신념을 달리하는 정책지지연합간 갈등
과 대립의 결과로 인식하면서 정책집행보다는 정책변동과 정책학습을
설명함
① 정책변동은 정책지향적 학습에 의해서만이 아니라 외부적 충격, 정
책하위체계의 내부적 사건, 지지연합 간 합의 등에 의해서도 발생함
② 5년을 10년으로 수정해야 함
③ 정책지지연합모형은 상향식을 기본으로 하면서 하향식을 가미함 →
아울러 지지연합 간 전략적 행위를 검토함

05 출제영역 >> 인사행정　　　　　　　　난이도 下　정답 ④

아래의 조항 참고

청탁금지법 제10조【외부강의등의 사례금 수수 제한】 ② 공직자등은 사례
금을 받는 외부강의등을 할 때에는 대통령령으로 정하는 바에 따라 외부강
의등의 요청 명세 등을 소속기관장에게 그 외부강의등을 마친 날부터 10일
이내에 서면으로 신고하여야 한다.

①

부패방지권익위법 제72조【감사청구권】 ① 18세 이상의 국민은 공공기관
의 사무처리가 법령위반 또는 부패행위로 인하여 공익을 현저히 해하는 경
우 대통령령으로 정하는 일정한 수 이상의 국민의 연서로 감사원에 감사를
청구할 수 있다.

②③

청탁금지법 제8조【금품등의 수수 금지】 ① 공직자등은 직무 관련 여부
및 기부·후원·증여 등 그 명목에 관계없이 동일인으로부터 1회에 100만
원 또는 매 회계연도에 300만 원을 초과하는 금품등을 받거나 요구 또는
약속해서는 아니 된다.
② 공직자등은 직무와 관련하여 대가성 여부를 불문하고 제1항에서 정한
금액 이하의 금품등을 받거나 요구 또는 약속해서는 아니 된다.
③ 제10조의 외부강의등에 관한 사례금 또는 다음 각 호의 어느 하나에 해
당하는 금품등의 경우에는 제1항 또는 제2항에서 수수를 금지하는 금품등
에 해당하지 아니한다.

06 출제영역 >> 재무행정　　　　　　　　난이도 中　정답 ①

☑ 올바른 선지
가. 발생주의 회계제도는 기록하는 사람의 주관적인 판단, 즉 재화의 감
가상각 가치 등을 회계에 반영할 수 있음
라. 발생주의 회계제도는 단식부기(현금의 입출만 인식)가 아닌 복식부
기와 어울리는 제도임

☑ 틀린 선지
나. 발생주의 회계로 기장하는 재정상태표는 부채규모와 총자산의 파악
등을 명시하고 있음
다. 발생주의 회계는 거래가 발생하는 시점을 중심으로 기록함

07 출제영역 >> 지방자치론 난이도 中 정답 ②

보통교부세와 부동산교부세는 용도가 정해져 있지 않는 일반재원이지만, 특별교부세와 소방안전교부세는 용도를 정하여 교부할 수 있어 특정재원의 성격을 지님
① 지방교부세의 재원은 내국세 총액의 19.24%와 종합부동산세 전액 및 담배에 부과되는 개별소비세 총액의 45%로 구성됨
② 보통교부세를 교부받지 못한 지방자치단체라도 「지방교부세법」이 정한 사유 발생시 특별교부세를 교부받을 수 있음
④ 소방안전교부세는 담배에 부과하는 개별소비세 총액의 45%를 재원으로 하며, 자치단체의 소방 및 안전시설 현황, 소방 및 안전 시설 투자 소요, 재난 예방 및 안전강화 노력, 재정여건 등을 고려하여 광역자치단체에 교부함

08 출제영역 >> 재무행정 난이도 中 정답 ②

☑
ⓒ 프로그램예산에서 '장 – 관'은 '분야 – 부문'의 구조를 지님
ⓔ 프로그램 예산은 국가재정운용계획 및 총액배분자율편성예산제도화 연계된 하향식·거시적·장기적 예산임

☑ 올바른 선지
ㄱ, ⓒ
프로그램 예산제도는 동일한 정책목표를 지닌 소규모 사업을 하나의 대규모 사업으로 묶어 예산 및 성과관리의 기본 단위로 삼는 제도임
ⓜ 프로그램 예산제도는 지출의 성격에 따라 일반회계, 특별회계, 기금을 포함함 → 예를 들어, 국가보훈부는 보훈복지 프로그램 중 교육지원 비용을 기금(보훈기금법에 기초한 보훈기금)에서 충당함

09 출제영역 >> 총론 난이도 中 정답 ④

공공선택론에 따르면 인간은 이기적 존재이므로 공공선택론 학자들은 집권적 구조보다 분권적 구조를 선호함
① 중위투표자 이론은 중간 선호의 투표자를 만족시키기 위해 보수 혹은 진보정당을 선호하는 투표자의 선호를 고려하지 못하는 각 정당의 행동을 설명하고 있음
② 티부(Tiebout)가설에 따르면 다양한 지방정부가 존재하고 지역 주민의 이동성이 보장되면, 주민의 선호에 맞는 효율적 공공재 공급이 가능함
③ 공공선택이론은 국민의 서비스 선택권을 보장하기 위해 분권과 경쟁을 강조함 → 따라서 행정의 대응성을 제고할 수 있음

10 출제영역 >> 총론 난이도 中 정답 ②

(가)는 과학적 관리론, (나)는 행태론, (다)는 인간관계론, (라)는 신공공서비스론, (마)는 신행정론임
✚ 발달순서는 과학적 관리론 → 인간관계론 → 행태론 → 신행정론 → 신공공서비스론 순서임

11 출제영역 >> 정책학 난이도 中 정답 ②

☑ 올바른 선지
ㄱ. 관리규제란 정부가 피규제자가 만든 목표달성계획, 즉 과정의 타당성을 평가하고 그 이행을 요구하는 규제임 → 식품위해요소 중점관리기준(HACCP)은 관리규제의 예시에 해당함
ㄷ. 포획이론은 정부가 피규제자의 지대추구에 포획됨으로써 일반 시민이 아닌 특정 집단의 사익을 옹호하는 현상을 설명하고 있음
ㅁ. 규제피라미드는 규제가 규제를 낳는 현상임

☑ 틀린 선지
ㄴ. 선지는 네거티브 규제에 대한 내용임
ㄹ. 선지는 이익집단 정치상황에 대한 내용임

12 출제영역 >> 조직론 난이도 下 정답 ②

보상에 대한 무관심은 대체물이 아니라 중화물임
①③④

☑ Kerr & Jermier의 리더십대체물이론

	대체물과 중화물	영향받는 리더의 행동	
		지시적 리더십	지원적 리더십
부하의 특성	경험·능력·훈련	대체물	
	전문가적 지향	대체물	대체물
과업의 특성	애매하지 않고, 구조화된 일상적인 과업	대체물	
	과업에 의해 제공되는 피드백	대체물	
	내적으로 만족되는 과업		대체물
조직의 특성	응집력이 높은 집단	대체물	대체물
	공식화된 구조(명확한 계획·목표·책임)	대체물	
부하의 특성	조직의 보상에 대한 무관심	중화물	중화물
조직의 특성	리더가 통제할 수 없는 보상	중화물	중화물
	비유연성(엄격한 규칙과 절차)		중화물
	리더와 부하간 긴 공간적 거리	중화물	중화물

13 출제영역 >> 총론 난이도 下 정답 ③

ㄱ－ㄹ－ㄷ－ㄴ 순으로 옳음

☑ Quinn & Rohrbaugh의 경쟁가치모형

구분	조직(외부)	인간(내부)
통제	① 모형: 합리목표 모형 ② 단계: 공식화 단계 ③ 목적: 생산성·능률성 ④ 수단: 기획, 목표설정, 합리적인 평가 등	① 모형: 내부과정 모형 ② 단계: 공식화 단계 ③ 목적: 안정성·균형 및 통제와 감독 ④ 수단: 정보관리 및 의사소통(조정)
유연성	① 모형: 개방체제 모형 ② 단계: 창업 단계·정교화 단계 ③ 목적 ㉠ 자원획득을 통한 성장 ㉡ 환경적응 ④ 수단: 조직의 유연성·신속성 유지	① 모형: 인간관계 모형 ② 단계: 집단공동체 단계 ③ 목적 ㉠ 인적자원발달 ㉡ 구성원의 만족 ④ 수단: 응집력 및 사기

14 출제영역 >> 조직론   난이도 下   정답 ②

보기는 구조적 상황론에 대한 설명임 → 아래의 표 참고

☑ 애스틀리와 반데벤의 거시조직이론 분류

분석 수준	조직군	① 조직군생태학이론 ② 조직경제학 ㉠ 거래비용이론 ㉡ 주인대리인이론 ③ 제도화이론	① 공동체생태학이론
	개별조직	① 구조적 상황이론	① 전략적 선택이론 ② 자원의존이론
		결정론	임의론

[이창원 외, 2005]

15 출제영역 >> 인사행정   난이도 中   정답 ②

②는 국가공무원법 제46조에서 직접적으로 제시하고 있는 내용은 아님 → 아래의 조항 참고

국가공무원법 제46조【보수 결정의 원칙】 ① 공무원의 보수는 직무의 곤란성과 책임의 정도에 맞도록 계급별·직위별 또는 직무등급별로 정한다. ② 공무원의 보수는 일반의 표준생계비, 물가 수준, 그 밖의 사정을 고려하여 정하되, 민간부분의 임금수준과 적절한 균형을 유지하도록 노력하여야 한다.

16 출제영역 >> 인사행정   난이도 中   정답 ②

7급은 1년 이상, 6급은 2년 이상 해당 계급에 재직하여야 함
①

국가공무원법 제79조【징계의 종류】 징계는 파면·해임·강등·정직·감봉·견책으로 구분함

③ 선지는 직권휴직에 대한 내용임
④

국가공무원법 제70조【직권면직】 ① 임용권자는 공무원이 다음 각 호의 어느 하나에 해당하면 직권으로 면직시킬 수 있다.
5. 제73조의3 제3항에 따라 대기 명령을 받은 자(직무수행능력 부족을 이유로 직위해제를 받은 공무원)가 그 기간에 능력 또는 근무성적의 향상을 기대하기 어렵다고 인정된 때

17 출제영역 >> 지방자치론   난이도 中   정답 ①

자동차세와 담배소비세는 시·군세이지만 등록면허세는 도세 혹은 자치구세임
②③④

☑ 지방세의 유형

구분	지방세 유형	특별시 및 광역시세	자치구세	도세	시·군세
지방세	보통세	1. 주민세 2. 레저세 3. 자동차세 4. 취득세 5. 담배소비세 6. 지방소비세 7. 지방소득세	1. 등록면허세 2. 재산세	1. 취득세 2. 레저세 3. 등록면허세 4. 지방소비세	1. 담배소비세 2. 지방소득세 3. 자동차세 4. 주민세 5. 재산세
	목적세	1. 지방교육세 2. 지역자원시설세		1. 지방교육세 2. 지역자원시설세	

18 출제영역 >> 지방자치론   난이도 中   정답 ②

중앙관서의 장은 보조사업을 수행하려는 자로부터 신청받은 보조금의 명세 및 금액을 조정하여 기획예산처장관에게 보조금 예산을 요구해야 함
①

보조금 관리에 관한 법률 제4조【보조사업을 수행하려는 자의 예산 계상 신청 등】 ① 보조사업을 수행하려는 자는 매년 중앙관서의 장에게 보조금의 예산 계상(計上)을 신청하여야 한다.

③

국가재정법 제54조【보조금의 관리】 각 중앙관서의 장은 지방자치단체 및 민간에 지원한 국고보조금의 교부실적과 해당 보조사업자의 보조금 집행실적을 기획예산처장관, 국회 소관 상임위원회 및 예산결산특별위원회에 각각 제출하여야 한다.

④ 국고보조금은 신청주의를 원칙으로 하며 각 중앙관서의 예산에 반영되어야 함

19 출제영역 >> 기타 제도 및 법령   난이도 上   정답 ④

모두 틀린 선지임

☑ 틀린 선지
ㄱ. 산림청 - 농림축산식품부
ㄴ. 방위사업청 - 국방부
ㄷ. 재외동포청 - 외교부
ㄹ. 기상청 - 기후에너지환경부
ㅁ. 국가유산청 - 문화체육관광부

20 출제영역 >> 총론   난이도 中   정답 ①

문제는 분절성에 관한 내용임
②③④

☑ 딜레마가 발생하는 조건

구분	내용
명료성	정책대안들이 구체적이고 명료해야 함
상충성	특정 대안을 선택할 경우 비용부담자와 수혜자가 명확하게 구분됨
분절성(단절성)	대안 간 절충이 불가능한 상황
균등성	정책대안들이 초래할 결과가 비슷함
선택 불가피성	반드시 하나의 대안을 선택해야 함

MEMO

최욱진 행정학
FINAL 적중모의고사

행정학

기출문제

정답 및 해설

제1~6회

01 출제영역 >> 조직론　　　　난이도 下　정답 ④

애덤스의 공정성이론에서 과소보상과 과다보상은 모두 보상의 불공정에 해당함
① 애덤스에 따르면 인간은 노력 대비 보상의 비를 조직 내 동료와 비교하면서 공정성을 지각함
② 예를 들어, 인간은 과소보상을 느낄 때 준거인물의 노력 등에 대해 자신의 생각을 바꾸기도 함
③ 투입은 직무수행 중 기울인 노력, 사용한 기술 등을 뜻하며, 산출은 그에 따른 결과(보상 등)를 의미함

02 출제영역 >> 총론　　　　난이도 下　정답 ④

공공선택론은 인간에 대한 상세한 분석을 통해 현상을 설명하므로 방법론적 개체주의 관점임
① 공공선택론에서 인간은 이기적이고 자신의 이익을 극대화하려는 존재임
② 공공선택론은 비시장영역에서 발생하는 의사결정을 경제학을 적용하여 연구함
③ 공공선택론은 뷰캐넌(Buchanan), 털럭(Tullock), 오스트롬(Ostrom) 등 경제학자가 창시함

03 출제영역 >> 총론　　　　난이도 下　정답 ②

피터스는 전통적 정부에 관한 대안을 제시하는 4가지 모형으로 시장모형, 참여모형, 신축모형, 탈규제모형을 제시함

04 출제영역 >> 인사행정　　　　난이도 下　정답 ③

아래의 조항 참고

> **지방공무원법 제5조 【정의】** 이 법에서 사용하는 용어의 뜻은 다음과 같다.
> 4. "강임(降任)"이란 같은 직렬 내에서 하위 직급에 임명하거나 하위 직급이 없어 다른 직렬의 하위 직급에 임명하는 것을 말한다.
> 5. "전직(轉職)"이란 직렬을 달리하여 임명하는 것을 말한다.
> 6. "전보(轉補)"란 같은 직급 내에서의 보직변경을 말한다.

④

> **동법 제29조의3 【전입】** 지방자치단체의 장 또는 지방의회의 의장은 공무원을 전입시키려고 할 때에는 해당 공무원이 소속된 지방자치단체의 장 또는 지방의회의 의장의 동의를 받아야 한다.

05 출제영역 >> 재무행정　　　　난이도 下　정답 ③

프로그램 예산제도는 국가재정운용계획과 연계하여 다년도 중심으로 부처별 지출한도를 설정하고 이를 우선순위에 맞게 배분하는 하향식(Top-down) 방법을 사용함
① 우리나라 중앙정부는 2007년, 지방자치단체는 2008년부터 프로그램 예산을 채택함
② 프로그램 예산제도는 프로그램(대규모 사업)을 통해 정책과 예산을 연계하는 제도임
④ 프로그램 예산제도는 지출의 성격에 따라 일반회계, 특별회계, 기금을 포현함 → 예를 들어, 국가보훈부는 보훈복지 프로그램 중 교육지원 비용을 기금(보훈기금법에 기초한 보훈기금)에서 충당함

06 출제영역 >> 총론　　　　난이도 下　정답 ③

수직적 형평은 다른 것을 다르게 대우한다는 뜻임(동등하게 취급×)
① 사회적 형평은 신행정학에서 강조한 가치임
② 롤즈의 정의관은 사회적 형평성 논의에 많은 영향을 미침 → 즉, 사회적 형평성은 1960년대 신행정론의 등장과 더불어 강조되기 시작하였으며 1971년 롤즈의 정의론을 통해 진전되었음
④ 수평적 형평성은 동일한 것을 동일하게 대우한다는 뜻이므로 동일노동 동일임금을 예시로 볼 수 있음

07 출제영역 >> 정책학　　　　난이도 中　정답 ②

교차영향분석은 전문가 견해에 기반한 방식으로 확률적 결과를 도출하는 분석임 → 즉, '다른 사건이 일어났느냐 일어나지 않았느냐'에 기초하여 미래의 어떤 사건이 일어날 확률에 대해서 식견 있는 판단을 이끌어내는 방법임
① 브레인스토밍 : 일반적으로 내부인력을 중심으로 시행하는 아이디어 회의이며, 경우에 따라 내부인력, 전문가, 이해관계자 등이 모여서 모두 동등한 조건 하에 형식 없이 자유롭게 토의하는 방식
③ 델파이 기법 : 익명성이 보장된 상태에서 토론 없이 독자적으로 형성된 동일 영역의 일반 전문가들의 판단을 종합하여 정리하는 기법
④ 선형경향추정 : 과거부터 현재까지의 시계열 관측치를 토대로 미래 상황을 추정하는 기법

08 출제영역 >> 재무행정　　　　난이도 下　정답 ①

「국가재정법」에서는 대통령의 승인을 얻은 정부 예산안이 회계연도 개시 120일 전까지 국회에 제출되어야 한다고 규정하고 있음 → 헌법은 90일 전
②

> **국가재정법 제29조 【예산안편성지침의 통보】** ① 기획예산처장관은 국무회의의 심의를 거쳐 대통령의 승인을 얻은 다음 연도의 예산안편성지침을 매년 3월 31일까지 각 중앙관서의 장에게 통보하여야 한다.

③

> 국회법 제84조【예산안·결산의 회부 및 심사】⑤ 예산결산특별위원회는 소관 상임위원회의 예비심사 내용을 존중하여야 하며, 소관 상임위원회에서 삭감한 세출예산 각 항의 금액을 증가하게 하거나 새 비목(費目)을 설치할 경우에는 소관 상임위원회의 동의를 받아야 한다.

④ 선지는 수정예산제도에 대한 내용임

09 　출제영역 >> 총론 　　　　　　　난이도 下　정답 ③

신공공서비스론에서 정부역할은 '봉사'임 → 방향잡기 역할은 신공공관리 혹은 거버넌스임
① 신공공서비스론은 다양한 이론을 활용함(단, 공공선택론 제외)
② 신공공서비스론에서 공익은 국민 간 토론의 결과물임
④ 신공공서비스론에서 관료는 다면적 책임성을 지닌 존재임

10 　출제영역 >> 조직론 　　　　　　　난이도 下　정답 ③

팀제, 즉 수평구조는 핵심업무과정을 중심으로 구성된 조직유형이며, 유기적 구조에 해당함

■ 올바른 선지
ㄴ, ㄹ.
선지는 모두 유기적 구조(유연한 조직유형)에 대한 내용임

■ 틀린 선지
ㄱ. 네트워크 조직에 대한 내용임
ㄷ. 민츠버그 조직유형 중 기계적 관료제에 대한 내용임

11 　출제영역 >> 정책학 　　　　　　　난이도 中　정답 ①

■ 올바른 선지
ㄱ. 사바티어는 정책하위체제, 즉 정책참여자 집단에 초점을 두어 정책변동을 설명함
ㄴ. 정책을 둘러싼 정책하위체계는 복수로 존재할 수 있음 → 각 지지연합은 자신의 신념을 정책으로 관철하기 위해 경쟁하는바 학습은 옹호연합 사이에서도 발생함

■ 틀린 선지
ㄷ. 정책 핵심신념은 정책목표 혹은 정책대안에 대한 인과적 지식임 → 선지는 이차적 신념을 뜻함(이차적 신념은 가장 쉽게 변할 수 있음)
ㄹ. 규범적 핵심신념은 자유, 평등 등의 보편적 규범을 의미하므로 변화가능성이 낮고, 추상적·포괄적인 성격을 지님(특정 정책 규범에 적용×)

12 　출제영역 >> 인사행정 　　　　　　　난이도 下　정답 ①

■ 올바른 선지
ㄱ, ㄴ.

> 공직자윤리법 제1조【목적】이 법은 공직자 및 공직후보자의 재산등록, 등록재산 공개 및 재산형성과정 소명과 공직을 이용한 재산취득의 규제, 공직자의 선물신고 및 주식백지신탁, 퇴직공직자의 취업제한 및 행위제한 등을 규정함으로써 공직자의 부정한 재산 증식을 방지하고, 공무집행의 공정성을 확보하는 등 공익과 사익의 이해충돌을 방지하여 국민에 대한 봉사자로서 가져야 할 공직자의 윤리를 확립함을 목적으로 한다.

■ 틀린 선지
ㄷ, ㄹ.

> 국가공무원법 제59조의2【종교중립의 의무】① 공무원은 종교에 따른 차별 없이 직무를 수행하여야 한다.
> 동법 제63조【품위 유지의 의무】공무원은 직무의 내외를 불문하고 그 품위가 손상되는 행위를 하여서는 아니 된다.

13 　출제영역 >> 정책학 　　　　　　　난이도 上　정답 ④

보기는 정책이 성과로 연결되기 위해 고려해야 하는 변수를 나열하고 있음 → 이는 하향식 접근에 대한 내용이므로 선지 중 ③과 ④를 고려해야 하는데 보기는 사바티어와 매즈매니언 연구의 내용이 아닌 까닭에 ④를 선택해야 함

■ 사바티어와 마즈마니언(Sabatier & Mazmanian)의 집행과정 연구

타당한 인과이론	정책결정의 내용은 타당한 인과이론에 기초해야 함 → 정책결정의 기술적인 타당성 확보
명확한 법령에 기초한 집행	명확한 법령 → 대상집단의 순응을 극대화
유능하고 헌신적인 관료	유능하고 헌신적인(능력 있고 몰입도가 높은) 관료가 정책집행을 담당
이해관계자의 지속적인 지지	정책에 대해 이해관계자로부터 지속적인 지지를 얻어야 함
안정적인 정책목표와 목표의 우선순위	정책목표와 정책목표의 우선순위는 변하지 않고 안정적이어야 함

① 립스키의 일선관료제 연구 : 재량권을 지닌 일선관료가 집행현장에서 직면한 문제에 대응하는 현상을 설명
② 오스트롬의 제도분석 연구 : 공유지 비극을 해결하기 위한 제도적 설계, 변화과정 등을 설명

14 　출제영역 >> 재무행정 　　　　　　　난이도 中　정답 ②

아래의 조항 참고

> 국가재정법 제22조【예비비】① 정부는 예측할 수 없는 예산 외의 지출 또는 예산초과지출에 충당하기 위하여 일반회계 예산총액의 100분의 1 이내의 금액을 예비비로 세입세출예산에 계상할 수 있다. 다만, 예산총칙 등에 따라 미리 사용목적을 지정해 놓은 예비비(목적예비비)는 본문의 규정에 불구하고 별도로 세입세출예산에 계상할 수 있다.

① 추가경정예산은 국회의 사전의결을 거쳐 집행할 수 있음

③

> **국가재정법 제23조【계속비】** ② 제1항의 규정에 따라 국가가 지출할 수 있는 연한은 그 회계연도부터 5년 이내로 한다. 다만, 사업규모 및 국가재원 여건상 필요한 경우에는 예외적으로 10년 이내로 할 수 있다.

④

> **국가재정법 제46조【예산의 전용】** ① 각 중앙관서의 장은 예산의 목적범위 안에서 재원의 효율적 활용을 위하여 대통령령이 정하는 바에 따라 기획예산처장관의 승인을 얻어 각 세항 또는 목의 금액을 전용할 수 있다.

---

15 출제영역 ≫ 기타 제도 및 법령 　　난이도 上　　정답 ②

행정안전부장관을 시도지사로 수정해야 함

> **지방공기업법 제49조【설립】** ① 지방자치단체는 제2조에 따른 사업을 효율적으로 수행하기 위하여 필요한 경우에는 지방공사(이하 "공사"라 한다)를 설립할 수 있다. 이 경우 공사를 설립하기 전에 특별시장, 광역시장, 특별자치시장, 도지사 및 특별자치도지사(이하 "시·도지사"라 한다)는 행정안전부장관과, 시장·군수·구청장(자치구의 구청장을 말한다)은 관할 특별시장·광역시장 및 도지사와 협의하여야 한다.

①

> **동법 제7조【관리자】** ① 지방자치단체는 지방직영기업의 업무를 관리·집행하게 하기 위하여 사업마다 관리자를 둔다.
> ② 관리자는 대통령령으로 정하는 바에 따라 해당 지방자치단체의 공무원으로서 지방직영기업의 경영에 관하여 지식과 경험이 풍부한 사람 중에서 지방자치단체의 장이 임명하며, 임기제로 할 수 있다.

③

> **동법 제50조【공동설립】** ① 지방자치단체는 상호 규약을 정하여 다른 지방자치단체와 공동으로 공사를 설립할 수 있다.

④

> **동법 제5조【지방직영기업의 설치】** 지방직영기업을 설치·경영하려는 경우에는 그 설치·운영의 기본사항을 조례로 정하여야 한다.

---

16 출제영역 ≫ 정책학 　　난이도 中　　정답 ④

아래의 내용 참고

계층분석	㉠ 문제상황의 원인을 규명하는 것 → 간접적·불확실한 원인으로부터 차츰 확실한 원인을 확인해 나가는 기법 ㉡ 인과관계 파악을 목적으로 함
유추분석	㉠ 과거에 다루어 본 적이 있는 유사한 문제에 대한 관계(유사성)를 분석하여 당면한 문제를 정의하는 방법 ㉡ 예 과거 사스해결을 바탕으로 우한폐렴 문제를 살펴보는 것
가정분석	㉠ 문제상황의 인식을 둘러싸고 여러 대립적인 가정들을 창조적으로 통합하는 것 ㉡ 이전에 건의된 정책부터 분석을 진행하며, 여러 기법을 활용하는 가장 포괄적인 분석

분류분석	㉠ 문제의 구성요소를 식별하기 위한 방법 ㉡ 즉, 추상적인 정책문제를 논리적인 추론을 통해 구체적인 대상으로 구분하여 당면한 문제가 어떤 구성요소들로 되어 있는지 확인하는 기법 ㉢ 예 기초생활보장 수급가구를 분할하여 노인, 소년소녀 가장, 장애인 등으로 구분하는 것

---

17 출제영역 ≫ 인사행정 　　난이도 中　　정답 ③

민원업무 비중과 당직 유무를 점수로 환산할 때 어디에 더 많은 점수를 부여해야 할지 명확하고 객관적인 이론적 검증을 하는 것은 어려운 일임
①②④

☑ **직무평가방법**

구분	비계량적 비교	계량적 비교
직무와 직무 (상대평가)	서열법 – 직관적인 비교	요소비교법 – 기준직무
직무와 척도 (절대평가)	분류법 – 등급기준표	점수법 – 직무평가표

---

18 출제영역 ≫ 기타 제도 및 법령 　　난이도 上　　정답 ①

아래의 표 참고

☑ 올바른 선지 : ㄱ, ㄴ

☑ **리더-구성원교환이론**

등장배경		리더는 모두에게 공정해야 한다는 기존 이론을 비판하고, 조직구성원과 리더의 관계에 따른 성과를 연구
개념		① 리더와 구성원 간 관계의 상태에 따라 리더가 부하에게 행사할 수 있는 영향력이 달라지는 것 ② 리더는 모든 부하를 똑같이 대하지 않고 성공가능성이 보이는 구성원을 선별하여 지원하고 대우함
특징		① 리더는 조직구성원을 내집단과 외집단으로 분류·관리 ② 내집단은 리더의 신뢰와 상호 존중 속에 특권을 누릴 수 있는 반면, 외집단은 리더와 공식적 관계를 유지하며 통제와 지시를 받음
리더와 구성원의 발전단계 : 리더십 만들기	① 이방인	구성원은 공식적 업무만 수행
	② 면식	리더와 구성원 간 자원과 정보 등 공유
	③ 파트너십	리더와 구성원 간 신뢰와 존중
결론		① 내집단(in-group)에 속한 구성원이 많을수록 집단의 성과가 높아짐 ② 리더가 특정인만을 편애한다는 비판을 받을 수 있음

☑ **틀린 선지**
ㄹ. 리더-구성원교환이론은 '높은 도덕성'과는 관련이 없음

19 출제영역 >> 정책학   난이도 上   정답 ②

이론지향성을 문제지향성으로 고쳐야 함

맥락성	의사결정은 사회적 과정의 일부분
문제지향성	사회문제해결 강조
범학문성	다양한 연구방법의 사용을 장려

① 라스웰은 1951년 정책지향에서 정책과정에 관한 지식과 정책에 필요한 지식에 대한 내용을 언급함 → 후자의 관점을 강조
④ 드로어의 최적모형에 대한 설명임

20 출제영역 >> 기타 제도 및 법령   난이도 中   정답 ④

■ 올바른 선지

ㄷ. 전략적 삼각형

정당성과 지지	시민의 지지와 이로부터 생겨난 정당성 등
운영 역량	정책을 구현하는 데 요구되는 조직관리능력
공공가치	조직비전과 미션 등

ㄹ. 선지는 보즈만의 공공가치 실패에 대한 정의를 다루고 있음

■ 틀린 선지

ㄱ. 보즈만은 공공가치실패 진단도구로서 공공가치 지도그리기를 제안함
ㄴ. 무어는 공공기관에 의해 생산된 순(純) 공공가치를 추정하는 공공가치 회계를 제시함

☑ 공공가치 회계

비용	수익
• 투입된 재정적 비용 • 의도치 않은 부정적 결과 등	• 사회적 성과달성 및 미션달성 • 의도치 않은 긍정적 결과 • 정의 및 형평 등

✚ 참고 : 수익과 비용을 계량적으로 표현한 뒤, 수익에서 비용을 빼면 순공공가치임

Answer

01	④	02	②	03	②	04	③	05	④
06	①	07	④	08	④	09	①	10	④
11	③	12	②	13	④	14	②	15	④
16	①	17	①	18	②	19	③	20	②

01 　출제영역 >> 총론　　　　　난이도 下　정답 ④

작고 능률적인 정부를 추구하는 신공공관리론은 행정의 효율성을 보다 중시하고, 국정운영의 파트너십을 강조하는 뉴거버넌스는 행정의 민주성에 더 초점을 둠
①②
신공공관리론과 거버넌스의 내용이 바뀌었음
③ 양자 모두 정부의 역할은 방향잡기임

02 　출제영역 >> 조직론　　　　　난이도 中　정답 ②

아래의 표 참고

구분	내용
기술다양성	직무수행에 필요한 기술의 종류
직무정체성	직무내용의 완결성 정도 → 직무의 범위
직무중요성	직무가 조직의 내외 사람의 일과 삶에 영향을 미치는 정도 → 직무의 영향력

+ 기술다양성, 직무정체성, 직무중요성은 직무수행자가 느끼는 직무에 대한 의미에 영향을 미침

자율성	직무수행 시 자율성을 보유하고 있는 정도로서 직무에 대해 개인이 느끼는 책임감으로 이어짐
환류	일련의 성과정보로서 직무수행성과에 대한 지식으로 이어짐

① 성취욕구, 권력욕구, 친교욕구로 구분 → 매클랜드의 성취동기이론
③ 애덤스의 공정성 이론에 따르면 자신의 노력과 보상과의 관계를 다른 사람과의 비교를 통해 상대적으로 느끼는 공정성의 정도가 동기부여에 영향을 미침
④ 목표의 난이도와 구체성에 의해 개인의 동기부여가 결정된다고 주장 → 로크의 목표설정이론

03 　출제영역 >> 정책학　　　　　난이도 下　정답 ②

정책지지연합모형은 10년 이상의 장기간에 걸친 정책변동을 설명함
① 사바티어는 정책변동을 설명하기 위해 정책의 영향을 받거나 관심을 두고 있는 정책참여자 집단, 즉 정책하위체제(policy subsystem)에 중점을 두고 있음
③ 정책을 둘러싼 각 지지연합은 자신의 신념을 정책으로 관철하기 위해 경쟁하며, 이를 정책중재자(관료 등)가 중재함
④ 지지연합모형은 하위체제에 영향을 미치는 변수로 외부안정적 요인(정책문제의 특성, 자원의 기본적인 분포, 법적 구조 등)과 외부역동적 요인(사회·경제적 조건의 변화, 통치집단의 변화)을 제시하고 있음

04 　출제영역 >> 총론　　　　　난이도 下　정답 ③

공익은 행정의 목적이므로 자원 배분원칙의 가치기준을 제공함
① 과정설에 대한 내용임
② 실체설에 대한 내용임
④ 공익, 정의, 복지, 형평, 평등, 자유는 궁극적 가치임

05 　출제영역 >> 정책학　　　　　난이도 下　정답 ④

엘리슨 모형 중 모형1은 합리모형임 → 따라서 국가가 최선의 대안을 선택하는 현상을 설명함
①②
문제성 있는 선호, 불명확한 기술, 수시적 참여(간헐적 참여)는 쓰레기통 모형에서 조직화된 무정부 상태의 특징임
③ 문제중심의 탐색은 회사모형의 특징임

06 　출제영역 >> 재무행정　　　　　난이도 下　정답 ①

아래의 조항 참고

> **국가재정법 제53조【예산총계주의 원칙의 예외】** ① 각 중앙관서의 장은 용역 또는 시설을 제공하여 발생하는 수입과 관련되는 경비로서 대통령령이 정하는 경비(이하 "수입대체경비"라 한다)에 있어 수입이 예산을 초과하거나 초과할 것이 예상되는 때에는 그 초과수입을 대통령령이 정하는 바에 따라 그 초과수입에 직접 관련되는 경비 및 이에 수반되는 경비에 초과지출할 수 있다.

07 　출제영역 >> 총론　　　　　난이도 下　정답 ④

선지는 공공재에 대한 내용임
① 요금재를 시장에서 공급할 경우 규모경제로 인한 자연독점이 발생할 수 있음 → 따라서 정부가 직접 공급하거나 공기업이 공급하는 경우가 많음
② 집합재(공공재)는 비배제성으로 인해 무임승차 문제가 일어날 수 있음
③ 시장재는 가치재를 제외하고 주로 시장에서 제공되어 공공부문의 개입이 최소화되는 서비스임

08 　출제영역 >> 기타 제도 및 법령　　　　　난이도 中　정답 ④

책임운영기관은 정부기업이며, 책임운영기관법상 종합평가 대상임
①

> **책임운영기관법 제4조【책임운영기관의 설치 및 해제】** ② 행정안전부장관은 기획재정부 및 해당 중앙행정기관의 장과 협의하여 제1항에 따른 책임운영기관을 설치하거나 해제할 수 있다.

②

> **제2조 【정의】** ② 책임운영기관은 기관의 지위에 따라 다음 각 호와 같이 구분한다.
> 1. 소속책임운영기관: 중앙행정기관의 소속 기관으로서 제4조에 따라 대통령령으로 설치된 기관
> 2. 중앙책임운영기관: 「정부조직법」 제2조 제2항에 따른 청(廳)으로서 제4조에 따라 대통령령으로 설치된 기관

③

> **동법 제7조 【기관장의 임용】** ① 소속중앙행정기관의 장은 공개모집 절차에 따라 행정이나 경영에 관한 지식·능력 또는 관련 분야의 경험이 풍부한 사람 중에서 기관장을 선발하여 임기제공무원으로 임용한다.

---

09 **출제영역 >> 지방자치론** 난이도 中 정답 ①

아래의 표 참고

개념	① 기초지방자치단체의 재정격차를 조정하기 위한 광역지방자치단체의 지원금 ② 일반적으로 일반재원이면서 수평적 조정제도 ③ 모두 「지방재정법」에 운영근거를 두고 있으며 각 지방자치단체 조례에 따라 구체적인 운영 방법을 별도로 규정하고 있음	
유형	자치구 조정교부금	① 특별시·광역시 내 자치구 사이의 재정격차 해소 ② 보통세 수입의 일정액을 재원으로 함
	시·군 조정교부금	도의 산하 시·군 사이의 재정격차 해소
	기타	① 각각의 조정교부금은 일반조정교부금과 특별조정교부금으로 구분됨 ② 일반조정교부금은 자치구와 시·군의 일반적 재정수요를 충당하기 위한 것으로 조정교부금 총액의 90%를 재원으로 함 ③ 특별조정교부금은 재원의 10%를 차지하며 자치구와 시·군의 지역개발사업 같은 시책 추진 등 특정 재정수요를 충당하기 위한 목적으로 교부함
법령	**지방재정법 제29조의3 【조정교부금의 종류와 용도】** 제29조 및 제29조의2에 따른 조정교부금은 일반적 재정수요에 충당하기 위한 일반조정교부금과 특정한 재정수요에 충당하기 위한 특별조정교부금으로 구분하여 운영하되, 특별조정교부금은 민간에 지원하는 보조사업의 재원으로 사용할 수 없다.	

②③④

☑ **국고보조금의 유형**

구분	용도	관련 법령
장려적 보조금	지방자치단체 자치사무	**지방재정법 제23조 【보조금의 교부】** ① 국가는 정책상 필요하다고 인정할 때 또는 지방자치단체의 재정 사정상 특히 필요하다고 인정할 때에는 예산의 범위에서 지방자치단체에 보조금을 교부할 수 있다.
부담금 (국고부담금)	지방자치단체 단체위임사무	**지방재정법 제21조 【부담금과 교부금】** ① 지방자치단체나 그 기관이 법령에 따라 처리하여야 할 사무로서 국가와 지방자치단체 간에 이해관계가 있는 경우에는 원활한 사무처리를 위하여 국가에서 부담하지 아니하면 아니 되는 경비는 국가가 그 전부 또는 일부를 부담한다.
교부금 (의무적 위탁금)	지방자치단체 기관위임사무	**지방재정법 제21조 【부담금과 교부금】** ② 국가가 스스로 하여야 할 사무를 지방자치단체나 그 기관에 위임하여 수행하는 경우 그 경비는 국가가 전부를 그 지방자치단체에 교부하여야 한다.

---

10 **출제영역 >> 지방자치론** 난이도 中 정답 ④

아래의 표 참고

경계 변경 절차	① 경계변경 조정신청 (과반수 출석·출석의원 2/3 이상 동의) 지자체장 ← 행정안전부 장관 ② 경계변경자율협의체 구성·운영 요청
그림 설명	① 지자체장은 관할구역과 생활권 불일치 등 대통령령으로 정하는 사유가 있으면 지방의회 재적의원 과반수의 출석과 출석의원 3분의 2 이상의 동의를 받아 행안부장관에게 경계변경 조정신청 가능 ② 행안부장관은 경계변경을 협의할 수 있는 경계변경자율협의체를 구성·운영할 것을 지자체장에게 요청 ③ 지방자치단체가 일정기간 이내에 경계변경자율협의체를 구성하지 못하거나 경계변경에 대한 합의를 못한 경우 행정안전부장관은 지방자치단체중앙분쟁조정위원회의 심의·의결을 거쳐 조정할 수 있음
참고	지방자치단체의 구역을 변경하거나 지방자치단체를 폐지하거나 설치하거나 나누거나 합칠 때에는 새로 그 지역을 관할하게 된 지방자치단체가 그 사무와 재산을 승계함

① 조례가 아니라 법률로 정함
② 지방의회의 의견을 듣거나, 주민투표를 거쳐야 함

---

11 **출제영역 >> 기타 제도 및 법령** 난이도 下 정답 ③

넛지이론에서 정부는 선택설계자(choice architect) 역할을 수행함 → 즉, 넛지이론에 따르면 국민의 자유로운 선택을 통해 정부는 정책목표를 달성할 수 있음

① 넛지이론은 경제적 유인에 따른 동기부여를 비판하면서 사람의 행동을 은연 중에 좋은 방향으로 이끌어 내는 것을 선호함
② 넛지이론은 심리학을 경제학에 적용한 행동경제학에 기반하는바 실험을 통한 귀납적 분석을 중시함
④ 인간의 휴리스틱은 인지적 오류와 행동편향을 야기함

---

12 출제영역 >> 인사행정   난이도 中   정답 ②

■ 올바른 선지
ㄱ.

> • 정부의 각 기관이 총액인건비 내에서 조직·정원, 보수, 예산을 각 기관 특성에 맞게 총액을 배정하고, 각 기관이 이를 자율적으로 운영하는 제도 → 단, 결과에 대한 책임을 수반함
> • 총액인건비를 한정할 때는 법령에 근거해야 함 → 예를 들어, 공무원 보수는 공무원보수규정 등에 기초함
> • 단, 휴일근무수당 등은 시행 기관이 자율적으로 조정 가능

ㄷ.
총액인건비 내에서 재원을 절감한 경우 인센티브 등을 부여(성과상여금 등)하여 성과 중심의 조직관리를 할 수 있음

■ 틀린 선지
총액인건비제 시행기관 : 중앙행정기관, 소속책임운영기관 등

---

13 출제영역 >> 기타 제도 및 법령   난이도 下   정답 ④

■ 올바른 선지
ㄴ.

> **정부업무평가기본법 제10조【위원회의 구성 및 운영】** ① 위원회는 위원장 2인을 포함한 15인 이내의 위원으로 구성한다.

ㄹ.

> **동법 제2조【정의】** 이 법에서 사용하는 용어의 정의는 다음과 같다.
> 2. "정부업무평가"라 함은 국정운영의 능률성·효과성 및 책임성을 확보하기 위하여 다음 평가대상기관이 행하는 정책등을 평가하는 것을 말한다.
> 　가. 중앙행정기관
> 　나. 지방자치단체
> 　다. 중앙행정기관 또는 지방자치단체의 소속기관
> 　라. 공공기관

■ 틀린 선지
ㄱ.

> **동법 제9조【정부업무평가위원회의 설치 및 임무】** ① 정부업무평가의 실시와 평가기반의 구축을 체계적·효율적으로 추진하기 위하여 **국무총리 소속하에** 정부업무평가위원회를 둔다.

ㄷ.

> **동법 제27조【평가결과의 보고】** ① **국무총리**는 매년 각종 평가결과보고서를 종합하여 이를 국무회의에 보고하거나 평가보고회를 개최하여야 한다.

---

14 출제영역 >> 인사행정   난이도 中   정답 ②

아래의 조항 참고

> **국가공무원법 제33조【결격사유】** 다음 각 호의 어느 하나에 해당하는 자는 공무원으로 임용될 수 없다.
> 1. 피성년후견인
> 2. 파산선고를 받고 복권되지 아니한 자
> 3. 금고 이상의 실형을 선고받고 그 집행이 끝나거나(집행이 끝난 것으로 보는 경우를 포함한다) 집행이 면제된 날부터 5년이 지나지 아니한 자
> 4. 금고 이상의 형의 집행유예를 선고받고 그 유예기간이 끝난 날부터 2년이 지나지 아니한 자
> 5. 금고 이상의 형의 선고유예를 받은 경우에 그 선고유예 기간 중에 있는 자
> 6의4. 미성년자에 대하여 「성폭력범죄의 처벌 등에 관한 특례법」 제2조에 따른 성폭력범죄 또는 「아동·청소년의 성보호에 관한 법률」 제2조제2호에 따른 아동·청소년대상 성범죄를 범한 사람으로서 다음 각 목의 어느 하나에 해당하는 날부터 20년이 지나지 아니한 사람
> 　가. 금고 이상의 실형을 선고받고 그 집행이 끝나거나(집행이 끝난 것으로 보는 경우를 포함한다) 집행이 면제된 날
> 　나. 금고 이상의 형의 집행유예를 선고받고 그 집행유예가 확정된 날
> 　다. 벌금 이하의 형을 선고받고 그 형이 확정된 날
> 　라. 치료감호를 선고받고 그 집행이 끝나거나 집행이 면제된 날
> 　마. 징계로 파면처분 또는 해임처분을 받은 날
> 7. 징계로 파면처분을 받은 때부터 5년이 지나지 아니한 자
> 8. 징계로 해임처분을 받은 때부터 3년이 지나지 아니한 자

---

15 출제영역 >> 인사행정   난이도 下   정답 ④

직무급은 일의 난이도를 기준으로 급여를 주는 체계임 → 이를 도입하기 위해서는 일의 종류를 가늠하는 직무분석과 난이도를 평가하는 직무평가를 거쳐야함
① 능력이 우수할수록 보수를 우대하는 보수체계 → 직능급
② 직무성과에 따른 차등보수 → 실적급
③ 근속이나 연령을 반영 → 연공급

---

16 출제영역 >> 재무행정   난이도 下   정답 ①

발생주의 회계는 경제적 자원에 변동을 주는 사건이 발생된 시점에 거래를 인식하는 방식으로, 고정자산 등을 회계과정에서 인식하기 용이함
② 발생주의는 외상거래시 발생할 수 있는 미지급비용을 부채로 인식함
③ 발생주의는 자동차, 건물 등 자산의 감가상각을 비용으로 인식함

---

17 출제영역 >> 기타 제도 및 법령   난이도 下   정답 ①

아래의 조항 참고

> **공공기관의 운영에 관한 법률 제48조【경영실적 평가】** ⑧ 재정경제부장관은 제7항에 따른 경영실적 평가 결과 경영실적이 부진한 공기업·준정부기관에 대하여 운영위원회의 심의·의결을 거쳐 제25조 및 제26조의 규정에 따른 기관장·상임이사의 임명권자에게 그 해임을 건의하거나 요구할 수 있다.

②

지방공기업법 제50조【공동설립】 ① 지방자치단체는 상호 규약을 정하여 다른 지방자치단체와 공동으로 공사를 설립할 수 있다.

③ 공공기관의 운영에 관한 법령상 시장형 공기업은 자산규모가 2조 원 이상이면서 총수입액 중 자체수입액이 차지하는 비중이 85% 이상인 공기업임

④ 지방공사의 경우 자본금의 2분의 1을 넘지 아니하는 범위에서 지방자치단체 외의 자(외국인 및 외국법인을 포함한다)로 하여금 공사에 출자하게 할 수 있음

---

18 **출제영역 >> 지방자치론** 난이도 下 정답 ②

외채를 발행하는 경우에는 지방의회의 의결을 거치기 전에 행정안전부장관의 승인을 받아야 함

①

지방재정법 시행령 제7조【지방채의 종류】 법 제11조 제1항의 규정에 의한 지방채의 종류는 다음 각 호와 같다.
1. 지방채증권: 지방자치단체가 증권발행의 방법에 의하여 차입하는 지방채를 말하며, 외국에서 발행하는 경우를 포함한다.
2. 차입금: 지방자치단체가 증서에 의하여 차입하는 지방채를 말하며, 외국정부·국제기구 등으로부터 차관(현물차관을 포함한다)을 도입하는 경우를 포함한다.

③

지방재정법 제11조【지방채의 발행】 ① 지방자치단체의 장은 다음 각 호를 위한 자금 조달에 필요할 때에는 지방채를 발행할 수 있다. 다만, 제5호 및 제6호는 교육감이 발행하는 경우에 한한다.
4. 지방채의 차환

④

지방재정법 제12조【지방채 발행의 절차】 ① 제11조에 따른 지방채의 발행, 원금의 상환, 이자의 지급, 증권에 관한 사무절차 및 사무 취급기관은 대통령령으로 정한다.

---

19 **출제영역 >> 조직론** 난이도 下 정답 ③

조직군 생태론은 극단적인 환경결정론임
① 조직군 생태론에 따르면 조직은 환경적소에 있으면 생존하며, 그렇지 못할 경우 도태됨
② 조직의 변화에 대한 내적인 제약요인: 매몰비용, 정보의 부족, 굳어진 정치적 구조 및 오래된 조직역사 등
④ 조직군 생태론의 주요 분석단위는 조직군임

---

20 **출제영역 >> 인사행정** 난이도 中 정답 ②

아래의 조항 참고

공무원행동강령 제3조【적용 범위】 이 영은 국가공무원(국회, 법원, 헌법재판소 및 선거관리위원회 소속의 국가공무원은 제외한다)과 지방공무원(지방의회의원은 제외한다)에게 적용한다.

✚ 참고: 독립기관 행동강령은 각 조직의 규칙으로 정함
① 공무원행동강령은 대통령령임

③

공무원행동강령 제15조【외부강의등의 사례금 수수 제한】 ① 공직자등은 자신의 직무와 관련되거나 그 지위·직책 등에서 유래되는 사실상의 영향력을 통하여 요청받은 교육·홍보·토론회·세미나·공청회 또는 그 밖의 회의 등에서 한 강의·강연·기고 등(이하 "외부강의등"이라 한다)의 대가로서 중앙행정기관의 장등이 정하는 금액을 초과하는 사례금을 받아서는 아니 된다.
② 공무원은 사례금을 받는 외부강의등을 할 때에는 외부강의등의 요청 명세 등을 소속 기관의 장에게 그 외부강의등을 마친 날부터 10일 이내에 서면으로 신고해야 한다.

④

공무원행동강령 제1조【목적】 이 영은 「부패방지 및 국민권익위원회의 설치와 운영에 관한 법률」 제8조에 따라 공무원이 준수하여야 할 행동기준을 규정하는 것을 목적으로 한다.

Answer

01	③	02	④	03	④	04	②	05	①
06	③	07	②	08	④	09	②	10	③
11	③	12	①	13	②	14	④	15	①
16	②	17	①	18	①	19	②	20	①
21	④	22	③	23	③	24	④	25	③

---

01 출제영역 >> 총론　　　　　　　　난이도 下　정답 ③

농산품 수입규제로 인해 편익을 누리는 농민집단이 정부에게 로비하는 현상은 고객정치임
① 대중정치: 음란물 규제, 낙태 규제 등
② 기업가정치: 환경오염 규제, 자동차 안전 규제 등
④ 이익집단정치: 의약분업 규제, 한·약 분쟁, 노사규제 등

---

02 출제영역 >> 총론　　　　　　　　난이도 下　정답 ④

행정의 궁극적 가치는 공익, 정의, 복지, 형평, 평등, 자유임 → 궁극적 가치를 제외한 나머지 가치는 수단적 목표에 해당함

---

03 출제영역 >> 재무행정　　　　　　난이도 下　정답 ④

예산의 이용은 장, 관, 항 간의 자금융통으로 국회의 사전승인을 받아야 함

> **국가재정법 제47조【예산의 이용·이체】** ① 각 중앙관서의 장은 예산이 정한 각 기관 간 또는 각 장·관·항 간에 상호 이용(移用)할 수 없다. 다만, 다음 각 호의 어느 하나에 해당하는 경우에 한정하여 미리 예산으로써 국회의 의결을 얻은 때에는 기획예산처장관의 승인을 얻어 이용하거나 기획예산처장관이 위임하는 범위 안에서 자체적으로 이용할 수 있다.

① 통일성의 원칙의 예외: 목적세, 수입대체경비, 특별회계, 기금
② 단일성의 원칙의 예외: 추가경정예산, 특별회계, 기금
③ 완전성의 원칙의 예외: 전대차관, 차관물자대, 순계예산, 수입대체경비, 현물출자, 기금

---

04 출제영역 >> 정책학　　　　　　　난이도 下　정답 ②

의원집단, 이익집단, 관료집단의 합리적 거래현상이 발생하는 철의 삼각은 하위정부 모형과 동일한 개념임
① 정책공동체 모형: 철의 삼각 참여자와 전문가의 상호작용이 형성되는 네트워크
③ 이슈네트워크 모형: 주목받는 사회문제를 중심으로 다양한 이해관계자가 관여하는 네트워크
④ 협력적 거버넌스 모형: 정부, 시장, 시민사회 간 협력적 네트워크

---

05 출제영역 >> 행정환류　　　　　　난이도 下　정답 ①

감사원은 대통령 소속의 헌법기관임
② 헌법재판소의 위헌법률심판: 외부통제 수단
③ 국회의 국무위원에 대한 탄핵소추: 외부통제 수단
④ 지방자치단체의 주민참여예산제도: 외부통제 수단

---

06 출제영역 >> 총론　　　　　　　　난이도 下　정답 ③

선지는 정치행정일원론에 대한 내용임
①②
정치행정이원론은 엽관주의 병폐, 즉 부패, 행정의 비능률성을 비판하면서 대두되었음
④ 윌슨은 행정을 능률적인 관리로 간주함 → 공사행정일원론 관점

---

07 출제영역 >> 인사행정　　　　　　난이도 中　정답 ②

보기는 투사에 대한 내용임
① 대조효과(contrast effect): 평정대상자를 바로 직전의 피평정자와 비교함으로써 발생하는 착오
③ 후광효과(halo effect): 한 평정 요소에 대한 평정자의 판단이 다른 평정 요소에도 영향을 주는 현상
④ 기대성 착오(expectancy error): 사물의 특성 또는 사건의 발생에 관해 미리 가진 기대에 따라 무비판적으로 사실을 지각하기 때문에 생기는 지각적 오류

---

08 출제영역 >> 총론　　　　　　　　난이도 下　정답 ④

선지는 탈신공공관리론에 대한 내용임
① 신공공관리는 기업의 운영방식을 정부에 도입하는바 성과에 의한 관리를 중시함
② 신공공관리론은 성과관리를 강조하는 신관리주의와 민간위탁 등을 중시하는 시장주의가 결합된 개념임
③ 신공공관리는 작고 능률적인 정부를 구현하기 위해 수익자부담원칙을 강조함

---

09 출제영역 >> 정책학　　　　　　　난이도 下　정답 ②

비용편익분석은 정책의 능률성을 판단하는 도구임(대응성×)
① 내부평가는 내부 구성원 등(공무원)이 평가를 주도함 → 내부 구성원은 조직의 구체적인 상황을 알고 있기 때문에 내부평가는 평가결과의 활용도가 높음
③ 총괄평가는 정책이 종료된 후에 효과성 및 능률성 등 다양한 각도에서 정책으로 인한 사회적 변화를 평가함
④ 평가성 검토는 정책에 대한 전면적 평가를 시작하기 전에 평가의 실행가능성, 유용성 등을 조사하는 일종의 예비평가임 → 평가의 범주를 확인하는 것

10 출제영역 >> 정책학 　　난이도 中　정답 ③

아래의 표 참고

구분		갈등	
		낮음	높음
정책목표 모호성	낮음	관리적 집행: 하향식 - 자원확보 중요	정치적 집행: 하향식 - 권력관계 중시
	높음	실험적 집행: 상향식 - 집행은 학습의 과정	상징적 집행: 상향식 - 집행은 해석의 과정

① 상향식접근방법은 후방접근법이라고 불리며, 정책집행 현장에서 집행조직과 정책사업 간 상호작용의 중요성을 강조함
② 선지는 하향식에 대한 내용임 → 상향식에서 정책목표와 수단은 현장의 상황에 따라 변화할 수 있음
④ 나카무라와 스몰우드에 따르면, 관료적 기업가형은 정책집행자가 정책과정을 통제하는 유형임

11 출제영역 >> 총론 　　난이도 中　정답 ③

체제론은 '투입 → 전환 → 산출 → 환류' 모형을 활용하여 체제의 생존·안정 및 동태적인 균형(동태적 항상성)을 설명함(소멸 가능성 강조×)
① 체제이론 특성 중 등종국성에 대한 설명임
② 체제이론 특징 중 구조기능주의에 대한 내용임
④ 체제론은 개방체제 관점의 이론임

12 출제영역 >> 정책학 　　난이도 中　정답 ①

사이버네틱스 모형은 설정된 목표를 달성하기 위해 SOP를 활용한 적응적 의사결정을 하지만, 설정목표 외 다른 목표를 정하지 않는다는 점에서 목적을 지니지 않은 적응적 의사결정을 한다고 표현될 수 있음 → 비목적적 적응(non-purposive adaption)
② 선지는 최적모형에 대한 내용임
③ 선지는 앨리슨 모형 중 관료정치모형에 대한 내용임
④ 선지는 쓰레기통 모형에 대한 내용임

13 출제영역 >> 재무행정 　　난이도 中　정답 ②

■ 올바른 선지
ㄱ. 영기준예산제도에서는 사업담당자들이 전년도 사업을 원점에서 재검토하거나 예산감축에 대한 업무부담을 느낄 수 있음
ㄹ. 품목별예산제도는 입법국가 시절에 등장한 예산편성제도이므로 행정부를 통제하기 용이함

■ 틀린 선지
ㄴ. 성과주의예산제도는 업무단위 선정의 곤란성과 단위원가 계산의 어려움이 있음
ㄷ. 계획예산제도는 장기적 목표를 엘리트가 설정하는바 의사결정의 집권화를 초래할 수 있고, 목표설정의 계량화가 어려움

14 출제영역 >> 재무행정 　　난이도 下　정답 ④

■ 올바른 선지
ㄷ.

국가재정법 제22조【예비비】 ① 정부는 예측할 수 없는 예산 외의 지출 또는 예산초과지출에 충당하기 위하여 일반회계 예산총액의 100분의 1 이내의 금액을 예비비로 세입세출예산에 계상할 수 있다. 다만, 예산총칙 등에 따라 미리 사용목적을 지정해 놓은 예비비는 본문의 규정에 불구하고 별도로 세입세출예산에 계상할 수 있다.

ㄹ.

국가재정법 제47조【예산의 이용·이체】 ② 기획예산처장관은 정부조직 등에 관한 법령의 제정·개정 또는 폐지로 인하여 중앙관서의 직무와 권한에 변동이 있는 때에는 그 중앙관서의 장의 요구에 따라 그 예산을 상호 이용하거나 이체(移替)할 수 있다.

■ 틀린 선지
ㄱ. 선지는 이용에 대한 내용임 → 전용이란 세항·목 간의 자금융통임
ㄴ. 선지는 사고이월에 대한 내용임

국가재정법 제24조【명시이월비】 ① 세출예산 중 경비의 성질상 연도 내에 지출을 끝내지 못할 것이 예측되는 때에는 그 취지를 세입세출예산에 명시하여 미리 국회의 승인을 얻은 후 다음 연도에 이월하여 사용할 수 있다.

15 출제영역 >> 지방자치론 　　난이도 中　정답 ①

기관위임사무는 주로 지방적 이해관계보다 국가적 차원의 이해관계가 크게 걸려 있는 사업이 대상이며, 지방자치단체의 장에게 위임한 사무임
② 효율성의 원칙(능률성의 원칙) : 사무를 가장 능률적으로 수행할 수 있는 행정단위에 배분해야 한다는 원칙 → 예를 들어, 연락·조정 등의 사무는 광역지자체가 처리하는 것이 효율적일 수 있음
③ 포괄성의 원칙 : 단편적인 지방이양의 문제점을 보완하기 위하여 포괄적으로 사무를 이양해야 한다는 원칙 → 지자체는 이양받은 사무에 대해 배타적 권한을 행사할 수 있음
④ 자치사무 : 국가의 간섭없이 지자체가 자율적으로 자주재원에 의해 처리하는 사무 → 따라서 중앙정부는 지방분권을 위해 사후 감독과 합법성 감독을 수행

16 출제영역 >> 인사행정 　　난이도 下　정답 ②

정직은 중징계이므로 정직기간 중 보수의 전액을 삭감함
① 선지의 내용은 직위해제 사유 중 하나를 나타냄
③

국가공무원법 제73조의4【강임】 ① 임용권자는 직제 또는 정원의 변경이나 예산의 감소 등으로 직위가 폐직되거나 하위의 직위로 변경되어 과원이 된 경우 또는 본인이 동의한 경우에는 소속 공무원을 강임할 수 있다.

④ 해임은 강제퇴직 처분으로 3년간 공무원 임용이 제한되며, 원칙적으로 퇴직급여 감액이 없음 → 단, 금품·향응수수·공금횡령·유용 등으로 해임된 경우는 예외임

17 출제영역 >> 정책학   난이도 下   정답 ①

투입규제는 성과를 만들기 위한 도구나 기술을 사전에 규제하므로 피규제자에게 자율성을 거의 부여하지 않음
② 성과규제: 정부가 특정 사회문제의 해결에 대한 목표달성수준을 정하고 피규제자가 이를 달성할 것을 요구하는 규제
③ 규제를 누가 하는가에 따라 직접규제(정부규제)와 자율규제(민간규제)로 구분할 수 있음
④ 네거티브 규제는 소극적 규제이므로 포지티브 규제보다 피규제자의 자율성을 더욱 보장함

18 출제영역 >> 인사행정   난이도 上   정답 ①

아래의 조항 참고

> **공직자윤리법 제1조【목적】** 이 법은 공직자 및 공직후보자의 재산등록, 등록재산 공개 및 재산형성과정 소명과 공직을 이용한 재산취득의 규제, 공직자의 선물신고 및 주식백지신탁, 퇴직공직자의 취업제한 및 행위제한 등을 규정함으로써 공직자의 부정한 재산 증식을 방지하고, 공무집행의 공정성을 확보하는 등 공익과 사익의 이해충돌을 방지하여 국민에 대한 봉사자로서 가져야 할 공직자의 윤리를 확립함을 목적으로 한다.

②

> **동법 제2조【생활보장 등】** 국가는 공직자가 공직에 헌신할 수 있도록 공직자의 생활을 보장하고, 공직윤리의 확립에 노력하여야 한다.

③

> **동법 제2조의2【이해충돌 방지 의무】** ④ 퇴직공직자는 재직 중인 공직자의 공정한 직무수행을 해치는 상황이 일어나지 아니하도록 노력하여야 한다.

④

> **동법 제2조의2【이해충돌 방지 의무】** ② 공직자는 자신이 수행하는 직무가 자신의 재산상 이해와 관련되어 공정한 직무수행이 어려운 상황이 일어나지 아니하도록 직무수행의 적정성을 확보하여 공익을 우선으로 성실하게 직무를 수행하여야 한다.

19 출제영역 >> 인사행정   난이도 中   정답 ②

아래의 조항 참고

> **국가공무원법 제66조【집단 행위의 금지】** ① 공무원은 노동운동이나 그 밖에 공무 외의 일을 위한 집단 행위를 하여서는 아니 된다. 다만, 사실상 노무에 종사하는 공무원은 예외로 한다.

①

> **동법 제59조【친절·공정의 의무】** 공무원은 국민 전체의 봉사자로서 친절하고 공정하게 직무를 수행하여야 한다.

③

> **동법 제62조【외국 정부의 영예 등을 받을 경우】** 공무원이 외국 정부로부터 영예나 증여를 받을 경우에는 대통령의 허가를 받아야 한다.

④

> **동법 제61조【청렴의 의무】** ① 공무원은 직무와 관련하여 직접적이든 간접적이든 사례·증여 또는 향응을 주거나 받을 수 없다.

20 출제영역 >> 정책학   난이도 中   정답 ①

호그우드와 건에 따르면 감정적 측면에 호소하는 문제일수록 의제화가 용이함

의의		호그우드와 건은 의제설정에 영향을 미칠 수 있는 요인을 분류함
문제의 속성	심각성과 특수성	문제의 심각성(예 많은 피해자의 수)과 특수성(비정형적 문제)이 높은 경우 의제설정 가능성이 큼 → 자연재해로 인한 피해자 지원 등
	감정적 측면	제기된 문제가 감정적 측면을 가지고 있어 대중매체의 관심을 끄는 경우 의제설정 가능성이 높음
	광범위한 임팩트	많은 다수의 사람들에게 영향을 주는 문제일 경우 의제설정 가능성이 높음
	해결 가능성	해결책이 있는 문제는 의제설정 가능성이 높음
	유행성	다른 지방정부 등에서 정책의제로 채택 문제일 경우 의제설정 가능성이 큼
의제 설정자		주도집단의 규모나 정치적 자원이 풍부할 경우에 정책의제로 설정될 가능성이 높음

② 외부주도형은 선진국에서 국민이 의제설정을 주도하는 현상을 설명함
③ 정부의제는 정부가 공식적으로 해결할 문제를 선택한 상태를 뜻함
④ 바흐라크와 바라츠는 엘리트 세력이 무의사결정을 수행하기 위해 폭력이나 테러를 활용할 수 있음을 주장함 → 폭력이나 테러는 무의사결정을 위한 가장 직접적인 방법임

21 출제영역 >> 인사행정   난이도 下   정답 ④

실적주의는 정치적 중립성을 강조하는 과정에서 행정에 대한 민주통제를 약화시킬 수 있음
① 실적주의는 공개경쟁시험을 통해 공무원을 임용함
② 실적주의는 시험을 통해 공무원을 임용하는바 행정의 전문성을 제고할 수 있음
③ 실적주의는 시험을 통해 공무원을 임용하며, 이들에게 신분을 보장함

22 출제영역 >> 인사행정   난이도 下   정답 ③

직업공무원제는 폐쇄형으로 운영되며, 일반행정가를 지향함 → 행정의 전문성 약화
① 직업공무원제는 폐쇄형으로 운영되는바 공무원의 직업의식을 고무시키는 시스템이며, 공직에 대한 자부심과 일체감을 제고함
② 직업공무원제는 채용된 젊은 인재에게 정년을 보장함
④ 직업공무원제는 채용된 공무원에게 최하위 계급을 부여한 후 오랜 정년을 보장함

23 출제영역 >> 정책학   난이도 中   정답 ③

선지는 챈들러의 지주·마름모형(지배인 모형)에 대한 내용임

☑ 지주·마름모형의 내용

㉠ 영국의 중앙·지방관계는 중세 귀족사회에서 지주와 그 지주의 명을 받아 토지와 소작권을 관리하는 마름(steward–지배인)의 관계에 가깝다고 하여 지주–마름 모형을 제시
㉡ 챈들러는 중앙정부와 지방정부의 관계가 토지 소유자인 지주와 이를 관리하는 지배인(마름, Steward)의 관계와 유사하다고 보았음
㉢ 지배인은 평소에는 상당한 권한을 행사하지만, 지주는 언제든지 마름의 권한을 빼앗을 수 있음

① 앤더슨의 정부 간 관계

개념		정부간 관계란 미국 연방체제내의 모든 계층과 형태의 정부단위 간에 발생하는 상호작용과 행위의 총체
내용	동태성	① 정부간 관계에서 실제로 존재하는 관계란 공식적 또는 비공식적인 권한이나 능력을 바탕으로 정부를 운영하는 공무원들 간의 관계라고 주장 ② 정부간 관계를 제대로 이해하기 위해서는 공무원 간의 다양한 상호작용과 역동성을 살펴야 함
	종적관계	앤더슨에 따르면 정부관계는 '미국 연방체제 내에서' 성립함

② 라이트의 중첩형에서는 중앙정부, 주정부, 지방정부가 일부 업무에 대해 상호의존적인 형태를 보임 → 상호 협력하지 않는 일에 대해서는 독립적임

④ 엘콕의 동반자모형에 따르면 중앙정부와 지방정부는 서로 대등한 입장임

---

24 출제영역 >> 조직론   난이도 中   정답 ④

단위소량생산기술에서 연속공정생산기술로 기술의 복잡성이 증가함에 따라 전체 구성원 중에서 관리자가 차지하는 비율이 증가함

구분	소량 생산기술	대량 생산기술	연속공정 생산기술
기술적 복잡성	낮음	중간	높음
생산과정	숙련된 기술자	표준화된 공정	표준화된 공정 + 숙련된 기술자
조직구조	유기적 구조	기계적 구조	유기적 구조
소량 생산기술	① 맞춤형 정장을 생산하는 조직에서 활용하는 기술 ② 조직의 규모가 작고 고객마다 상이한 상품을 생산하므로 유기적 구조에 적합		
대량생산 기술	① 통조림 음식을 대규모로 생산하는 경우 복잡한 반도체를 생산하는 경우보다 불확실성이 낮음 ② 따라서 기계적 구조에 적합함		
연속공정 기술	① 반도체 생산의 경우 생산과정에서 불확실성이 높은 편이기 때문에 유기적 구조와 어울림 ② 다만, 숙련된 기술자의 중간 검토를 통해 업무의 예측가능성을 높일 수 있음 ③ 단위소량생산기술에서 연속공정생산기술로 기술의 복잡성이 증가함에 따라 전체 구성원 중에서 관리자가 차지하는 비율이 증가함		

---

25 출제영역 >> 지방자치론   난이도 中   정답 ③

아래의 내용 참고

☑ 딜런의 법칙

개념	주정부와 지방정부 간의 관계를 계층제적 관계로 파악하는 아이오와주 대법원 재판관인 딜런의 판례(1860s)
등장 배경	엽관주의로 인한 지방정치의 부패와 지방정부의 비효율성에 대한 비판이 확대되면서 지방정부의 권한을 소극적으로 해석하고 주정부의 우위를 판시한 딜런의 법칙이 등장
내용	① 지방정부는 주정부의 창조물(피조물)이며, 그 창설과 폐지는 주정부의 재량에 따름 ② 지방정부는 주가 명시적으로 부여한 권한만을 행사해야 함 → 중앙집권을 지지하는 입장(국가 우선)

① 딜런에 따르면 지방정부는 '주정부의 피조물'로서 명시적으로 위임된 사항에 대해서만 권한을 지님

② 지방정부는 주헌법이 부여한 권한만을 행사할 수 있음

④ 도시헌장(Municipal Charter)은 지방정부의 조직과 운영에 관한 사항 등을 다룬 지방정부의 기본법임 → 도시헌장을 만드는 방법 중 주민투표 등을 통해서 결정하는 방식은 자치 헌장(home–rule charter)에 해당하는데 이는 지방정부의 자율성을 가장 크게 부여하는 방식임

01 출제영역 >> 인사행정　　　　난이도 下　정답 ③

☑ 올바른 선지

ㄴ. 직위분류제는 직무의 특성, 즉 일의 종류 및 난이도를 기준으로 공직을 분류함

ㄷ. 직위분류제는 난이도가 동일직무에 동일보수를 지급하는 보수체계, 즉 직무급 확립이 장점임

☑ 틀린 선지

ㄱ, ㄹ.
선지는 계급제에 대한 내용임

02 출제영역 >> 재무행정　　　　난이도 下　정답 ①

설문은 명료성 원칙에 대한 내용임
② 완전성의 원칙 : 모든 세입과 세출을 예산에 빠짐없이 계상해야 함
③ 공개성의 원칙 : 예산편성·심의·집행·결산과정의 공개
④ 한정성의 원칙 : 의회가 정한 목적·금액·시기 내에서 예산집행

03 출제영역 >> 기타 제도 및 법령　　　　난이도 中　정답 ②

양성평등채용목표제(2003) → 전국 지역인재추천채용제(2005) → 지방인재채용목표제(2007) → 저소득층 채용제(2009)
①

> **국가공무원법 제26조【임용의 원칙】** 공무원의 임용은 시험성적·근무성적, 그 밖의 능력의 실증에 따라 행한다. 다만, 국가기관의 장은 대통령령 등으로 정하는 바에 따라 장애인·이공계전공자·저소득층·다자녀양육자 등에 대한 채용·승진·전보 등 인사관리상의 우대와 실질적인 양성 평등을 구현하기 위한 적극적인 정책을 실시할 수 있다.

☑ 참고

(전국)지역인재 추천채용제 (2005)	① 2005년에 6급으로 선발해오다 2010년부터는 7급으로 선발하고 있으며, 2012년에는 9급으로까지 확대하여 선발하고 있음 → 별도의 추천 전형으로 선발 ② 전국 지역인재 7급 : 학사학위 취득(예정)자를 학교추천을 통해 선발하여 1년간 수습근무 후 일반직 7급 국가공무원으로 임용여부 결정 ③ 전국 지역인재 9급 : 특성화고·마이스터고 등 졸업(예정)자를 학교추천을 통해 선발하여 6개월간 수습근무 후 일반직 9급 국가공무원으로 임용여부 결정
지방인재 채용목표제 (2007)	① 5·7급 공채 및 외교관후보자 선발시험 중 선발예정인원이 10명 이상인 시험단위에서, 지방인재가 일정비율(5급·외교관 20%, 7급 30%)에 미달할 경우 선발예정인원 외에 추가로 선발하는 제도 ② 지방인재 : 서울시를 제외한 지방소재 학교 출신 합격자

③ 장애인 구분모집제 : 7·9급 공채 선발예정인원의 일정 규모(6% 수준)를 장애인만 응시할 수 있도록 구분하여 실시하는 제도
④ 대표관료제는 '할당제' 인사정책이며, 이는 우리나라의 균형인사정책과 동일한 개념임

04 출제영역 >> 조직론　　　　난이도 下　정답 ②

설문은 지원적(후원적) 리더십에 대한 내용임

구분	특징	상황
지시적 리더십	① 리더가 원하는 바를 부하에게 알려준 뒤, 부하가 수행할 작업의 일정을 계획하고 과업 수행 방법을 지도함 ② 과업을 구조화하고 과업요건을 명확히 하는 리더십	부하들의 역할모호성이 높은 경우
지원적 리더십 (후원적 리더십)	① 부하들의 욕구에 관심을 보이면서 목표달성에 필요한 부분을 지원하는 리더십 ② 부하의 욕구배려, 복지에 대한 관심, 구성원들의 인간관계 강조	① 부하가 단조롭고 지루한 업무를 수행하는 경우 ② 부하들이 자신감이 결여되거나 실패에 대한 공포가 높은 경우
참여적 리더십	부하들과 상담하고 의사결정 전에 부하들의 의견을 반영하는 리더십	부하들이 구조화되지 않은 과업을 수행하는 경우
성취지향적 리더십	도전적 목표를 설정하고 부하들의 최고의 성과를 기대하는 리더십	

05 출제영역 >> 총론　　　　난이도 下　정답 ①

선지는 관료제에 대한 내용임 → 이음매 없는 조직은 개별적이고 단편적인 직무로 구성된 분절을 수정하고 지나친 분업화에 대한 비판을 제기함
② 네트워크 조직 : 조직의 자체기능은 핵심역량 위주(기획 및 조정)로 편성하고 여타 기능은 외부 기관들과 계약관계를 통해 수행하는 조직구조 → 유기적 구조의 한 유형
③ 매트릭스 조직 : 기능구조와 사업구조를 혼합한 조직구조(기능구조와 사업구조의 화학적 결합)로서 기능부서의 전문성과 사업부서의 대응성을 결합한 조직 → 유기적 구조
④ 팀제 : 핵심 업무과정을 중심으로 조직구성원을 조직화한 구조 → 유기적 구조

06 출제영역 >> 총론　　　　난이도 下　정답 ②

설문은 사회적 형평에 대한 내용임
① 평등성 : 사회적 형평은 약자의 상황을 고려한 분배, 평등은 모든 사람에게 동일한 대우를 의미함
③ 민주성 : 국민이나 공무원의 견해를 수용하는 정도
④ 능률성 : 투입 대비 산출의 비

07　출제영역 >> 정책학　　　　　　　　난이도 下　정답 ④

상향식은 정치행정일원론 관점임 → 선지는 하향식에 대한 내용임
①③
하향식은 결정자가 집행과정에서 정책실패를 초래할 수 있는 요인을 파악한 후 명확한 목표 및 대안을 집행자에게 명령하는 현상을 설명함
② 상향적 접근은 불확실성이 높은 집행과정을 이해하기 위해 일선집행관료에게 재량을 부여하고 그들의 행태에 주목함

08　출제영역 >> 기타 제도 및 법령　　　　난이도 下　정답 ①

선지는 무어(Moore)의 공공가치창출론(creating public value)에 대한 내용임 → 보즈만은 시장 행위자 혹은 공공부문의 행위자가 공공가치에 부합하는 재화나 서비스를 제공하지 못하는 공공가치실패론을 주장함
② 신공공서비스론은 신공공관리론의 정부역할(방향잡기)를 비판하면서 시민에 대한 봉사를 강조함
③ 뉴거버넌스론은 정부, 시장, 시민사회 간 파트너십을 강조함
④ 공공선택론은 공공부문의 시장경제화, 즉 분권과 경쟁메커니즘을 통해 시민의 편익을 극대화할 수 있는 서비스의 공급과 생산이 가능하다고 봄

09　출제영역 >> 정책학　　　　　　　　난이도 下　정답 ①

선지는 쓰레기통 모형의 의사결정 조건 4가지를 나타내고 있음 → 킹던의 정책창 모형은 의제설정에 필요한 조건으로 문제, 정책, 정치의 흐름을 제시함
② 혼합탐사모형 : 근본적 결정과 세부적 결정(현실적·점증적 결정)의 상호보완적인 관계를 통해 합리적이면서도 현실적인 결정을 내릴 수 있음을 설명한 모형
③ 최적모형 : 정책결정에 합리모형과 더불어 의사결정자의 오랜 경험에 의해 형성된 초합리성도 고려해야 함을 주장
④ 앨리슨모형 중 조직과정모형(Model II)은 회사모형을 나타내므로 올바른 선지임

10　출제영역 >> 총론　　　　　　　　　난이도 下　정답 ④

재정경제부장관을 행정안전부장관으로 고쳐야 함
①②④

지방자치법 제199조【설치】 ① 2개 이상의 지방자치단체가 공동으로 특정한 목적을 위하여 광역적으로 사무를 처리할 필요가 있을 때에는 특별지방자치단체를 설치할 수 있다. 이 경우 특별지방자치단체를 구성하는 지방자치단체(이하 "구성 지방자치단체"라 한다)는 상호 협의에 따른 규약을 정하여 구성 지방자치단체의 지방의회 의결을 거쳐 행정안전부장관의 승인을 받아야 한다.
③ 특별지방자치단체는 법인으로 한다.

③

지방자치법 제204조【의회의 조직 등】 ① 특별지방자치단체의 의회는 규약으로 정하는 바에 따라 구성 지방자치단체의 의회 의원으로 구성한다.
② 제1항의 지방의회의원은 제43조 제1항에도 불구하고 특별지방자치단체의 의회 의원을 겸할 수 있다.

11　출제영역 >> 지방자치론　　　　　　　난이도 下　정답 ③

아래의 조항 참고

주민조례발안법 제1조【목적】 이 법은 「지방자치법」 제19조에 따른 주민의 조례 제정과 개정·폐지 청구에 필요한 사항을 규정함으로써 주민의 직접참여를 보장하고 지방자치행정의 민주성과 책임성을 제고함을 목적으로 한다.

① 주민소환제도 : 선출직 지방공직자(단체장, 지방의회의원, 교육감 등)의 해직을 임기 만료 전에 청구하여 주민투표로 결정하는 제도
② 주민감사청구제도 : 주민이 단체장 또는 자치단체의 권한에 속하는 사무의 처리가 법령에 위반되거나 공익을 현저히 해친다고 인정될 경우 상급자치단체장이나 주무부장관에게 감사를 청구할 수 있도록 하는 제도
④ 주민소송제도 : 자치단체의 재무행위와 관련하여 감사를 청구한 주민이 감사의 결과에 불복이 있는 경우에 감사청구한 사항과 관련이 있는 위법한 행위나 업무를 게을리한 사실에 대해 해당 단체장을 상대방으로 법원에 재판을 청구하는 제도 → 납세자 소송제도

12　출제영역 >> 기타 제도 및 법령　　　　난이도 下　정답 ④

☑ **규제샌드박스 제도**

아이들이 자유롭게 뛰어노는 모래놀이터처럼 신기술, 신산업 분야에서 새로운 제품, 서비스를 내놓을 때 일정 기간 또는 일정 지역 내에서 기존의 규제를 면제 또는 유예시켜주는 제도 → 우리나라는 2009년에 규제샌드박스를 도입하였음

① 정부의 규제정책을 심의·조정하고 규제의 심사·정비 등에 관한 사항을 종합적으로 추진하기 위하여 대통령 소속으로 규제개혁위원회를 둠
② 규제일몰제는 규제의 존속기한 또는 재검토기한을 정하고 규제의 타당성을 주기적으로 관리하는 제도임
③ 네거티브 규제는 '원칙적 허용, 예외적 금지'의 형식을 갖는 규제체계를 의미한다.

13　출제영역 >> 총론　　　　　　　　　난이도 下　정답 ③

행정위원회인 공정거래위원회는 의사결정권 및 집행력을 모두 지님
①

정부조직법 제5조【합의제행정기관의 설치】 행정기관에는 그 소관사무의 일부를 독립하여 수행할 필요가 있는 때에는 법률로 정하는 바에 따라 행정위원회 등 합의제행정기관을 둘 수 있다.

제 04 회

② 자문위원회 : 자문을 지원하는 참모기관으로 사안에 따라 조사·분석 등의 기능을 수행함 → 그 결정은 정책적 영향력을 가질 수는 있으나 법적 구속력을 갖지는 못함
④ 위원회 조직은 위원 간 수평적 관계를 바탕으로 다양한 이해관계자들의 참여 및 의견 반영을 통해 다양성을 증진할 수 있음

14 출제영역 >> 정책학　　　　　　난이도 下　정답 ④

내적 타당성은 정확한 인과관계의 정도를 나타내며, 이는 연구에서 우선적으로 확보해야 하는 타당도임
① 외적 타당성 : 특정 상황, 시기 및 집단에서 얻은 연구결과의 일반화 가능성
② 구성적 타당성 : 추상적인 개념을 잘 측정했는가(조작화)를 나타내는 개념
③ 통계적 결론의 타당성 : 정책수단과 이로 인한 변화 사이에 관련이 있는지에 대한 통계적인 의사결정의 타당성 → 통계학에서 말하는 제1종 오류와 제2종 오류를 범할 경우 통계적 결론의 타당성은 떨어짐

15 출제영역 >> 재무행정　　　　　　난이도 下　정답 ②

아래의 조항 참고

> **헌법 제54조** ② 정부는 회계연도마다 예산안을 편성하여 회계연도 개시 90일 전까지 국회에 제출하고, 국회는 회계연도 개시 30일 전까지 이를 의결하여야 한다.
> **국가재정법 제33조【예산안의 국회제출】** 정부는 대통령의 승인을 얻은 예산안을 회계연도 개시 120일 전까지 국회에 제출하여야 한다.

① 우리나라 회계연도는 매년 1월 1일에 시작하여 12월 31일에 종료됨
③ 각 중앙관서의 장은 다음 연도 2월 말까지 해당 회계연도의 중앙관서결산보고서를 재정경제부장관에게 제출하여야 함
④ 회계연도 개시 전까지 예산안이 국회에서 의결되지 못한 경우 예산안이 의결될 때까지 전년도 예산에 준하여 집행할 수 있음

16 출제영역 >> 정책학　　　　　　난이도 中　정답 ②

아래의 표 참고

비덤의 정책수단 (전통적 삼분법)	설득	규범적·정보적 수단 → 예 담배유해성에 대한 정보제공
	인센티브	공리적 수단(경제적 수단) : 보상제공(당근) → 예 전기자동차 구매에 대한 보조금 지급
	규제	강압적 수단(채찍) → 예 속도제한
	기타	① 정책에 대한 순응확보를 위한 고전적 3단계 전략은 설득 → 인센티브 → 규제의 순서임 ② ┿참고 : 규제로 갈수록 강제성의 정도가 커짐

17 출제영역 >> 재무행정　　　　　　난이도 下　정답 ④

국가의 고유 기능 수행을 위해 양곡관리, 조달, 우편사업, 우체국예금, 책임운영기관 등에 대해 특별회계가 설치되어 있음
①②③

> **국가재정법 제4조【회계구분】** ② 일반회계는 조세수입 등을 주요 세입으로 하여 국가의 일반적인 세출에 충당하기 위하여 설치한다.

18 출제영역 >> 정책학　　　　　　난이도 下　정답 ④

선지는 나카무라와 스몰우드의 소망성 기준 중 형평성에 대한 내용임 → 능률성은 투입 대비 산출의 비율을 나타냄
① 효과성(effectiveness) : 목표의 달성가능성 → 효과성을 판단하기 위해 비용효과분석 활용
② 대응성(responsiveness) : 정책대상집단의 선호에 대한 만족여부
③ 실현가능성(feasibility) : 정책을 실제 구현할 수 있는 가능성 → 정책대안의 내용이 충실히 집행될 수 있는지 여부(소망성 기준 ×)

19 출제영역 >> 인사행정　　　　　　난이도 下　정답 ①

임용주체와 경비부담을 기준으로 국가공무원(대통령 혹은 중앙행정기관장, 국비)과 지방공무원(지자체장 혹은 지방의회 의장, 지방비)으로 구분할 수 있음
② 일반직공무원은 기술·연구 또는 행정 일반에 대한 업무를 담당하는 경력직공무원임
③ 특정직공무원은 헌법재판소 헌법연구관, 경찰공무원, 군무원 등 특수 분야의 업무를 담당하는 경력직공무원임
④ 정무직공무원은 대통령, 국무총리 등 선거로 취임하거나 임명할 때 국회의 동의가 필요한 특수경력직공무원임

20 출제영역 >> 기타 제도 및 법령　　　　　　난이도 上　정답 ③

아래의 조항 참고
②③

> **제2조【정의】** 이 법에서 사용하는 용어의 뜻은 다음과 같다.
> 2. "데이터기반행정"이란 공공기관이 생성하거나 다른 공공기관 및 법인·단체 등으로부터 취득하여 관리하고 있는 데이터를 수집·저장·가공·분석·표현하는 등(이하 "분석등"이라 한다)의 방법으로 정책 수립 및 의사결정에 활용함으로써 객관적이고 과학적으로 수행하는 행정을 말한다. → 정책결정자의 경험에 근거한 의사결정×

① 우리나라는 2020년 「데이터기반행정 활성화에 관한 법률」을 제정·시행하였음
④

> **데이터기반행정법 제6조【데이터기반행정 활성화 기본계획】** ① 행정안전부장관은 데이터기반행정을 체계적으로 추진하기 위하여 데이터기반행정 활성화를 위한 기본계획(이하 "기본계획"이라 한다)을 3년마다 수립하여야 한다.

Answer

01	③	02	①	03	①	04	④	05	③
06	②	07	①	08	④	09	①	10	④
11	④	12	③	13	②	14	②	15	①
16	①	17	④	18	①	19	③	20	②

01 　출제영역 >> 총론　　　　　난이도 下　정답 ③

신공공관리론은 기업의 운영방식을 정부에 적용하면서 작고 능률적인 정부를 추구함
① 정치행정이원론에 대한 내용임 → 정치행정일원론은 경제대공황 등 국가위기를 극복하기 위해 등장
② 행태주의에 대한 내용임 → 후기행태주의는 가치연구를 강조
④ 거버넌스는 정부, 시장, 시민사회 간 협치체계임(정부에 의존×)

02 　출제영역 >> 인사행정　　　　난이도 中　정답 ①

선의의 애국심은 감성적 차원의 공직봉사동기임
②③④

합리적 차원	공무원이 정책형성과정에 참여(정책에 대한 호감)함으로써 사회적인 목적을 달성한다면 자신의 욕구를 충족하게 되어 만족감을 느낀다는 것
규범적 차원	공익에 대한 봉사욕구, 정부에 대한 충성심, 사회적 형평의 추구 등을 포함
정서적 차원 (감성적 차원)	동정심과 희생정신을 뜻함 → 동정과 희생은 정책의 중요성을 인지하는 진실한 신념에서 기인하며, 이는 선의의 애국심으로 이어짐

03 　출제영역 >> 재무행정　　　　난이도 上　정답 ①

품목별 분류는 다른 분류 방법과 병행하는 경우가 많고, 세계적으로 많이 활용함
② 예산총액배분 자율편성제도는 거시적·하향적 예산결정 제도임
③ 우리나라는 예산불성립시 집행장치로 준예산 제도를 채택하고 있음
④ 「지방재정법」은 예산편성 과정에 주민이 참여할 수 있도록 하는 주민참여예산제도를 규정하고 있음

04 　출제영역 >> 총론　　　　　난이도 下　정답 ④

행정의 목적은 공익인데, 공익은 사익(기업의 순이익)에 비해 추상적인 개념임 → 따라서 공익을 달성하는 지표나 척도를 개발하기 어려움
① 성과관리는 NPM의 주요 내용이며, 신공공관리론은 분권과 성과책임을 강조함
② 학자에 따라 성과관리 평가지표는 달라질 수 있음: 투입지표(Input) → 과정지표(Process) → 산출지표(Output) → 결과지표(Outcome) → 영향지표(Impact) 순으로 구분해서 보는 견해도 있음
③ 성과관리를 위해서는 그럴듯한 성과평가 지표의 개발이 중요함

05 　출제영역 >> 총론　　　　　난이도 下　정답 ③

관료제에서는 급여가 성과급이 아니라 연공서열에 따라 결정되는 연공급 제도를 원칙으로 함
① 관료로서의 직업은 잠정적인 것이 아니라 일생동안 종사하는 항구적인 생애의 직업임
② 관료제는 계층에 따라 권한과 책임의 한계를 다르게 정하고 있음
④ 문서주의와 관련된 내용임

06 　출제영역 >> 인사행정　　　　난이도 下　정답 ②

고공단은 정무직을 제외하고 일반직공무원, 별정직공무원, 특정직(외교분야)공무원이 될 수 있음
① 고공단은 직무성과급적 연봉제를 적용함 → 고정급적 연봉제는 정무직에 적용
③ 고공단은 1~3급을 가등급과 나등급의 두 계급으로 단순화함으로써 직무등급 중심의 인사운영을 강화함
④ 고공단 제도는 공무원 간 경쟁하는 공모직위를 통해 일정 비율을 충원하게 함으로써 공직의 개방성을 제고함(민간과 경쟁×)

07 　출제영역 >> 총론　　　　　난이도 下　정답 ①

선지는 합리선택적 신제도주의에 대한 내용임
② 제도적 동형화란 사회적 정당성을 확보한 문화 등이 유행처럼 확산되는 과정임 → 이러한 과정은 주변 조직들(조직의 장에 있는 조직들: 특정 문화의 지배를 받는 조직들)의 영향으로 인해 발생함
③ 역사적 제도주의는 우연히 발생한 사건에 따라 제도가 신설되거나 변경되는 현상을 설명할 수 있음
④ 경로의존성: 한 번 형성된 제도가 쉽게 바뀌지 않고 그 궤도를 유지하는 현상 → 우연한 사건이 발생하면 기존 제도가 변화할 수 있다는 점에서 선지는 올바른 내용임

08 　출제영역 >> 기타 제도 및 법령　　난이도 上　정답 ④

애자일 조직은 팀단위로 구성된 조직으로 상황에 따라 팀이 결합·해체를 반복하며, 필요할 때마다 새로운 프로젝트 단위로 재조직화되는 유연한 구조임
① 애자일 조직은 수평적인 의사소통을 강조하여 일선의 변화 속에서 신속한 의사결정을 도모할 수 있음
② 애자일 조직은 사전의 완벽한 계획보다는 실험과 학습을 반복하며 신속·유연하게 대응하는 것을 중시함
③ 애자일 조직은 피드백을 꾸준히 반영하면서 성과주기를 짧게 운영함(성과무시×)

09 출제영역 >> 정책학   난이도 中   정답 ①

추세연장 기법은 시계열 분석에 기초해 과거의 통계적 경향이나 추세를 미래에 연장하는 기계적 예측임 → 구성원의 노력에 따라 미래가 달라질 수 있음×

②④

추세연장 기법은 단기적 미래예측을 위해 데이터의 지속성, 규칙성, 자료의 신뢰성(일관성) 및 타당성(정확성)의 가정이 충족되는 것을 전제로 함 → 예 인사혁신처가 발표한 공무원 경쟁률 변화

10 출제영역 >> 인사행정   난이도 中   정답 ④

아래의 조항 참고

> **국가공무원법 제71조 【휴직】** ① 공무원이 다음 각 호의 어느 하나에 해당하면 임용권자는 본인의 의사에도 불구하고 휴직을 명하여야 한다.
> 1. 신체·정신상의 장애로 장기 요양이 필요할 때 → 1년 이내 휴직가능, 1년 범위에서 연장 가능(단, 공무상 질병·부상에 따른 휴직은 3년 이내로 하되 2년 범위에서 연장 가능)
> ① 정무직 공무원의 휴직시 국가공무원법상 휴직규정 일부가 준용됨 → 예 병역복무를 마치기 위하여 징집 또는 소집된 때

②

> **국가공무원법 제71조 【휴직】** ① 공무원이 다음 각 호의 어느 하나에 해당하면 임용권자는 본인의 의사에도 불구하고 휴직을 명하여야 한다.

③

> **국가공무원법 제73조 【휴직의 효력】** ③ 휴직 기간이 끝난 공무원이 30일 이내에 복귀 신고를 하면 당연히 복직된다.

11 출제영역 >> 기타 제도 및 법령   난이도 中   정답 ④

아래의 표 참고

☑ 주민자치위원회와 주민자치회

구분	주민자치위원회	주민자치회
법적 근거	없음(지방자치단체 개별 조례)	지방분권균형발전법
위촉권자	읍·면·동장	지방자치단체장
대표성	낮음	높음 → 지방자치단체와 대등한 협력관계
기능	자문기구	협의·실행기구 ㉠ 주민총회 개최 ㉡ 지방정부 위임·위탁 사무 수행

① 주민자치위원회는 읍·면·동 단위에서 설치하는 자문기구이며, 법적 근거는 없으나 조례로 운영하고 있음 → 다만, 주민자치회로 전환하고 있는 추세임

② 주민자치회는 현행 「지방분권균형발전법」에 명시된 제도로 읍·면·동의 주민자치 기능을 강화하기 위해 설치됨

③ 주민투표제도는 주민·지방의회의 청구 및 지자체장의 직권(지방의회 동의가 필요)으로 이루어지는 것으로 지방자치단체장은 주민투표를 발의할 수 있음

12 출제영역 >> 기타 제도 및 법령   난이도 下   정답 ③

아래의 조항 참고

> **지방공기업법 제2조 【적용 범위】** ① 이 법은 다음 각 호의 어느 하나에 해당하는 사업 중 지방자치단체가 직접 설치·경영하는 사업으로서 대통령령으로 정하는 기준 이상의 사업(이하 "지방직영기업"이라 한다)과 지방공사와 지방공단이 경영하는 사업에 대하여 각각 적용한다.
> 1. 수도사업(마을상수도사업은 제외한다)
> 4. 자동차운송사업
> 6. 하수도사업
> 7. 주택사업

13 출제영역 >> 기타 제도 및 법령   난이도 中   정답 ②

☑ 올바른 선지

ㄱ. 선지는 증거기반 정책결정의 개념을 나타내고 있음 → 아울러 증거기반 정책결정은 정책이 이념, 신념 등에 기반하거나 과학적 사실이 부족한 담론 등에 의한 정책결정을 지양함

ㄷ.

☑ 증거기반 정책결정 도입조건(Head, 2010)

> ① 관련 정책 영역에서 상당한 수준의 정보를 활용할 수 있는 정보기반이 갖추어져 있어야 함
> ② 관련 데이터를 분석하고 가공하여 정책대안 및 기존 정책성과 등을 평가할 수 있는 전문가가 확보되어야 함

☑ 틀린 선지

ㄴ. 증거기반 정책결정은 자료 수집이 상대적으로 용이한 보건정책과 복지정책, 형사정책 등에 활용됨 → 다만, 국방정책이나 문화정책 등은 정책목표나 성과를 계량화하고 명확한 증거를 수집하는 데 어려움이 있어 적용에 한계가 있음

14 출제영역 >> 조직론   난이도 中   정답 ②

경로목표이론은 1970년대에 하우스와 에반스가 브룸의 기대이론에 접목시켜 개발함 → 리더는 부하가 기대하는 보상(목표)을 받을 수 있게 만드는 행동(경로·통로)이 무엇인지 명확하게 규정함으로써 부하의 성과를 높일 수 있다는 주장

① 공정성이론: 인간은 준거집단과의 주관적·사회적 비교를 통해 보상이 공평하다고 인식할 때 만족감을 느낌 → 보상의 공정성을 강조한 이론

③ 목표설정이론: 난이도가 적당히 높고, 구체적인 목표를 능동적으로 설정할 때 강한 동기부여를 만들 수 있음을 설명한 이론

④ 직무특성이론: 직무의 특성과 직무수행자의 성장욕구수준의 관계를 연구한 이론 → 즉, 직무의 특성이 그 직무수행자의 성장욕구수준에 부합할 때 직무수행자가 더 큰 의미와 책임을 느낀다는 것을 설명(내재적 동기부여 강조)

15 출제영역 >> 기타 제도 및 법령   난이도 上   정답 ①

아래의 내용 참고

> ㉠ 공공데이터의 제공 및 이용 활성화에 관한 법률(공공데이터법)에 따르면 공공데이터의 이용을 공익적 목적의 범위에 국한하지 않고 영리적 목적의 이용의 경우에도 이를 금지 또는 제한하여서는 안 된다고 규정하고 있음
> ㉡ 공공정보를 민간에 개방하여 사용자에게 도구를 제공하고 사용자가 그 도구를 이용해 콘텐츠를 제작하여 부가가치를 창출하는 것
>   📖 2009년 서울의 고등학생이 개발한 '서울버스 앱'

② 데이터 이용 활성화를 위해 개인정보 보호법상 본인 동의 없이 가명정보를 민간에서 활용할 수 있음 → 가명정보: 개인정보의 일부를 삭제하거나 대체하여 추가 정보 없이는 특정 개인을 알아볼 수 없도록 처리된 정보(📖 홍○○, 나이: 30대 초반, 주소: 서울특별시)
③ OECD는 정보격차를 '개인, 가정, 기업 및 지역들 간에 상이한 사회·경제적 여건에서 비롯된 정보통신기술에 대한 접근기회와 다양한 활동을 위한 인터넷 이용에서의 차이'로 정의함
④ 지식관리를 중시하는 지식행정에서는 암묵지(노하우 등)의 형식지(매뉴얼 등)화가 중요함

16 출제영역 >> 정책학   난이도 中   정답 ①

버크랜드(Birkland)는 정부가 해결하기를 대중이 기대하는 이슈나 사회문제를 체제의제라고 함

☑ **버크랜드의 정책의제수준**

의제우주 (Agenda universe)	• 사회에 존재하는 모든 잠재적인 문제 • 일반 대중의 관심을 받지 못한 상태의 문제
체제의제	정부가 해결하기를 대중이 기대하는 이슈나 사회문제
제도의제	정부가 공식적으로 적극적인 고려 대상 혹은 행동 대상으로 채택한 구체적인 문제들의 목록
결정의제 (Decision agenda)	• 정부가 즉각적인 행동이나 결정을 내릴 준비가 된 소수의 구체적인 사안 • 구체적 대안을 마련하여 결정을 앞두고 있는 의제

② 선지는 다운스의 이슈관심주기 모형에 대한 내용임 → ① 다운스에 따르면, 중요한 국내문제(이슈)는 일정한 주기를 띠게 되는데, 이를 이슈관심주기라고 함
③ 바흐라흐 & 바라츠는 의사결정자(엘리트)의 가치나 이익에 대한 비기득권자의 잠재적인 도전을 억압하거나 방해하는 결과를 초래하는 결정, 즉 무의사결정을 주장함 → 신엘리트론
④ 킹던(Kingdon)에 따르면 정책창은 정책과정의 세 줄기, 즉 문제줄기(문제의 흐름), 정치줄기(정치의 흐름), 정책줄기(정책의 흐름)가 상호 독립적으로 떠돌다가 우연한 사건에 의해 결합되면 열림

17 출제영역 >> 재무행정   난이도 中   정답 ④

국가재정법에 따르면 정부는 조세지출 예산서를 작성해야 하나, 조세지출 결산서 작성에 대한 별도의 규정은 없음
①②③
성인지 예산서·결산서, 성인지 기금운용계획서·기금결산서, 온실가스감축인지 예산서·결산서, 온실가스감축인지 기금운용계획서·기금결산서는 국가재정법상 정부가 작성해야 하는 서류임

18 출제영역 >> 인사행정   난이도 下   정답 ①

선거에 의하여 취임하는 공무원은 「공무원연금법」 적용대상이 아님
② 공무원 연금제도의 운영은 행정안전부장관이 아니라 중앙인사기관장인 인사혁신처장관이 주관하고 연금의 관리는 공무원연금공단이 담당함
③ 퇴직수당은 퇴직연금과 달리 1년 이상 근무하고 퇴직하는 공무원에게 정부재원으로 지급하는 수당임
④ 퇴직연금을 받기 위해서는 공무원으로 10년 이상 재직해야 함

19 출제영역 >> 기타 제도 및 법령   난이도 下   정답 ③

넛지이론에서는 사람들에게 이로운 선택을 자연스럽게 할 수 있는 기본값을 정하는 게 중요하므로 구조화된 선택지를 제공해야 함
①②④

☑ **넛지이론의 특징**

> ㉠ 선택설계·자유주의적 개입주의: 개인의 자유로운 선택을 통해 정책의 목표를 달성할 수 있음
> ㉡ 행동적 시장실패 방지를 위한 기본값 설정: 디폴트 옵션값을 그대로 사용하는 사람들의 인지적 편향을 활용하여 자신에게 바람직한 행동을 유도 → 자신의 손실을 초래하는 내부효과 방지
> ㉢ 즉, 사람들에게 이로운 선택을 자연스럽게 할 수 있는 기본값을 정하는 게 중요하다는 것
> ㉣ 귀납적 분석: 넛지이론은 심리학을 경제학에 적용한 행동경제학에 기반하는바 실험을 통한 귀납적 접근을 중시
> ㉤ 급진적 점증주의: 혁신적 변화는 결국 꾸준한 소규모 변화가 누적된 결과라는 관점
> ㉥ 디폴트 옵션 설정: 컴퓨터 사용시 특정 설정을 정하지 않았을 때 기본 설정값이 채택되는 방식

20 출제영역 >> 재무행정   난이도 中   정답 ②

②는 머스그레이브가 제시한 경제적 기능에 포함되지 않음

☑ **머스그레이브가 제시한 경제적 기능**

효율적 자원배분	① 시장이 효율적으로 공급할 수 없는 재화를 제공하기 위해 자원을 배분하는 것 ② 이를 통해 시장실패를 보정하고 사회적인 최적생산과 소비를 달성할 수 있음
소득재분배	세입 면에서는 차별 과세를 하고, 세출 면에서는 사회보장적 지출을 통해 소외계층을 지원해야 함
경제안정	경제안정에 기여하도록 공공자금의 지출을 유도하는 기능 → 예컨대, 불경기로 실업이 증가하면 실업률이 감소하도록 정부의 총지출을 증가시키는 행위

① 소득재분배 기능과 관련된 내용임
③ 경제안정 기능에 대한 내용임
④ 효율적 자원배분에 대한 내용임

제
05
회

Answer

01	①	02	③	03	②	04	④	05	②
06	②	07	③	08	④	09	④	10	③
11	④	12	④	13	②	14	④	15	④
16	①	17	②	18	③	19	①	20	③
21	①	22	①	23	①	24	①	25	④

01 　출제영역 >> 지방자치론　　　　　　　난이도 下　정답 ①

지방교부세는 일반재원임
② 지방교부세는 기본적으로 지방자치단체의 독립된 고유재원으로서의
성격을 지님 → 즉, 지방교부세는 국가로부터 단순히 지원받는 교부금
이 아니고 국가에서 교부되는 '세(稅)'수입의 일종으로서 간접 과징형태
의 지방세라고 할 수 있음(김흥래, 2005)
③ 지방교부세는 수평적 조정의 성격이 강함
④

> **지방교부세법 제2조 【정의】** 이 법에서 사용하는 용어의 뜻은 다음과 같다.
> 1. "지방교부세"란 국가가 재정적 결함이 있는 지방자치단체에 교부하는
>   금액을 말한다.

02 　출제영역 >> 총론　　　　　　　　　　난이도 下　정답 ③

보기는 공공선택론에 대한 설명임
① 공공가치론: 시민과 이해관계자의 관여와 이들과 공무원 간 숙의민
주주의 과정을 통한 공공가치의 결정·창출, 그 결과에 대한 평가가 이
루어질 때 행정의 정당성을 강화할 수 있으며, 정부가 시민의 능동적 신
뢰를 창출할 수 있다는 관리패러다임
② 신공공서비스론: 행정서비스의 위상과 가치를 제고하기 위해서는
관료와 시민의 참여를 통해 민주적인 방식으로 행정을 운영해야 한다는
국가운영 패러다임
④ 뉴거버넌스론: 정부, 시장, 시민사회 간 협치체계를 강조하는 관리
패러다임

03 　출제영역 >> 인사행정　　　　　　　　난이도 下　정답 ②

직무급은 난이도가 동일한 직무에 대해 동일한 보수의 원칙을 적용함
① 생활급은 생활보상의 원칙을 적용한 제도임
③ 연공급은 근속기간에 따라 급여수준이 결정되는바 능력 개발이나 생
산성 향상을 위한 동기 부여에 효과적이지 않음
④ 생활급에 대한 내용임

04 　출제영역 >> 조직론　　　　　　　　　　난이도 下　정답 ④

선지는 거래적 리더십에 대한 내용임
①②③

☑ **변혁적 리더십**

구분	내용
카리스마적 (위광적) 리더십	① 리더가 특출한 성격과 능력으로 추종자들의 강한 헌신과 리더와의 일체화를 이끌어내는 리더십 → 솔선수범을 통해 존경과 신뢰를 얻음 ② 리더가 난관을 극복하고 현재 상황에 대한 각성을 확고하게 표명함으로써 부하에게 자긍심과 신념을 심어줌 ③ 변혁적 리더십은 카리스마적 리더십을 기반으로 하는바 카리스마적 리더십과 중첩되는 면이 있음
영감적 리더십	리더가 부하로 하여금 도전적인 목표와 임무, 그리고 미래에 대한 비전을 열정적으로 받아들이고 추구하도록 격려 → 비전제시 및 공유
개별적 배려	① 리더가 부하에게 특별한 관심을 보이고 각 부하의 특정한 요구를 이해함으로써 부하에 대한 개인적 존중을 표현하는 것 ② 즉, 리더는 구성원 개개인의 니즈에 관심을 가지면서 잠재력 개발을 도움 → 부하의 자아실현과 존중감 등 높은 수준의 욕구 실현에 관심을 둠 ③ 리더는 조직의 혁신을 위해 부하의 변화에 초점을 두고 재량권을 부여하면서 부하를 리더로 키움
지적 자극: 촉매적 리더십	리더가 부하로 하여금 형식적 관례와 사고를 다시 생각하게 함으로써 새로운 관념을 형성하는 것

05 　출제영역 >> 재무행정　　　　　　　　난이도 下　정답 ②

양곡, 조달사업 등은 정부가 직접 운영하며, 모두 특별회계로 설치되어
있음
① 특별회계는 세입세출예산이므로 예산총계주의 원칙의 예외에 해당
하지 않음
③ 특별회계는 재정운영의 자율성을 운영주체에게 부여한다는 점에서
일반회계에 비해 재정에 대한 외부통제가 용이하지 않음
④ 선지는 추경예산편성 사유에 해당함

06 　출제영역 >> 정책학　　　　　　　　　　난이도 下　정답 ②

비용편익분석은 능률성 판단을 위한 정책분석기법임(형평성×)
① 비용편익분석에서는 비용과 편익을 비교하기 위해 양자를 화폐가치
로 측정함
③ 비용편익분석은 할인율을 활용하여 미래 시점에서 발생하는 비용과
편익을 현재가치로 환산함
④ 예를 들어, 레고랜드 입장료는 유형적 편익이며, 레고랜드 사업으로
인한 주민만족도 상승은 무형적 편익임

07 출제영역 >> 기타 제도 및 법령　　　　난이도 中　정답 ③

직무소진은 직무스트레스가 만성적으로 장기간 누적되어 구성원들이 직무로부터 느끼는 정서적·행동적 피로감과 탈진상태임 → 장기적 증상

☑ 직무스트레스와 직무소진

구분	직무스트레스 (job stress)	직무소진 (job burnout)
개념	업무상 요구되는 사항과 개인의 능력, 자원, 바람이 일치하지 않을 때 발생하는 신체적·심리적 긴장상태 → 단기적·일시적 반응	직무스트레스가 만성적으로 장기간 누적되어 구성원들이 직무로부터 느끼는 정서적·행동적 피로감과 탈진상태 → 장기적 증상
원인	과도한 업무량, 역할모호성, 역할갈등, 보상의 불공정성 등	① 만성적으로 장기간 누적된 직무스트레스 ② 역할갈등, 역할모호성, 역할과중 등은 직무소진을 높일 수 있음 ③ 자아성취 측면에서의 직무소진은 조직에서 요구하는 기대만큼 직무성과가 높지 않을 때 발생
기타	① 직무스트레스 정도와 조직성과는 역U자 곡선 관계 ② 직무스트레스는 이직의도를 증가시키는 요인이 될 수 있음	※직무소진의 유형(매슬랙과 잭슨) ① 정서적 탈진 : 과도한 심리적 부담으로 인한 정서자원의 메마름, 무력감 ② 비인격화 : 부정적·냉소적 대인관계 ③ 성취감 감소 : 자신에 대한 부정적 평가로 자아성취감 및 자존감 감소

08 출제영역 >> 지방자치론　　　　난이도 下　정답 ④

☑ 올바른 선지
ㄴ. 제주도의 자치계층은 단층제(1층제)이며, 행정계층은 3층제(제주도-행정시-읍·면·동)임
ㄹ. 제주도 및 세종시는 단층제임

☑ 틀린 선지
ㄱ. 중층제는 행정의 책임성 확보에 불리함
ㄷ. 중층제에 대한 내용임

09 출제영역 >> 조직론　　　　난이도 下　정답 ④

대안적 갈등해결 방식(Alternative Dispute Resolution)은 법원의 판결이 아닌, 당사자 간 합의나 제3자의 중재를 통한 해결방식임

☑ 대안적 갈등해결 방식(Alternative Dispute Resolution)의 유형

협상	① 갈등당사자들의 자발적인 합의와 대화로 갈등을 해결하는 방식 ② 제3자인 조정자가 갈등해결에 참여하지 않는다는 점에서 조정방식과 다름 ③ 결과에 대한 법적인 효력이 없고 결정의 모든 책임에 대해 갈등당사자의 자유의사에 맡기는 특징을 지니고 있음
조정	① 갈등해결에 있어 제3자인 조정자가 참여를 하지만 갈등당사자들의 갈등해결에 조언자 또는 자문의 역할을 수행하며, 최종적인 결론은 갈등당사자들의 합의로 결정이 나도록 함 ② 법적인 효력이 인정되지 않는 경우가 많으며, 제3자가 갈등해결에 있어 그 권한이 거의 없다는 점에서 중재와 가장 큰 차이를 지님
중재	① 중립적인 제3자가 갈등당사자들의 동의를 얻어 협상에 개입하여 분쟁당사자들이 쉽게 해결점에 도달할 수 있도록 도와주는 갈등해결방법 ② 중재는 갈등을 해결하는데 있어서 당사자들의 자발적인 참여보다 제3자인 중재자에게 전권을 위임하고 그 결과에 승복하는 형태로, 소송과 유사하지만 그 효력에 반드시 법적인 효력이 있는 경우가 없는 경우가 있어 이에 소송과 차이를 보이고 있음

① 갈등에 대한 전통적 견해는 갈등을 부정적인 것으로 보고, 제거의 대상으로 간주함
② 예를 들어, 선의의 경쟁의 경우 조직의 혁신과 창의성을 제고할 수 있음
③ 계선은 보수적 성격, 참모는 혁신적 성격을 띠는 조직이므로 업무처리 과정에서 양자 간에 갈등이 발생할 수 있음

제 06 회

10 출제영역 >> 기타 제도 및 법령　　　　난이도 下　정답 ③

아래의 조항 참고
①②③④

> **행정규제기본법 제4조 【규제 법정주의】** ① 규제는 법률에 근거하여야 하며, 그 내용은 알기 쉬운 용어로 구체적이고 명확하게 규정되어야 한다. ② 규제는 법률에 직접 규정하되, 규제의 세부적인 내용은 법률 또는 상위법령(上位法令)에서 구체적으로 범위를 정하여 위임한 바에 따라 대통령령·총리령·부령 또는 조례·규칙으로 정할 수 있다. 다만, 법령에서 전문적·기술적 사항이나 경미한 사항으로서 업무의 성질상 위임이 불가피한 사항에 관하여 구체적으로 범위를 정하여 위임한 경우에는 고시 등으로 정할 수 있다.
> ③ 행정기관은 법률에 근거하지 아니한 규제로 국민의 권리를 제한하거나 의무를 부과할 수 없다.

11 출제영역 >> 기타 제도 및 법령   난이도 中   정답 ④

던칸(Duncan)은 순응과 수용을 구별함 → 순응은 외면적 행동 변화이며, 수용은 외면적 행동 변화와 내면적 가치관 변화까지도 포함한다고 보았음
① 정책순응 대상: 정책대상집단, 정책집행자(일선 관료, 중간 매개집단 등)
② 정책대상집단의 비용부담이 크다면 불응을 초래할 수 있음
③ 정책목표를 달성하기 위한 특정 정책에 대해 긍정적인 판단을 한다면 이는 정책순응을 유도할 수 있음

12 출제영역 >> 재무행정   난이도 下   정답 ④

계획예산제도는 하향식 접근을 선택하여 재원 배분 권한의 집권화를 강조하는 제도임
① 영기준 예산제도는 합리모형에 입각한 감축지향적 제도임
② 품목별 예산제도는 품목을 중심으로 예산을 편성하며, 명확한 회계 책임을 도모할 수 있음
③ (신)성과주의 예산제도: 공공서비스를 생산하는 과정을 투입 → 산출 → 결과의 단계로 구분하고 산출 및 결과에 초점을 두어 예산을 편성하는 제도

13 출제영역 >> 인사행정   난이도 下   정답 ②

성과계약등 평가는 성과계약을 맺고 목표달성도를 평가하는 것으로 직무성과의 평가에 초점(태도 평가 가능)을 둠 → 연 1회 실시
① 4급 이상 일반직공무원은 성과계약등 평가 대상임
③ 채용시험성적과 임용 후의 근무성적을 비교함으로써 공무원 선발도구의 타당성을 검증할 수 있음
④ 선지는 체계적 오류에 대한 내용임 → 시간적 오류는 최근 실적이나 초기성과에 의해 오류가 발생하는 현상임

14 출제영역 >> 정책학   난이도 下   정답 ④

프레스만과 윌다브스키가 제시한 집행과정에서 정책실패를 유발하는 요인: 많은 참여자와 이들의 반대(공동행위의 복잡성), 주요 관리자의 빈번한 교체, 잘못된 집행기관 선정, 정책내용 자체의 문제(정책의 복잡성 및 부적절성 등)

15 출제영역 >> 총론   난이도 下   정답 ④

아래의 조항 참고

> **전자정부법 제4조【전자정부의 원칙】**① 행정기관등은 전자정부의 구현·운영 및 발전을 추진할 때 다음 각 호의 사항을 우선적으로 고려하고 이에 필요한 대책을 마련하여야 한다.
> 1. 대민서비스의 전자화 및 국민편익의 증진
> 2. 행정업무의 혁신 및 생산성·효율성의 향상
> 3. 정보시스템의 안전성·신뢰성의 확보
> 4. 개인정보 및 사생활의 보호
> 5. 행정정보의 공개 및 공동이용의 확대
> 6. 중복투자의 방지 및 상호운용성 증진

16 출제영역 >> 정책학   난이도 下   정답 ①

합법성은 라스웰이 주장한 정책학 특성이 아님
②③④

☑ **라스웰 정책학 소개(1971)**

> ㉠ 라스웰은 1971년 정책학 소개에서 맥락지향성, 문제지향성, 연합학문지향성을 제시
> ㉡ 라스웰은 인간이 다른 사람과 상호작용하면서 행동한다고 주장함(맥락성) → 따라서 라스웰은 정책결정을 사회적 과정의 부분으로 보았음
> ㉢ 사회문제 해결을 위해 다양한 연구 방법의 사용을 장려 → 학제적 접근·범학문성

17 출제영역 >> 인사행정   난이도 下   정답 ②

2010년 이후 신규임용자의 퇴직연금 지급 개시 연령은 65세임
① 즉, 비용부담은 정부와 공무원이 균등부담하는 사회보험의 성격을 지니며, 공직자의 퇴직 후 생활을 보호하는 부양원리를 채택하고 있음
③

> **공무원연금법 제2조【주관】**이 법에 따른 공무원연금제도의 운영에 관한 사항은 인사혁신처장이 주관한다.
> ④ 퇴직연금은 10년 이상 재직한 공무원이 퇴직 후 만 65세 이상이 되었을 때 지급됨

18 출제영역 >> 인사행정   난이도 下   정답 ③

과학적 관리론과 실적제의 발달(조직 내 작업분석 및 개방형 측면)은 직위분류제 발전에 기여함
① 대표관료제: 사회 내 다양한 계층을 충원하는 인사행정제도
② 다면평가제: 부하, 동료, 상관, 고객 모두가 평정에 참여하는 제도
④ 유연근무제: 개인, 업무, 기관별 특성에 맞는 유연한 근무 형태를 공무원이 선택해 활용할 수 있는 제도

19 출제영역 >> 정책학   난이도 中   정답 ①

총괄평가는 정책이 종료된 후에 그 정책이 당초 의도했던 효과를 가져왔는지를 판단하는 활동임 → 관리(집행)절차 혹은 관리(집행)전략 등을 집행 중에 평가하는 것은 과정평가(형성평가)임

☑ **협의의 총괄평가**
정책집행 후 정책이 사회에 미친 산출(output), 결과(outcome), 영향(impact) 중 의도한 정책효과(effect)가 정책으로 인해 발생했는지 평가하는 활용

정책산출	정책으로 인한 단기적 효과 → 직접적 물적·인적 산출
정책결과	정책산출로 인한 장기적·의도적·긍정적·직접적 효과
정책영향	정책결과로 인한 최종적·장기적인 효과 → 의도적·비의도적, 긍정적·부정적, 직·간접적, 내·외부적 효과 포함

20 출제영역 >> 재무행정 　　　난이도 下　정답 ③

아래의 조항 참고

국가재정법 동법 제5조【기금의 설치】① 기금은 국가가 특정한 목적을 위하여 특정한 자금을 신축적으로 운용할 필요가 있을 때에 한하여 법률로써 설치하되, 정부의 출연금 또는 법률에 따른 민간부담금을 재원으로 하는 기금은 별표 2에 규정된 법률에 의하지 아니하고는 이를 설치할 수 없다. ② 제1항의 규정에 따른 기금은 세입세출예산에 의하지 아니하고 운용할 수 있다.

②

동법 제68조【기금운용계획안의 국회제출 등】①정부는 제67조제3항의 규정에 따른 주요항목 단위로 마련된 기금운용계획안을 회계연도 개시 120일 전까지 국회에 제출하여야 한다.

④

동법 제85조의7【성과계획서 및 성과보고서의 제출】각 중앙관서의 장은 제31조제1항에 따라 예산요구서를 제출할 때 다음 연도 예산의 성과계획서 및 전년도 예산의 성과보고서를 함께 제출하여야 하며, 기금관리주체는 제66조제5항에 따라 기금운용계획안을 제출할 때 다음 연도 기금의 성과계획서 및 전년도 기금의 성과보고서를 함께 제출하여야 한다.

21 출제영역 >> 행정환류 　　　난이도 下　정답 ①

정당은 비공식적 통제수단임
② 감사원은 대통령 소속이므로 내부통제 방식임
③ 행정통제는 행정체제의 일탈에 대한 감시를 통해 행정성과를 달성하려는 활동임 → 따라서 통제시기의 적시성과 통제내용의 효율성이 요구됨
④ 행정통제는 행정책임 확보를 위한 수단임 → 즉, 양자는 인과관계임

22 출제영역 >> 지방자치론 　　　난이도 下　정답 ①

아래의 조항 참고

지방세기본법 제8조【지방자치단체의 세목】① 특별시세와 광역시세는 다음 각 호와 같다. 다만, 광역시의 군(郡) 지역에서는 제2항에 따른 도세를 광역시세로 한다.
1. 보통세
　가. 취득세
　나. 레저세
　다. 담배소비세
　라. 지방소비세
　마. 주민세
　바. 지방소득세
　사. 자동차세
2. 목적세
　가. 지역자원시설세
　나. 지방교육세

23 출제영역 >> 인사행정 　　　난이도 中　정답 ①

아래의 조항 참고

국가공무원법 제32조【임용권자】⑦ 선거관리위원회 소속 5급 이상 공무원은 중앙선거관리위원회의 의결을 거쳐 중앙선거관리위원회위원장이 임용하고, 6급 이하의 공무원은 중앙선거관리위원회사무총장이 임용한다.
→ 헌법상 독립기관의 경우 5급 이상은 기관장이 임용하고, 6급 이하는 사무기구의 장에게 위임함
※ 참고 : 행정부 소속 공무원의 경우 5급 이상은 대통령이 임용하고 6급 이하는 소속 장관에게 임용권 위임

②

국가공무원법 제33조【결격사유】다음 각 호의 어느 하나에 해당하는 자는 공무원으로 임용될 수 없다.
5. 금고 이상의 형의 선고유예를 받은 경우에 그 선고유예 기간 중에 있는 자

③

국가공무원법 제26조【임용의 원칙】공무원의 임용은 시험성적·근무성적. 그 밖의 능력의 실증에 따라 행한다. 다만, 국가기관의 장은 대통령령 등으로 정하는 바에 따라 장애인·이공계전공자·저소득층·다자녀양육자 등에 대한 채용·승진·전보 등 인사관리상의 우대와 실질적인 양성 평등을 구현하기 위한 적극적인 정책을 실시할 수 있다.

④

국가공무원법 제32조【임용권자】① 행정기관 소속 5급 이상 공무원 및 고위공무원단에 속하는 일반직공무원은 소속 장관의 제청으로 인사혁신처장과 협의를 거친 후에 국무총리를 거쳐 대통령이 임용하되, 고위공무원단에 속하는 일반직공무원의 경우 소속 장관은 해당 기관에 소속되지 아니한 공무원에 대하여도 임용제청할 수 있다.

24 출제영역 >> 총론 　　　난이도 下　정답 ①

☑ 올바른 선지
ㄱ. 마리니는 신행정학을 주장한 학자이므로 사회적 형평성을 강조함
ㄷ. 덴하르트는 신공공서비스론을 주장한 학자이므로 정부역할로서 방향잡기보다 봉사하기를 강조함

☑ 틀린 선지
ㄴ. 굿노는 정치행정이원론을 주장한 학자임
ㄹ. 코헨과 올슨은 쓰레기통모형을 만든 학자이므로 최선의 합리성을 부정하고 제한된 합리성을 인정함

규제비용관리제는 규제로 인해 발생하는 총비용을 정하고, 그 이상으로 증가하지 않도록 관리하는 방법임 → 규제총량제란 규제의 총량을 정하고 규제의 건수가 그 이상으로 증가하지 않도록 관리하는 제도임 ①②③

☑ **규제관리제도**

규제 일몰제	내용	규제의 존속기간을 정해 기존 규제의 타당성을 주기적으로 관리하는 방법
	법령	**행정규제기본법 제8조【규제의 존속기한 및 재검토기한 명시】** ② 규제의 존속기한 또는 재검토기한은 규제의 목적을 달성하기 위하여 필요한 최소한의 기간 내에서 설정되어야 하며, 그 기간은 원칙적으로 5년을 초과할 수 없다.
규제 등록제	내용	정부가 관리대상 규제를 등록하는 방법
	법령	**행정규제기본법 제6조【규제의 등록 및 공표】** ① 중앙행정기관의 장은 소관 규제의 명칭·내용·근거·처리기관 등을 제23조에 따른 규제합리화위원회에 등록하여야 한다.
한시적 규제 유예제	내용	① 규제의 효력을 한시적으로 중지해 규제 적용을 유예하는 방법 ② 일정 요건에 해당하는 기업과 국민 모두에게 보편적으로 적용
	법령	**행정규제기본법 제8조의3【소상공인 등에 대한 규제 형평】** ① 중앙행정기관의 장은 규제를 신설하거나 강화하려는 경우 「소상공인기본법」 제2조에 따른 소상공인 및 「중소기업기본법」 제2조제2항에 따른 소기업에 대하여 해당 규제를 적용하는 것이 적절하지 아니하거나 과도한 부담을 줄 우려가 있다고 판단되면 규제의 전부 또는 일부의 적용을 면제하거나 일정기간 유예하는 등의 방안을 검토하여야 한다.
	기타	규제샌드박스 : 특정 기업에 대한 규제유예제

실전동형 모의고사

1회

1. ①	2. ④	3. ③	4. ②	5. ③
6. ③	7. ④	8. ①	9. ③	10. ④
11. ①	12. ②	13. ②	14. ③	15. ④
16. ②	17. ③	18. ②	19. ①	20. ②

2회

1. ④	2. ④	3. ③	4. ④	5. ③
6. ①	7. ①	8. ④	9. ②	10. ④
11. ②	12. ②	13. ③	14. ③	15. ④
16. ③	17. ②	18. ④	19. ①	20. ③

3회

1. ④	2. ①	3. ④	4. ④	5. ③
6. ④	7. ④	8. ①	9. ②	10. ④
11. ④	12. ②	13. ①	14. ②	15. ④
16. ③	17. ③	18. ②	19. ④	20. ④

4회

1. ③	2. ②	3. ②	4. ①	5. ②
6. ①	7. ③	8. ④	9. ①	10. ④
11. ③	12. ③	13. ④	14. ③	15. ④
16. ②	17. ③	18. ④	19. ②	20. ②

5회

1. ①	2. ④	3. ③	4. ③	5. ②
6. ④	7. ④	8. ①	9. ②	10. ②
11. ③	12. ②	13. ④	14. ①	15. ④
16. ③	17. ④	18. ②	19. ④	20. ④

6회

1. ①	2. ④	3. ③	4. ③	5. ②
6. ④	7. ②	8. ④	9. ①	10. ②
11. ②	12. ④	13. ④	14. ①	15. ④
16. ①	17. ②	18. ③	19. ②	20. ④

7회

1. ②	2. ③	3. ②	4. ①	5. ④
6. ①	7. ③	8. ④	9. ④	10. ③
11. ①	12. ②	13. ②	14. ④	15. ④
16. ④	17. ①	18. ③	19. ②	20. ③

8회

1. ②	2. ④	3. ②	4. ①	5. ②
6. ④	7. ②	8. ④	9. ②	10. ④
11. ③	12. ③	13. ②	14. ①	15. ③
16. ②	17. ②	18. ④	19. ③	20. ④

9회

1. ③	2. ②	3. ④	4. ③	5. ③
6. ④	7. ③	8. ②	9. ②	10. ④
11. ④	12. ④	13. ②	14. ④	15. ①
16. ④	17. ②	18. ④	19. ②	20. ④

10회

1. ③	2. ④	3. ①	4. ②	5. ④
6. ④	7. ③	8. ④	9. ①	10. ②
11. ④	12. ②	13. ③	14. ③	15. ②
16. ④	17. ④	18. ③	19. ②	20. ①

11회

1. ③	2. ②	3. ③	4. ④	5. ④
6. ①	7. ②	8. ②	9. ④	10. ②
11. ②	12. ②	13. ③	14. ②	15. ②
16. ②	17. ①	18. ②	19. ④	20. ①

기출문제

1회

1. ④	2. ④	3. ②	4. ③	5. ③
6. ③	7. ②	8. ①	9. ③	10. ③
11. ①	12. ①	13. ④	14. ②	15. ②
16. ④	17. ③	18. ①	19. ②	20. ④

2회

1. ④	2. ②	3. ②	4. ③	5. ④
6. ①	7. ④	8. ④	9. ①	10. ④
11. ③	12. ②	13. ④	14. ②	15. ④
16. ①	17. ①	18. ②	19. ③	20. ②

3회

1. ③	2. ④	3. ④	4. ②	5. ①
6. ③	7. ②	8. ④	9. ②	10. ③
11. ③	12. ①	13. ②	14. ④	15. ①
16. ②	17. ①	18. ①	19. ②	20. ①
21. ④	22. ③	23. ③	24. ④	25. ③

4회

1. ③	2. ①	3. ②	4. ②	5. ①
6. ②	7. ④	8. ①	9. ①	10. ④
11. ③	12. ④	13. ③	14. ④	15. ④
16. ②	17. ④	18. ④	19. ①	20. ③

5회

1. ③	2. ①	3. ①	4. ④	5. ③
6. ②	7. ①	8. ④	9. ①	10. ④
11. ④	12. ③	13. ②	14. ②	15. ①
16. ①	17. ④	18. ①	19. ③	20. ②

6회

1. ①	2. ③	3. ②	4. ④	5. ②
6. ②	7. ③	8. ④	9. ④	10. ③
11. ④	12. ④	13. ②	14. ④	15. ④
16. ①	17. ②	18. ③	19. ①	20. ③
21. ①	22. ①	23. ①	24. ①	25. ④

최욱진

주요 약력

• 고려대학교 정경대학 행정학과 졸업
• 고려대학교 일반대학원 행정학과 행정학 전공
• 현) 박문각 공무원 행정학 전임교수

주요 저서

• 2026 박문각 공무원 최욱진 행정학 기본서
• 2026 박문각 공무원 최욱진 행정학 단원별 7·9급 기출문제집
• 2026 박문각 공무원 최욱진 행정학 천지문 OX
• 2026 박문각 공무원 최욱진 행정학 FINAL 봉투 모의고사
• 2026 박문각 공무원 최욱진 행정학 FINAL 적중 모의고사
• 2025 박문각 공무원 최욱진 행정학 단원별 예상문제집

최욱진 행정학
FINAL 적중모의고사

초판 인쇄 | 2026. 4. 15.   **초판 발행** | 2026. 4. 20.   **편저자** | 최욱진

발행인 | 박 용   **발행처** | (주)박문각출판   **등록** | 2015년 4월 29일 제2019−000137호

주소 | 06654 서울시 서초구 효령로 283 서경 B/D 4층   **팩스** | (02)584−2927

전화 | 교재 문의 (02)6466−7202

저자와의
협의하에
인지생략

정가 15,000원
ISBN 979−11−7519−453−3

2026년도 공무원 공개경쟁채용시험 필기시험 답안지

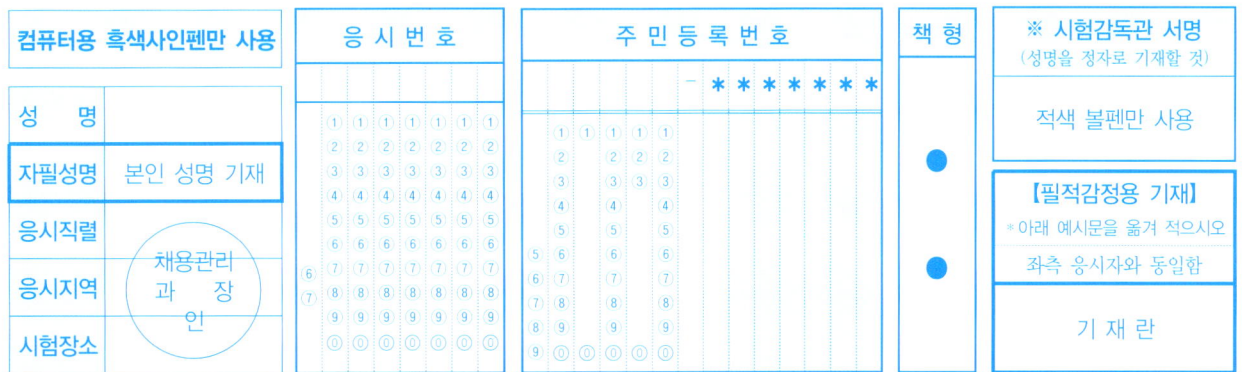

컴퓨터용 흑색사인펜만 사용	응 시 번 호	주 민 등 록 번 호	책 형	※ 시험감독관 서명

성 명

자필성명 — 본인 성명 기재

응시직렬

응시지역

시험장소

채용관리과장 안

응시번호 / 주민등록번호: `- *******`

(성명을 정자로 기재할 것)

적색 볼펜만 사용

【필적감정용 기재】

*아래 예시문을 옮겨 적으시오

좌측 응시자와 동일함

기 재 란

문번	제1회
1	① ② ③ ④
2	① ② ③ ④
3	① ② ③ ④
4	① ② ③ ④
5	① ② ③ ④
6	① ② ③ ④
7	① ② ③ ④
8	① ② ③ ④
9	① ② ③ ④
10	① ② ③ ④
11	① ② ③ ④
12	① ② ③ ④
13	① ② ③ ④
14	① ② ③ ④
15	① ② ③ ④
16	① ② ③ ④
17	① ② ③ ④
18	① ② ③ ④
19	① ② ③ ④
20	① ② ③ ④

문번	제2회
1	① ② ③ ④
2	① ② ③ ④
3	① ② ③ ④
4	① ② ③ ④
5	① ② ③ ④
6	① ② ③ ④
7	① ② ③ ④
8	① ② ③ ④
9	① ② ③ ④
10	① ② ③ ④
11	① ② ③ ④
12	① ② ③ ④
13	① ② ③ ④
14	① ② ③ ④
15	① ② ③ ④
16	① ② ③ ④
17	① ② ③ ④
18	① ② ③ ④
19	① ② ③ ④
20	① ② ③ ④

문번	제3회
1	① ② ③ ④
2	① ② ③ ④
3	① ② ③ ④
4	① ② ③ ④
5	① ② ③ ④
6	① ② ③ ④
7	① ② ③ ④
8	① ② ③ ④
9	① ② ③ ④
10	① ② ③ ④
11	① ② ③ ④
12	① ② ③ ④
13	① ② ③ ④
14	① ② ③ ④
15	① ② ③ ④
16	① ② ③ ④
17	① ② ③ ④
18	① ② ③ ④
19	① ② ③ ④
20	① ② ③ ④

문번	제4회
1	① ② ③ ④
2	① ② ③ ④
3	① ② ③ ④
4	① ② ③ ④
5	① ② ③ ④
6	① ② ③ ④
7	① ② ③ ④
8	① ② ③ ④
9	① ② ③ ④
10	① ② ③ ④
11	① ② ③ ④
12	① ② ③ ④
13	① ② ③ ④
14	① ② ③ ④
15	① ② ③ ④
16	① ② ③ ④
17	① ② ③ ④
18	① ② ③ ④
19	① ② ③ ④
20	① ② ③ ④

문번	제5회
1	① ② ③ ④
2	① ② ③ ④
3	① ② ③ ④
4	① ② ③ ④
5	① ② ③ ④
6	① ② ③ ④
7	① ② ③ ④
8	① ② ③ ④
9	① ② ③ ④
10	① ② ③ ④
11	① ② ③ ④
12	① ② ③ ④
13	① ② ③ ④
14	① ② ③ ④
15	① ② ③ ④
16	① ② ③ ④
17	① ② ③ ④
18	① ② ③ ④
19	① ② ③ ④
20	① ② ③ ④

문번	제6회
1	① ② ③ ④
2	① ② ③ ④
3	① ② ③ ④
4	① ② ③ ④
5	① ② ③ ④
6	① ② ③ ④
7	① ② ③ ④
8	① ② ③ ④
9	① ② ③ ④
10	① ② ③ ④
11	① ② ③ ④
12	① ② ③ ④
13	① ② ③ ④
14	① ② ③ ④
15	① ② ③ ④
16	① ② ③ ④
17	① ② ③ ④
18	① ② ③ ④
19	① ② ③ ④
20	① ② ③ ④

문번	제7회
1	① ② ③ ④
2	① ② ③ ④
3	① ② ③ ④
4	① ② ③ ④
5	① ② ③ ④
6	① ② ③ ④
7	① ② ③ ④
8	① ② ③ ④
9	① ② ③ ④
10	① ② ③ ④
11	① ② ③ ④
12	① ② ③ ④
13	① ② ③ ④
14	① ② ③ ④
15	① ② ③ ④
16	① ② ③ ④
17	① ② ③ ④
18	① ② ③ ④
19	① ② ③ ④
20	① ② ③ ④

문번	제8회
1	① ② ③ ④
2	① ② ③ ④
3	① ② ③ ④
4	① ② ③ ④
5	① ② ③ ④
6	① ② ③ ④
7	① ② ③ ④
8	① ② ③ ④
9	① ② ③ ④
10	① ② ③ ④
11	① ② ③ ④
12	① ② ③ ④
13	① ② ③ ④
14	① ② ③ ④
15	① ② ③ ④
16	① ② ③ ④
17	① ② ③ ④
18	① ② ③ ④
19	① ② ③ ④
20	① ② ③ ④

문번	제9회
1	① ② ③ ④
2	① ② ③ ④
3	① ② ③ ④
4	① ② ③ ④
5	① ② ③ ④
6	① ② ③ ④
7	① ② ③ ④
8	① ② ③ ④
9	① ② ③ ④
10	① ② ③ ④
11	① ② ③ ④
12	① ② ③ ④
13	① ② ③ ④
14	① ② ③ ④
15	① ② ③ ④
16	① ② ③ ④
17	① ② ③ ④
18	① ② ③ ④
19	① ② ③ ④
20	① ② ③ ④

문번	제10회
1	① ② ③ ④
2	① ② ③ ④
3	① ② ③ ④
4	① ② ③ ④
5	① ② ③ ④
6	① ② ③ ④
7	① ② ③ ④
8	① ② ③ ④
9	① ② ③ ④
10	① ② ③ ④
11	① ② ③ ④
12	① ② ③ ④
13	① ② ③ ④
14	① ② ③ ④
15	① ② ③ ④
16	① ② ③ ④
17	① ② ③ ④
18	① ② ③ ④
19	① ② ③ ④
20	① ② ③ ④